AF860655

FAC • UNIVERSITÉS

MÉMENTOS LMD

LES INSTITUTIONS JUDICIAIRES

7e édition 2016

Natalie FRICERO

Professeur à l'Université Nice Sophia Antipolis et Directeur de l'Institut d'Études Judiciaires de la Faculté de droit de Nice.

Du même auteur, chez le même éditeur

Collection « Carrés Rouge »

- *L'essentiel de la Procédure civile*, 13e éd. 2016.
- *L'essentiel des Institutions judiciaires*, 8e éd. 2015-2016.
- *L'essentiel des Procédures civiles d'exécution*, 5e éd. 2015-2016.
- *L'essentiel de l'espace judiciaire européen en matières civiles et commerciales*, 2011.

Collection « Mémentos LMD »

- *Institutions judiciaires*, 7e éd. 2016.
- *Procédure civile*, 12e éd. 2015-2016.
- *Procédures civiles d'exécution*, 5e éd. 2015-2016.

Suivez-nous sur

DANGER
LE PHOTOCOPILLAGE TUE LE LIVRE

© Gualino éditeur, Lextenso éditions 2016
70, rue du Gouverneur Général Éboué
92131 Issy-les-Moulineaux cedex
ISBN 978 - 2 - 297 - 05547 - 5
ISSN 1288-9199

347 FRI

FAC • UNIVERSITÉS

MÉMENTOS LMD

LES INSTITUTIONS JUDICIAIRES

- Les principes fondamentaux de la Justice
- Les organes de la Justice
- Les acteurs de la Justice

ANNULÉ
Université de Lorraine
Bibliothèque de l'I.U.T. Nancy-Charlemagne
2 ter, bd Charlemagne - CS 55227
54052 NANCY Cedex
Tél. : 03.72.74.10.63

Natalie FRICERO

7e édition 2016

Gualino
une marque de Lextenso

FAC • UNIVERSITÉS

MÉMENTOS LMD

La collection pour les étudiants en licence (L1, L2 et L3)
Droit, Économie et Gestion.
Chaque livre rend accessibles les connaissances
à acquérir pour réussir les examens.

Chez le même éditeur

- Amphi LMD
- Mémentos LMD
- Exos LMD
- Méthodo LMD
- Carrés Rouge
- Annales d'examen
- Master
- En Poche

e-mail : gualino@lextenso.fr
www.lextenso-editions.fr

Présentation

Le droit au juge est un droit de l'homme consacré par de nombreuses dispositions internationales et internes. Tout État de droit est contraint de mettre en place des organes dont la mission est de trancher les contestations que lui soumettent les citoyens, quelle qu'en soit la nature : contentieux privé, contentieux pénal ou contentieux administratif.

L'étude des Institutions judiciaires permet d'envisager les différents organes de la Justice selon une approche globale. En effet, ***elle concerne les juridictions internes, intégrées dans l'ordre judiciaire civil et pénal et dans l'ordre administratif*** ou situées en dehors de ces ordres, comme le Conseil constitutionnel. Mais elle intéresse ***aussi les juridictions européennes et internationales*** : les relations juridiques, comme les litiges auxquels elles peuvent donner lieu, comportent souvent des éléments d'extranéité qui justifient la compétence de ces juridictions.

Néanmoins, les Institutions judiciaires ne se réduisent pas à un examen technique des organes habilités à rendre la Justice. Leur organisation et leur ***fonctionnement sont sous-tendus par des principes fondamentaux*** qui garantissent une justice de qualité dans le respect des droits essentiels des justiciables. Notamment, l'obligation d'offrir aux citoyens un « procès équitable », par application de l'article 16 de la Déclaration des droits de l'homme et du citoyen, comme de l'article 6 § 1 de la Convention européenne des droits de l'homme, impose l'instauration de tribunaux indépendants et impartiaux, statuant selon une procédure équitable, c'est-à-dire respectant l'égalité des armes, le contradictoire et les droits de la défense. En outre, l'organisation de la Justice reste soumise aux contraintes budgétaires, ce qui entraîne inévitablement des réformes fréquentes en vue de la modernisation des services publics et d'une meilleure gestion administrative.

Les Institutions judiciaires sont animées par des ***acteurs diversifiés : des juges, des magistrats, mais aussi des auxiliaires de justice, et des professionnels du droit, huissiers de justice, administrateurs et mandataires liquidateurs***, ainsi que certains professionnels intervenant accessoirement dans des procédures comme les notaires, qui contribuent à l'œuvre de justice en apportant leur aide loyale aux parties comme aux juges.

Sommaire

PARTIE 1
Les organes de la justice

PARTIE 2
Les acteurs de la justice

Chapitre 10 Les juges 179

SOMMAIRE

Liste des principales abréviations

Ass. plén., Ch. Mixte	Arrêt de la Cour de cassation statuant en Assemblée plénière ou en chambre mixte
Bull. civ.	*Bulletin des arrêts des chambres civiles de la Cour de cassation*
Chron.	Chronique
C. civ.	Code civil
C. com.	Code de commerce
CE	Conseil d'État
CEDH	Cour européenne des droits de l'homme
C. just. adm.	Code de justice administrative
C. just. mil.	Code de justice militaire
C. jur. fin.	Code des juridictions financières
C. org. jud.	Code de l'organisation judiciaire
CPC	Code de procédure civile
CPCE	Code des procédures civiles d'exécution
C. pén.	Code pénal
C. pr. pén.	Code de la procédure pénale
CSS	Code de la Sécurité sociale
C. trav.	Code du travail
Concl.	Conclusions
Cons. const.	Conseil constitutionnel
D.	*Recueil Dalloz*
D.	Décret
Gaz. Pal.	*Gazette du Palais*
Inf. rap.	Recueil Dalloz, Informations rapides
JCP	*Juris-Classeur périodique*
JO	*Journal officiel*
obs.	Observations
Ord.	Ordonnance
RTD civ.	*Revue trimestrielle de droit civil*
somm. com.	Recueil Dalloz, sommaires commentés
TI	Tribunal d'instance
TGI	Tribunal de grande instance
TPI	Tribunal pénal international
V.	Voir

CHAPITRE 1

Les principes fondamentaux de la justice

La justice est une fonction étatique qui, dans une démocratie, correspond à la réalisation du droit de recourir à un tribunal pour obtenir la résolution d'une contestation portant sur un droit ou une liberté. L'État est tenu d'organiser des tribunaux chargés de trancher, selon une procédure équitable, les litiges qui peuvent opposer les particuliers entre eux ou avec les autorités publiques. L'organisation judiciaire actuelle a été mise en place pour l'essentiel par la Constitution du 4 octobre 1958 et des ordonnances et décrets du 22 décembre 1958, même si des réformes importantes ont été réalisées depuis : réorganisation des professions judiciaires (fusion des avocats et des avoués, des avocats et des conseils juridiques, modifications du statut des professions du droit par la loi n° 2015-990 du 6 août 2015), gratuité de la justice, promulgation d'un Code de l'organisation judiciaire (D. n° 78-329 et 78-330 du 16 mars 1978), modification de la carte judiciaire, modification annoncée en 2016 du statut des juges des tribunaux de commerce, du financement de l'aide juridictionnelle, recodifications réalisées du Code des procédures civiles d'exécution, du Code de la justice administrative...

Organisée sous la forme d'un service public, la justice est une fonction que l'État exerce à titre de monopole. Le régime juridique de ce service public est original, dans la mesure où il doit concilier différents objectifs, à savoir, assurer la protection des droits et intérêts légitimes des justiciables, sauvegarder leur droit fondamental de recourir à un juge, mais aussi garantir l'indépendance des juges par rapport aux autres pouvoirs publics, législatif et exécutif, et offrir une justice de qualité qui réponde aux exigences du procès équitable, consacrées tant par le droit de l'Union européenne, notamment la Charte des droits fondamentaux de l'Union, que la Convention européenne des droits de l'Homme. Les principes fondamentaux qui sous-tendent la Justice sont donc issus des exigences du service public, et des exigences du procès équitable.

1 • LES PRINCIPES ISSUS DES EXIGENCES DU SERVICE PUBLIC DE LA JUSTICE

Le service public de la justice est géré par le ministère de la Justice qui siège à Paris et que l'on appelle aussi « la chancellerie », sous la responsabilité du garde des Sceaux, ministre de la Justice. Le ministre de la Justice est assisté par de nombreux services que l'on nomme « l'administration centrale », composée presque exclusivement de magistrats appartenant en majorité au corps judiciaire. Les différents services sont regroupés en directions spécialisées (la direction des affaires civiles et du Sceau, la direction des affaires criminelles et des grâces, la direction des services judiciaires, la direction de l'administration pénitentiaire, la direction de l'éducation surveillée, la direction de l'administration générale et de l'équipement, v. le site du ministère de la Justice).

La plupart des dispositions législatives intéressant la matière sont regroupées dans un Code de l'organisation judiciaire (C. org. jud.) publié par deux décrets, n° 78-329 et 330 du 16 mars 1978. Certaines règles sont contenues ***en annexe*** dans le Code de procédure civile (CPC : la loi n° 2007-1787 du 20 décembre 2007 relative à la simplification du droit a abrogé le Code de procédure civile du 14 avril 1806, et a prévu que le « Code de procédure civile », instituée par le décret du 5 décembre 1975, devient le Code de procédure civile) qui réglemente notamment l'aide juridictionnelle, le statut des magistrats, les professions d'auxiliaires de justice... D'autres règles relatives aux juridictions pénales se retrouvent dans le Code de procédure pénale (C. pr. pén.) ; les dispositions concernant les Tribunaux administratifs et les Cours administratives d'appel sont regroupées dans le Code de la justice administrative (C. just. adm.) publié par deux décrets n° 387 et 388-2000 du 4 mai 2000, modifié à de nombreuses reprises. L'ordonnance du 8 juin 2006 a sorti du Code de l'organisation judiciaire les dispositions relatives au conseil des : prud'hommes (situées dans le Code du travail), au tribunal paritaire des baux ruraux (situées dans le Code rural et de la pêche maritime), au tribunal de commerce (situées dans le Code de commerce). Les juridictions de la Sécurité sociale sont organisées par le Code de la Sécurité sociale. Les dispositions relatives au juge civil de l'exécution se trouvent dans le Code des procédures civiles d'exécution (ordonnance n° 2011-1895 du 19 déc. 2011 et D. n° 2012-783 du 30 mai 2012).

La hiérarchie des règles d'organisation de la justice est déterminée par la Constitution du 4 octobre 1958 : l'article 34 prévoit que seule la loi émanant du parlement peut prévoir les règles concernant la création de nouveaux ordres de juridiction et le statut des magistrats :

- en ce qui concerne la création de nouveaux ordres de juridiction, le Conseil constitutionnel, chargé de protéger la répartition des compétences législatives et réglementaires, a conféré aux termes de l'article 34 une acception extensive. Notamment, il estime que toute modification substantielle de la compétence, ou de la composition des juridictions constitue une création (ainsi, c'est une loi qui a instauré le juge des enfants, le juge de l'exécution, le juge aux affaires familiales) ;
- le statut des magistrats de l'ordre judiciaire relève de la loi ; l'article 64 de la Constitution précise qu'il s'agit d'une loi organique qui seule peut modifier les conditions de nomination, d'avancement, de discipline des magistrats aussi bien civils que pénaux. En ce qui concerne les juges administratifs, le statut relève du pouvoir

réglementaire, puisqu'ils ne sont pas des magistrats relevant de l'ordonnance de 1958, mais des fonctionnaires exerçant les fonctions de magistrats ; néanmoins, le Conseil constitutionnel considère que l'indépendance des juges administratifs est un principe fondamental reconnu par les lois de la République, ce qui a pour conséquence de donner au Parlement le pouvoir de légiférer chaque fois que la disposition modifiée du statut du juge administratif intéresse son indépendance.

Les dispositions qui n'entrent pas dans ces domaines sont de la compétence réglementaire (décrets pris par le gouvernement, art. 37, Constitution de 1958) : c'est le cas pour la procédure civile, la procédure administrative (la procédure pénale relève exclusivement de la loi), les règles de compétence des juridictions.

Le Parlement comme le Gouvernement sont tenus de respecter ***les principes à valeur constitutionnelle*** que le Conseil constitutionnel et le Conseil d'État ont définis en interprétant la Constitution et le « bloc de constitutionnalité ». Parmi les principes relatifs à l'organisation des juridictions, on peut citer l'indépendance des tribunaux administratifs et la compétence des juges administratifs pour annuler un acte de l'Administration, issus des « principes fondamentaux reconnus par les lois de la République ». Parmi les principes de procédure, l'égalité devant la justice, le respect des droits de la défense, le droit de recourir à un juge, constituent des principes auxquels les lois et décrets ne peuvent pas apporter d'atteintes substantielles. En cas de violation de ces principes par une loi, le contrôle de constitutionnalité, exercé avant ou après la promulgation de la loi (par la question prioritaire de constitutionnalité) permet au Conseil constitutionnel de déclarer la loi inconstitutionnelle (QPC, art. 61-1, Constitution 4 oct. 1958 et art. 23-1 et s., Ord. 58-1067 du 7 nov. 1958 modifiés).

A - Les principes d'organisation

1) La dualité des ordres de juridictions

Les tribunaux sont partagés en deux ordres, un ordre judiciaire et un ordre administratif, qui représentent chacun un ensemble hiérarchisé relevant d'une juridiction suprême, la Cour de cassation pour l'ordre judiciaire et le Conseil d'État pour l'ordre administratif.

Traditionnellement, on fonde la dualité des ordres de juridictions sur deux textes : la loi des 16 et 24 août 1790, dont l'article 13 précise que les fonctions judiciaires sont distinctes et demeureront toujours séparées des fonctions administratives, et que les juges ne pourront, à peine de forfaiture, troubler de quelque manière que ce soit les opérations des corps administratifs ni citer devant eux les administrateurs pour raison de leurs fonctions ; le décret du 16 Fructidor An III, qui précise : « *défenses itératives sont faites aux tribunaux de connaître des actes d'administration, de quelque espèce qu'il soit, aux peines de droit* ».

Cette dualité serait une traduction du ***principe de la séparation des pouvoirs*** : ce dernier a été élaboré par Montesquieu sous sa forme moderne (*Esprit des lois, 1748*) de la façon suivante : « l'homme qui a du pouvoir est porté à en abuser ; il va jusqu'à ce qu'il trouve des limites », ces limites s'exprimant en termes de séparation entre les différents pouvoirs représentés par la puissance législative, la puissante exécutrice et la puissance de juger.

La doctrine contemporaine considère que la dualité des ordres de juridiction n'est pas nécessairement liée à la séparation des pouvoirs. Jean Chevallier a démontré que les débats parlementaires de la Constituante en matière d'organisation judiciaire étaient centrés sur la prohibition pour les juges de s'immiscer dans la fonction politique et législative, et qu'ils ne faisaient aucun rapprochement entre la séparation des pouvoirs et la séparation des contentieux[1].

Dès lors, le principe de la dualité des ordres de juridiction est plutôt fondé sur des considérations pratiques. En effet, le législateur a estimé que le règlement du contentieux administratif devait être confié à l'administration elle-même et non pas à des juges judiciaires ; ce système est désigné sous le nom de « justice retenue » ; c'est une loi du 24 mai 1872 qui a conféré aux juridictions administratives une compétence autonome pour juger les actes de l'administration, ce que l'on désigne sous le nom de « justice déléguée », qui a été à l'origine de la création de l'ordre administratif.

De nos jours, la dualité des ordres des juridictions est essentiellement justifiée par la particularité du droit administratif qui nécessite des juges spécialisés pour trancher les litiges intéressant l'administration. Ce principe a même une valeur constitutionnelle, puisque, pour le Conseil constitutionnel (décision n° 86-224 du 23 janvier 1987 et n° 89-261 du 28 juillet 1989), figure au nombre des principes fondamentaux reconnus par les lois de la République le principe selon lequel il relève de la compétence de la juridiction administrative de statuer sur l'annulation ou la réformation des décisions prises par les autorités exerçant le pouvoir exécutif[2]. Sur le plan européen, le dualisme des juridictions n'est pas prévu par la Convention européenne des droits de l'homme[3]. La Cour européenne a noté, dans l'arrêt *Sacilor-Lormines C. France* du 9 novembre 2006, la position originale du Conseil d'État dans les institutions françaises, qui le rapproche organiquement des pouvoirs publics. Néanmoins, elle admet que cette situation ne suffit pas à établir un manque d'indépendance du Conseil d'État. Les juridictions administratives sont soumises aux exigences du procès équitable de l'article 6 § 1 de la Convention, et sont soumises à des règles de procédures autonomes, issues du Code de la justice administrative.

Pour aller plus loin

L'existence de deux ordres distincts de juridiction est source de difficultés pour les justiciables lorsqu'il s'agit de déterminer la juridiction compétente, un même litige pouvant présenter des questions qui relèvent de la compétence de chacun des deux ordres. Des solutions ont été prévues pour régler ces problèmes de compétente : il s'agit, notamment, de la création ***d'un tribunal des conflits*** dont l'une des attributions est de régler les conflits de compétence ; il s'agit également de la technique ***des questions préjudicielles***, par laquelle une juridiction saisie d'une difficulté qui ne relève pas de sa compétence renvoie les parties devant la juridiction de l'ordre compétent pour juger.

1. Chevallier (J.), *L'élaboration historique du principe de séparation de la juridiction administrative et de l'administration active*, LGDJ, 1970 ; *id.*, « Du principe de la séparation au principe de dualité », *RFDA*, 1990, p. 26 et s.
2. Cons. const., n° 86-224 DC, 23 janv. 1987, *AJDA* 1987, 315, note J. Chevallier, *RFDA* 1987, p. 287, note B. Genevois et p. 708, note L. Philip.
3. J.-F. Flauss, « Dualité des ordres de juridiction et Convention EDH », in *Mélanges J. Waline*, Dalloz, 2002, p. 523.

2) Le principe du double degré de juridiction

Le système judiciaire français a été établi selon une structure très hiérarchisée. Au bas de la pyramide, on trouve les juridictions du premier degré, puis les juridictions d'appel, et enfin une juridiction suprême, la Cour de cassation dans l'ordre judiciaire et le Conseil d'État dans l'ordre administratif. Ceci correspond à l'idée selon laquelle pour garantir une bonne justice, il faut conférer au plaideur qui a succombé en première instance le droit d'obtenir que son affaire soit rejugée en fait et en droit par une juridiction hiérarchiquement supérieure : ce droit fondamental se nomme celui du « double degré de juridiction ». Il faut également offrir au justiciable qui estime que la décision rendue méconnaît une règle de droit (de procédure ou de fond), la possibilité de saisir une juridiction suprême pour obtenir un contrôle de la légalité.

C'est ainsi que le système judiciaire français prévoit l'organisation de juridictions du premier degré, qui statuent sur les affaires pour la première fois en première instance, comme le tribunal de grande instance, le conseil de prud'hommes, le tribunal administratif. Il organise également des juridictions du second degré, les cours d'appel et les cours administratives d'appel, dont le rôle consiste à rejuger l'affaire en fait et en droit. Enfin, selon l'ordre de juridiction, la Cour de cassation, ou le Conseil d'État, a pour mission d'uniformiser la jurisprudence, de réguler les différentes interprétations de la loi, de sanctionner la méconnaissance d'une règle de droit par les juges du fond. Ces différents principes sont applicables dans le contentieux civil, le contentieux pénal, le contentieux administratif, avec des aménagements qui prennent en compte la spécificité des différentes juridictions et des différentes matières. L'étude des différentes voies de recours relève de la procédure civile, de la procédure pénale, ou de la procédure administrative.

Pour aller plus loin

Dans toutes les procédures, plusieurs types de voies de recours sont mis en place. Ainsi, les voies ordinaires de recours (appel, opposition), sont ouvertes par principe contre les jugements et suspendent l'exécution (mais le régime est complexe : l'appel n'est pas suspensif en matière administrative) ; au contraire, les voies extraordinaires de recours (cassation, tierce opposition, recours en révision) ne sont ouvertes que dans les cas prévus par la loi, et ne suspendent pas l'exécution de la décision attaquée.

On oppose aussi les voies de rétractation, qui permettent de saisir le juge qui a rendu la décision pour qu'il la modifie ou la rapporte (tierce opposition dans certains cas, opposition, recours en révision) et les voies de réformation, qui sont soumises à une juridiction hiérarchiquement supérieure (appel ; mais l'appel est formé contre un arrêt d'assises devant une autre cour d'assises, autrement composée).

Les classifications traditionnelles ne permettent cependant pas de regrouper de manière pertinente les diverses voies de recours, et certains les contestent[4].

Il faut observer que le droit à l'exercice d'un recours, bien qu'il garantisse à l'évidence un bon fonctionnement de la justice, ne fait pas partie du procès équitable en matière civile au sens de l'article 6 § 1 de la Convention européenne des droits de l'homme, lequel assure seulement aux justiciables le droit de recourir une fois à un tribunal pour obtenir

4. Cadiet (L.) et Jeuland (E.), *Droit judiciaire privé*, Litec, 2013, p. 615, n° 800.

un jugement sur le fond de son litige. Au contraire, en matière pénale, par application de l'art. 2 du Protocole 7 à la Convention européenne, toute personne déclarée coupable d'une infraction pénale par un tribunal a le droit de faire examiner par une juridiction supérieure la déclaration de culpabilité ou la condamnation. Cependant la Recommandation R(95) 5 adoptée par le Comité des ministres du Conseil de l'Europe du 7 février 1995, relative à « l'organisation et l'amélioration de l'exercice des voies de recours en matière civile et commerciale » préconise la reconnaissance d'un droit à un contrôle juridictionnel, qui devrait entraîner la possibilité de saisir un deuxième tribunal pour qu'il statue à nouveau en fait et en droit, ainsi qu'un recours à un troisième tribunal de cassation (pour un contrôle de la légalité). Même si des conditions de recevabilité peuvent être posées pour limiter l'usage de ces voies de recours, le régime prévu doit respecter le procès équitable tel qu'il est défini par l'article 6 § 1. De même, l'exercice d'une voie de recours n'est pas un principe à valeur constitutionnelle ; mais si les textes organisent un recours, ils doivent respecter le principe constitutionnel d'égalité devant la loi.

Il reste que l'organisation de voies de recours et de degrés de juridictions différents soulève de délicates questions financières dans le cadre de budgets contraints ! C'est la raison pour laquelle certains rapports présentés au garde des Sceaux préconisent de limiter la possibilité d'exercer un appel, notamment en interdisant aux parties de présenter à la cour d'appel des demandes qui n'ont pas déjà été jugées en première instance (on parle d'appel « voie de réformation », et non « voie d'achèvement du litige », rapport Delmas-Goyon, Le juge du XXIe siècle, décembre 2013 ; rapport IHEJ, L'office du juge au XXIe siècle, mai 2013 ; conférence des premiers présidents de cours d'appel, mai 2013).

3) Le principe de la collégialité

Une décision peut être prise, soit par un juge seul, soit par un collège de juges statuant à la majorité. Le principe de collégialité a toujours fait l'objet de controverses, d'autant que l'unicité offre l'immense avantage de réduire le coût de la justice pour les pouvoirs publics.

D'un point de vue juridique, la collégialité des juridictions n'est pas un principe d'organisation juridictionnelle ayant une valeur constitutionnelle. Dans une décision du 2 février 1995, le Conseil constitutionnel a confirmé cette solution, en acceptant le principe du juge unique, dès lors que sa création dépend du législateur et qu'elle respecte le principe d'égalité des citoyens devant la justice.

D'un point de vue pratique, certains arguments militent en faveur de la collégialité. Ainsi, la décision peut être discutée par plusieurs juges, qui peuvent échanger leurs points de vue, et faire apparaître la vérité judiciaire. La collégialité est également une garantie de bonne justice, en ce sens qu'elle assure l'indépendance des juges vis-à-vis des justiciables : en effet, la décision étant une œuvre collective, son anonymat libère le magistrat de toute influence éventuelle émanant d'une partie ou de toute vengeance ultérieure. Enfin, la collégialité serait un gage d'impartialité, la formation collégiale permettant d'éviter qu'une décision soit prise selon les convictions personnelles, les préjugés, les influences de l'un des juges. En réalité, ces arguments n'ont pas la même valeur : les questions d'indépendance et d'impartialité du juge n'ont pas de relation logique avec la collégialité ou l'unicité de la formation juridictionnelle ; de même, la vérité judiciaire trouve certainement plus sa source dans les compétences personnelles du juge que dans la discussion avec une collégialité.

La tradition française reste attachée au principe de collégialité. Celle-ci peut revêtir plusieurs formes. La collégialité est homogène lorsque le tribunal est entièrement composé de magistrats de carrière (TGI, cour d'appel) ou de juges élus (tribunal de commerce, conseil de prud'hommes). La ***collégialité est échevinale*** lorsque la juridiction comprend à la fois des magistrats de carrière et des juges issus de la société civile, élus par leurs pairs ou désignés (tribunal paritaire de baux ruraux, cours d'assises comprenant juges de carrière et jurés citoyens).

Mais, de plus en plus souvent, le législateur a recours ***au juge unique,*** la formation collégiale devenant l'exception. Ceci se vérifie aussi bien dans le contentieux civil que pénal ou administratif :

- ***dans le contentieux privé***, différents arguments ont milité pour une justice à juge unique. Ainsi, le souci de rendre la justice ***plus proche du justiciable***, moins coûteuse, a toujours justifié que le tribunal d'instance statue à juge unique, ou que le TGI statue à juge unique pour les affaires relatives aux accidents de la circulation. De même, lorsqu'il faut prendre ***une mesure urgente***, il est préférable que la procédure se déroule devant un juge unique : c'est le cas du juge des référés. La nécessité d'offrir au justiciable un ***juge spécialisé*** dans une matière déterminée fonde la création de nombreux juges uniques dans le contentieux privé : le juge aux affaires familiales en matière de divorce et de séparation de corps, le juge de l'exécution pour les difficultés relatives à l'exécution des titres exécutoires, le juge de l'expropriation pour statuer sur les indemnités d'expropriation, le juge de la mise en état pour veiller au bon déroulement de l'instance devant le TGI, le juge des enfants... D'une façon générale, l'unicité du juge présente des avantages pour les justiciables comme pour les pouvoirs publics ; mais la collégialité devrait demeurer le principe pour les juridictions statuant sur recours (appel notamment) ;
- ***dans le contentieux pénal***, on connaît de nombreux juges uniques : le tribunal de police qui juge les contraventions à juge unique, le juge des libertés et de la détention, le Tribunal correctionnel qui peut connaître à juge unique de certaines infractions ; la loi du 5 mars 2007 a posé le principe de la collégialité de l'instruction (en matière criminelle, l'instruction est confiée à des pôles de l'instruction, fonctionnant parfois sous forme collégiale ; l'entrée en vigueur de cette loi a été reportée au 1er janvier 2017, art. 98 loi n° 2014-1654 du 29 déc. 2014 portant loi de finances pour 2015) dans le contentieux administratif, le principe de la collégialité est observé. Toutefois, la loi du 8 février 1995 introduit le juge unique pour certains litiges, confère au président du tribunal administratif ou de la cour administrative d'appel le pouvoir de statuer sur certains incidents de procédure[5]. Le contentieux administratif connaît également la juridiction des référés, qui est exercée par un juge unique. Certains contentieux de masse (retrait de permis de conduire) pourraient être confiés à un juge unique.

---

5. Arrighi de Casanova (J.), « À propos de la compétence pour généraliser le juge unique en contentieux administratif », *AJDA* 2006, 1689 ; Cohendet (M.-A.), « Vers une généralisation du juge unique ? », *AJDA* 2006, 1465.

4) *Le principe de décentralisation*

À l'exception de la Cour de cassation, du Conseil d'État et du tribunal des conflits, qui siègent à Paris, les autres juridictions sont réparties sur tout le territoire français. Ceci permet la mise en place d'une justice de proximité, qui dispense les plaideurs des frais de transport qui pourraient être importants.

Ainsi, chaque juridiction a une circonscription géographique définie qui constitue son ***ressort territorial*** (ce sont des décrets pris en Conseil d'État qui définissent généralement ces ressorts, en fonction des aspects historiques, de la situation géographique, du volume des affaires...). Le ***principe de sédentarité*** des juridictions complète ce découpage : ce sont les plaideurs qui se déplacent vers le juge, lequel se trouve en un lieu fixe pour rendre la justice.

La localisation des juridictions, décidée en 1958, soulève des difficultés, en raison de l'évolution des flux judiciaires, de la concentration urbaine, et de la nécessité de restaurer une justice de proximité. Des rapports ont été présentés sur la carte judiciaire qui ont démontré les imperfections du système actuel et qui ont donné lieu à des réformes ponctuelles (par ex. un décret du 30 juillet 1999 a supprimé 36 Tribunaux de commerce). Un réaménagement plus général a été entrepris en 2007, qui a abouti à la suppression de 23 tribunaux de grande instance, de 178 tribunaux d'instance (décret n° 2008-145 du 15 février 2008) et de 55 tribunaux de commerce et de 63 conseils de prud'hommes. Le souci de concilier différents objectifs apparemment contradictoires (l'intérêt des justiciables est d'obtenir une justice de proximité et de qualité ; l'intérêt général est que la justice de qualité soit rendue dans les conditions les plus économiques) conduit à de nouvelles réflexions : transfert de certaines compétences du juge vers d'autres professionnels du droit, réorganisation des ressources humaines et matérielles des juridictions, utilisation pertinente des nouveaux modes de communication, regroupement des moyens au sein de structures plus importantes, concentration de certains contentieux techniquement pointus dans certaines juridictions (certaines juridictions ont une compétence élargie, comme les JIRS, juridictions interrégionales spécialisées, compétentes en matière de criminalité organisée, bénéficiant de dispositifs novateurs en matière d'enquête). Parfois, des juridictions supprimées ont été rétablies (par ex. décret 2013-1258 du 27 décembre 2013 crée un TGI à Saint Gaudens, un à Saumur et un à Tulle). Le rapport Guinchard[6], a proposé de supprimer la juridiction de proximité qui complique l'organisation judiciaire civile, et de regrouper les juges spécialisés au sein de « pôles » (« pôle famille » par exemple) pour améliorer la lisibilité et l'accessibilité du système. La loi n° 2011-1862 du 13 décembre 2011, relative à la répartition des contentieux et à l'allégement de certaines procédures juridictionnelles reprend certaines des propositions : elle supprime la juridiction de proximité, tout en maintenant les juges de proximité qui accompliront leurs missions civiles auprès du tribunal de grande instance et du tribunal d'instance et verront leurs compétences pénales s'accroître (son entrée en vigueur a été reportée au 1er janvier 2017 par la loi 2014-1654 du 29 décembre 2014 de finances pour 2015). Le projet de loi relatif à l'action de groupe et à l'organisation judiciaire, adopté par le Sénat le 5 novembre 2015 et en cours de discussion (au moment de la rédaction), prévoit la suppression des tribunaux des

6. *L'ambition raisonnée d'une justice apaisée,* La Documentation française, 2008.

affaires de sécurité sociale et des tribunaux du contentieux de l'incapacité, et le traitement du contentieux par le pôle social du tribunal de grande instance, avec appel devant la cour d'appel.

Pour aller plus loin

L'existence des différents ressorts territoriaux oblige à régler les problèmes de ***la compétence territoriale*** des juridictions. Sans entrer dans le détail des règles de compétence territoriale, qui relèvent de la procédure civile, pénale ou administrative, on doit signaler l'existence de très nombreux critères de détermination de la juridiction territorialement compétente. Le principe est celui de la compétence du ***tribunal du lieu du domicile du défendeur*** (*actor sequitur forum rei* : le défendeur est la partie qui est citée devant le tribunal, et qui doit donc bénéficier d'une situation privilégiée ; il appartient au demandeur de se déplacer et de supporter les frais inhérents à l'action). Toutefois, il existe une ***multitude d'exceptions*** destinées à protéger les intérêts de l'un des justiciables, ou de permettre un meilleur fonctionnement de la justice. Par exemple, la loi offre parfois au demandeur une option de compétence territoriale : en matière prud'homale, le salarié peut saisir le conseil de prud'hommes du lieu de situation de l'établissement où est effectué le travail, ou encore celui du lieu où l'engagement a été contracté ; en matière contractuelle, le tribunal compétent est celui du lieu où demeure le défendeur, ou celui du lieu de livraison effective de la chose, ou du lieu d'exécution de la prestation de service. Parfois la loi impose une compétence territoriale exclusive pour les besoins du bon fonctionnement de la justice : ainsi, en matière réelle immobilière, le tribunal compétent est toujours celui du lieu de la situation de l'immeuble ; en matière successorale, le tribunal compétent est toujours celui du lieu de l'ouverture de la succession, c'est-à-dire celui du dernier domicile du défunt.

B - Les principes de fonctionnement

1) Le principe d'égalité

L'article 6 de la Déclaration des droits de l'homme et du citoyen du 26 août 1789 prévoit que tous les citoyens sont égaux devant la loi, sont également admissibles à toute dignité, places et emplois publics selon leurs capacités et sans autre distinction que celle de la vertu et de leur talent[7]. Dans une décision du 23 juillet 1975, le Conseil constitutionnel a décidé que le principe d'égalité devant la justice est inclus dans le principe d'égalité devant la loi proclamé par la Déclaration de 1789 et qu'il fait obstacle à ce que des citoyens se trouvant dans des conditions semblables et poursuivis pour les mêmes infractions soient jugés par des juridictions composées selon des règles différentes.

Cette égalité traduit ce que l'on nomme parfois « le droit au juge naturel » : les justiciables se trouvant dans la même situation doivent être jugés par les mêmes tribunaux, selon les mêmes règles de procédure et de fond. Cette règle se retrouve dans divers textes internationaux. Par exemple, le Pacte de New York du 19 décembre 1966 pose en principe que « tous sont égaux devant les tribunaux et les cours de justice » (art. 14 § 1).

Ceci entraîne une série de conséquences : nul ne peut être jugé par une juridiction spécialement créée pour des circonstances extraordinaires, ou être victime de

7. Coulon (J.-M.) et Grumbach (T.), « L'égalité devant la justice », *Justices*, 1999, p. 83.

discriminations judiciaires fondées sur la qualité de la personne ; tous les justiciables doivent être soumis aux mêmes formes et aux mêmes procédures, afin que soient garanties l'égalité des chances et l'égalité des armes ; enfin tous les justiciables doivent être soumis par les juges aux mêmes règles de droit, ce qui justifie la création de la Cour de cassation chargée d'assurer l'unité du droit sur tout le territoire.

Il existe néanmoins des limites au principe de l'égalité, qui tiennent essentiellement aux inégalités économiques et sociales entre les plaideurs. La loi peut, dans une certaine mesure, lutter contre ces inégalités en instaurant la gratuité d'accès au service public de la justice.

2) Le principe de la gratuité de la justice

Le service public de la justice, comme n'importe quel autre service public, engendre un coût de fonctionnement en personnel et en matériel. Ce coût est essentiellement pris en charge par la collectivité nationale sous la forme d'impôts. L'entrée en vigueur de la loi organique sur les lois de finances, n° 2001-692 du 1er août 2001 (LOLF) a modifié substantiellement les principes relatifs aux services publics, en réformant la gestion publique et en l'appuyant sur des critères de performance et d'évaluation, en accroissant le contrôle démocratique du budget de l'État et en le rendant plus transparent. L'Administration de la justice est donc soumise à des indicateurs de performance pour mesurer la réalisation des objectifs, et à la nécessité d'évaluer la qualité de la justice[8].

Le fonctionnement de la justice implique des frais (la rémunération des avocats et dépens) qui doivent être assumés par le justiciable lui-même. Se pose alors la question d'un égal accès de tous au service public de la justice, et du mode de financement de ces différentes dépenses.

a) La gratuité de l'accès au tribunal

L'article L. 111-2 du Code de l'organisation judiciaire pose en principe que « *la gratuité du service de la justice est assurée selon les modalités fixées par la loi et le règlement* ». Cette affirmation est relativement récente.

Jusqu'à la Révolution française, les juges étaient rémunérés par les plaideurs : le gagnant remettait au juge des « épices », c'est-à-dire des présents en nature qui devinrent des présents en espèces, et finiront par être taxés. Ce système était de nature à jeter un doute sur l'impartialité du juge en raison du souhait compréhensible de ce dernier de percevoir un nombre important d'épices. La loi des 16 et 24 août 1790 a supprimé le principe des épices et a posé celui de la gratuité de la justice. Désormais, les juges sont des fonctionnaires payés par l'État, c'est-à-dire par les contribuables. Ceci permet d'assurer l'égalité entre les citoyens devant la justice et de sauvegarder l'indépendance et l'impartialité des juges. Les textes pénaux répriment le fait pour un juge de recevoir une rémunération de la part des justiciables.

Jusqu'à une époque récente, une partie du coût du fonctionnement de la justice était à la charge des justiciables sous des formes diverses : des droits de timbre, d'enregistrement, de greffe et des frais de procédure. C'est pourquoi une loi n° 77-1168 du

---

8. L. Cadiet, J.-P. Jean et H. Pauliat (dir.), *Mieux administrer pour mieux juger : essai sur l'essor et les enjeux contemporains de l'administration de la justice*, IRJS éd., 2014.

30 décembre 1977, complétée par le décret n° 78-62 du 20 janvier 1978, a instauré la gratuité des actes de justice devant les juridictions civiles et administratives. Une ordonnance n° 2003-1235 du 22 décembre 2003 a également supprimé le droit de timbre de 15 euros applicable aux requêtes déposées devant le Tribunal administratif, la cour administrative d'appel et le Conseil d'État (art. L. 411-1, C. just. adm. : le défaut de timbre entraînait l'irrecevabilité du recours selon le Conseil d'État[9]). Cependant, une loi de finances du 30 décembre 1991 est revenue partiellement sur cette gratuité en imposant un droit d'enregistrement, qui est de 11,16 euros depuis le 1er janvier 2015 (art. 302 *bis* Y, CGI, mod. la loi n° 2014-1654 du 29 déc. 2014, de finances pour 2015, qui indique que le produit de la taxe est affecté, dans la limite de 11 millions d'euros par an, au Conseil national des barreaux en vue de financer l'aide juridictionnelle) sur les actes d'huissiers de justice relatifs aux actes de procédure d'une instance et à l'exécution d'une décision de justice (sauf dans certains cas, notamment profit de la partie qui bénéficie de l'aide juridique totale ou partielle).

Pour aller plus loin

Pour financer la fusion de la profession d'avoués et d'avocats, et indemniser les avoués, une taxe d'un montant de 225 euros a été instaurée par l'article 1635 *bis* P du Code général des impôts : elle doit être acquittée, par toutes les parties en appel, dans les procédures avec représentation obligatoire par avocat, à peine d'irrecevabilité de l'appel ou des défenses (CPC, art. 963 et 964), sous forme de timbre dématérialisé. Elle est versée à un fonds d'indemnisation des anciens avoués (FIDA). Devant les difficultés de ce fonds, la loi de finances pour 2015 a modifié l'article 1635 *bis* P pour augmenter la taxe de 150 à 225 euros depuis le 1er janvier 2015 et allonger la période de perception jusqu'au 31 décembre 2026.

Le procès engendre des frais désignés sous le nom de ***dépens***, qui sont mis à la charge des parties. La liste des dépens est définie par le Code de procédure civile de façon limitative (art. 695, CPC). Il s'agit notamment des droits, taxes, redevances ou émoluments perçus par les secrétariats des juridictions ou l'administration des impôts, des indemnités des témoins, de la rémunération du technicien, des émoluments des officiers publics ou ministériels, de la rémunération des avocats dans la mesure où elle est réglementée, et des droits de plaidoirie (ces droits, d'un montant de 13 euros, depuis le D. n° 2011-1634 du 23 nov. 2011, sont affectés au financement du régime d'assurance vieillesse de base de la caisse nationale des barreaux français, art. L. 723-3, CSS). En principe, en matière civile, c'est la partie perdante qui est condamnée aux dépens. Mais le juge, par décision motivée, a la liberté d'en mettre la totalité ou une fraction à la charge d'une autre partie. En ce cas, le plaideur peut se faire rembourser directement par le perdant les frais qu'il a exposés ; lorsque la représentation est obligatoire, et que l'avocat a fait des avances pour son client sans avoir reçu provision, il pourra directement recouvrer le montant des dépenses sur la partie adverse : c'est ce que l'on nomme en pratique la « distraction des dépens ». En matière pénale, les dispositions des articles 800 et suivants du Code de procédure pénale règlent la question des « frais de justice », qui sont en principe à la charge de l'État sans recours envers les condamnés. L'article R. 92 du Code de procédure pénale en donne une liste limitative (frais de translation des prévenus, de

9. 18 févr. 1994, *D.* 1994, 309.

traduction des actes, d'expertise, frais de saisies, dépenses de reconstitution, frais de reproduction des documents...). Il existe des droits fixes de procédure, recouvrés comme en matière d'amende sur chaque condamné par le comptable du Trésor, qui ont été revalorisés à compter du 1er janvier 2015 (art. 1018 A, CGI : 31 euros pour les ordonnances pénales, et les décisions du tribunal de police, 127 euros pour le tribunal correctionnel, 169 euros pour les décisions des cours d'appel statuant en matière correctionnelle et de police et 527 euros pour les décisions des cours d'assises...). En matière administrative, les dépens comprennent essentiellement les frais entraînés par l'exécution des mesures d'instruction (art. R. 761-1, C. just. adm.).

Lorsqu'il s'agit de mettre à exécution forcée une décision de justice, l'article L. 111-8 du Code des procédures civiles d'exécution prévoit que ***les frais de l'exécution*** sont à la charge du débiteur, à l'exception de certains droits proportionnels de recouvrement et d'encaissement, qui sont mis partiellement à la charge du créancier. Cette disposition est inéquitable lorsque le créancier est un consommateur, et le débiteur défaillant un professionnel solvable : l'article L. 141-6 du Code de la consommation, permet au juge, lors du prononcé d'une condamnation, même d'office, pour des raisons tirées de l'équité ou de la situation économique du professionnel condamné, de mettre à sa charge l'intégralité des droits proportionnels de recouvrement et d'encaissement. Dans tous les cas, s'il est manifeste que les frais n'étaient pas nécessaires au moment où ils ont été exposés, c'est le créancier qui doit les assumer.

b) L'accès au concours d'un auxiliaire de justice

Devant certaines juridictions, la procédure étant complexe, la loi impose au plaideur la représentation par un avocat (tribunal de grande instance et cour d'appel), ou un avocat à la Cour de cassation et au Conseil d'État (Cour de cassation et Conseil d'État). L'intervention de cet auxiliaire de justice est rémunérée, et les honoraires ne font pas partie des dépens. Ils font partie de ce que l'on nomme les « ***frais irrépétibles*** ». Ces frais restent à la charge individuelle de chacun des plaideurs, qu'il soit gagnant ou perdant. Afin que le coût de la justice ne constitue pas un obstacle à l'accès au juge, l'article 700 du Code de procédure civile prévoit la disposition suivante : dans toutes les instances, le juge condamne la partie tenue aux dépens ou la partie perdante, à payer à l'autre partie une somme qu'il détermine au titre des frais exposés et non compris dans les dépens. Le juge tient compte de l'équité ou de la situation économique de la partie condamnée : par exemple en cas de procès entre un salarié et un employeur devant le conseil de prud'hommes, même si le salarié licencié perd son procès, les juges peuvent condamner l'employeur à lui verser un montant déterminé au titre de l'article 700 du Code de procédure civile. Néanmoins, il faut observer que la somme attribuée ne permet pas de couvrir la totalité des frais irrépétibles. Ce système a été repris à l'article L. 761-1 du Code de la justice administrative pour les frais irrépétibles devant les juridictions administratives. Depuis le décret du 29 décembre 2013, le juge peut condamner la partie perdante ou qu'il condamne aux dépens, à verser à l'avocat du bénéficiaire de l'aide juridictionnelle une somme que cet avocat pourra recouvrer dans un délai de 12 mois, et qui viendra en déduction de la part contributive de l'État au titre de ses honoraires.

c) Les mécanismes assurant la gratuité de la justice

1. L'aide juridictionnelle

Le plus ancien de ces mécanismes est l'aide juridique, qui recouvre deux aspects : la gratuité du recours à un tribunal et la gratuité de l'accès au droit. Le système a été modifié par la loi n° 91-647 du 10 juillet 1991. La gratuité d'accès au juge est assurée par un système d'aide juridictionnelle quelle que soit la juridiction saisie, civile, pénale ou administrative, accordée aux seuls justiciables qui justifient de ressources insuffisantes. Les bénéficiaires sont les personnes physiques et, exceptionnellement, les personnes morales à but non lucratif ayant leur siège en France et ne disposant pas de ressources suffisantes. De nombreuses dispositions sont venues étendre le domaine des bénéficiaires. Depuis la loi du 1er août 2003, les syndicats de copropriétaires soumis à la loi du 10 juillet 1965 (copropriété des immeubles bâtis) peuvent bénéficier de l'aide juridictionnelle, lorsque l'immeuble fait l'objet d'un plan de sauvegarde en application de l'article L. 615-1 du Code de la construction et de l'habitation, ou lorsqu'un administrateur provisoire est désigné, pour l'exercice des actions de recouvrement des créances, tant en demande qu'en défense. De plus, l'aide juridictionnelle est accordée aux nationaux comme aux ressortissants des États membres de la Communauté européenne. Elle peut également être accordée aux personnes de nationalité étrangère hors Union européenne (art. 3, loi 10 juill. 1991), qui résident habituellement et régulièrement en France (en matière pénale, cette condition de résidence n'est pas exigée). Devant la commission des recours des réfugiés, l'aide est accordée aux étrangers qui résident habituellement en France depuis la loi du 24 juillet 2006 (art. 3, loi du 10 juill. 1991).

Depuis la loi du 19 février 2007, l'aide juridictionnelle n'est pas accordée lorsque les frais couverts par cette aide sont pris en charge au titre du contrat d'assurance de protection juridique ou d'un système de protection. Le décret n° 2014-1502 du 12 décembre 2014 (relatif aux demandes d'aide juridictionnelle en cas de prise en charge par un dispositif de protection juridique) précise que le requérant doit joindre une attestation de non-prise en charge délivrée par l'assureur (ou l'employeur si ce dernier offre un système de protection particulier) ; l'arrêté du 12 décembre 2014 fixe le modèle de cette attestation.

Les ressources de l'aide juridictionnelle progressent de 8 % pour 2016 (405 M d'euros) et le nombre de bénéficiaires augmente en 2016. Une contractualisation locale permettra aux avocats de percevoir des rétributions complémentaires. La loi du 29 décembre 2015 a augmenté la taxe sur les actes d'huissier de justice pour financer partiellement l'aide juridictionnelle.

L'aide juridictionnelle a un domaine d'application très étendu : elle est accordée devant toutes les juridictions de l'ordre judiciaire, aussi bien en matière civile, commerciale, sociale, qu'en matière pénale, et même devant les juridictions de l'ordre administratif. Elle est accordée quelle que soit la nature de la procédure engagée, en matière contentieuse ou gracieuse, dans le cadre de l'exécution des décisions de justice ou d'autres titres exécutoires. La loi du 4 juillet 2005 a transposé la directive européenne du 27 janvier 2003 : l'article 4 de la loi du 10 juillet 1991 prévoit que l'aide juridictionnelle est accordée dans les litiges transfrontaliers en matière civile et commerciale, aux personnes qui, quelle que soit leur nationalité, sont en situation régulière de séjour et résident habituellement dans un État membre de l'Union européenne, ou y ont leur domicile. La loi n° 2015-1785 du 29 décembre 2015, de finances pour 2016, précise que l'aide juridictionnelle peut être accordée pour l'assistance d'un avocat dans le cadre d'une médiation, qu'elle soit ordonnée par un juge ou s'il s'agit de l'assistance pour une homologation par le juge d'un accord intervenu à l'issue d'une médiation conventionnelle (art. 64-5, loi 10 juill. 1991 mod.).

Encore faut-il que certaines conditions soient réunies. Peuvent bénéficier de l'aide juridictionnelle les personnes physiques et, à titre exceptionnel, les personnes morales à but non lucratif ayant leur siège social en France. Peu importe que ces personnes soient demanderesses ou défenderesses à l'instance. La condition essentielle est une condition de ressources. En effet le demandeur à l'aide juridictionnelle doit justifier que ses ressources mensuelles (les montants sont revalorisés annuellement) sont inférieures à 1 000 euros pour bénéficier de l'aide juridictionnelle totale et à 1 500 euros pour bénéficier de l'aide juridictionnelle partielle ; ces plafonds sont affectés d'un supplément par charges de famille (par personne à charge, conjoint, concubin, partenaire d'un PACS, ascendant ou descendant), égal à 168 euros pour chacune des deux premières personnes à charge, et de 106 euros pour la troisième personne à charge et chacune des suivantes. Enfin, une condition supplémentaire tient au fondement de la demande projetée : l'aide juridictionnelle n'est accordée qu'aux demandeurs dont l'action n'apparaît pas manifestement irrecevable ou dénuée de fondement. Un organisme spécial, nommé bureau d'aide juridictionnelle, est chargé d'apprécier si ces conditions sont réunies. Il existe un bureau d'aide juridictionnelle au siège de chaque TGI, qui statue sur les demandes d'aide relatives aux affaires portées devant un tribunal du premier degré ou une cour d'appel. Il existe un bureau d'aide juridictionnelle auprès de la Cour de cassation, et du Conseil d'État. Ces bureaux sont présidés par un magistrat de carrière, assisté de deux fonctionnaires et de deux auxiliaires de justice, ainsi que d'une personne désignée au titre des usagers par le Conseil départemental de l'aide juridique. La demande d'aide juridictionnelle est instruite par le bureau qui peut recueillir tous les renseignements sur la situation financière de l'intéressé. Le président du bureau peut statuer seul sur les demandes ne présentant manifestement pas de difficulté sérieuse. Il peut rejeter la demande si le demandeur, sans motif légitime, ne communique pas dans le délai imparti les documents ou renseignements demandés. D'après la jurisprudence, si une partie forme une demande d'aide juridictionnelle en cours de procédure, le juge saisi doit renvoyer l'affaire à une audience ultérieure en attendant la décision, et le délai de péremption de l'instance (2 ans) est interrompu.

La décision d'admission ou de rejet est susceptible de recours dans des conditions très limitatives. Depuis la loi du 19 février 2007, les décisions du bureau d'aide juridictionnelle ou de leur premier président peuvent être déférées, selon le cas, au président de la cour d'appel ou de la Cour de cassation, au président de la cour administrative d'appel, au président de la section du contentieux du Conseil d'État, au vice-président du tribunal des conflits, au président de la Commission des recours des réfugiés. Ces autorités statuent sans recours. Seuls peuvent former un recours l'intéressé lui-même, lorsque le bénéfice de l'aide lui a été refusé, en totalité ou partiellement, le Ministère public, le bâtonnier de l'ordre des avocats...

Les effets de l'aide juridictionnelle sont de deux ordres. Pour le bénéficiaire, elle entraîne le droit à l'assistance d'un avocat et d'un officier public ou ministériel. Ces auxiliaires de justice sont librement choisis par le bénéficiaire ; à défaut, l'avocat est désigné d'office par le bâtonnier, et l'huissier de justice par le président de l'organisme professionnel dont il dépend. Le bénéficiaire de l'aide juridictionnelle a droit à la gratuité totale de la justice, ce qui signifie qu'il ne paie ni les dépens ni les frais irrépétibles tels que les honoraires de l'avocat. Si le bénéficiaire de l'aide juridictionnelle est condamné par le juge aux dépens parce qu'il a perdu son procès, il ne paiera pas ses propres frais, mais restera tenu de payer les dépens effectivement exposés par son adversaire. En cas d'aide juridictionnelle partielle (décret n° 2016-11 du 12 janv. 2016 : l'État prend en charge ou 55 % ou 25 %), le bénéficiaire doit payer une partie des frais.

Pour les auxiliaires de justice, commis au titre de l'aide juridictionnelle, la rémunération est versée par l'État[10]. Ce dernier fait annuellement à chaque barreau une dotation représentant une part contributive ; le montant de ce qui revient à chaque avocat est déterminé en fonction du produit de l'unité de valeur prévue par la loi de finances de l'année (à partir de janvier 2016, l'UV hors taxe sur la valeur ajoutée est de 26,50 euros. Un arrêté du 12 janvier 2016 a instauré 3 catégories de barreaux, certains étant rémunérés à 27,50 euros, d'autres à 28,50 euros), et des coefficients définis par l'article 90 du décret du 19 décembre 1991 (par exemple, pour une procédure de divorce pour faute, le coefficient de base est de 34, avec des majorations possibles dans la limite de 16 en cas d'expertise, d'enquête sociale ; il est de 50 pour l'assistance d'un accusé devant la cour d'assises, de 8 pour l'assistance d'un prévenu devant le tribunal correctionnel). Les autres auxiliaires de justice reçoivent une somme forfaitaire (huissiers de justice, 10 euros par acte effectivement délivré, 42 euros pour l'exécution d'une décision d'expulsion, art. 94, D. 1991 ; avocat au Conseil d'État et à la Cour de cassation, 382 euros, art. 93, D. 1991).

La loi de 1991 a été complétée par une loi du 18 décembre 1998, qui a ajouté à l'aide juridictionnelle l'aide à ***l'accès au droit*** : il s'agit de permettre aux plus démunis d'obtenir une information générale sur leurs droits et obligations, ainsi qu'une orientation vers les organismes chargés de la mise en œuvre de ces droits, une aide dans l'accomplissement de toutes démarches en vue de l'exercice d'un droit et l'assistance au cours d'une procédure non juridictionnelle, comme la transaction ou la procédure participative assistée par avocat, une consultation en matière juridique, ou encore une médiation et l'assistance à la rédaction et la conclusion des actes juridiques.

2. L'assurance de protection juridique

Le second mécanisme permettant une gratuité de la justice et celui de l'assurance de protection juridique, récemment modifié par la loi du 19 février 2007. L'article L. 127-1 du Code des assurances définit l'assurance de protection juridique comme une opération consistant, moyennant le paiement d'une prime ou d'une cotisation préalablement convenue, à prendre en charge des frais de procédure ou à fournir des services découlant de la couverture d'assurance, en cas de différend ou de litige opposant l'assuré à un tiers. L'assurance couvre, notamment, le fait de défendre, ou de présenter une demande, dans une procédure pénale, civile, administrative ou autre, ou même contre une réclamation dont l'assuré est l'objet, ou tout processus permettant à l'assuré d'obtenir à l'amiable réparation du dommage subi. En outre, une augmentation de 2,6

---

10. D. n° 2007-1738 du 11 déc. 2007, en dernier lieu, permet de rétribuer l'avocat assistant un majeur protégé poursuivi pour une contravention de police des 4 premières classes, et l'avocat assistant une personne étrangère lors d'un recours en annulation d'un refus de séjour, d'un refus de délivrance ou de renouvellement de titre de séjour, de récépissé de demande de carte de séjour ou d'autorisation provisoire de séjour assorti d'une obligation de quitter le territoire français, procédure introduite par la loi du 24 juillet 2006 concernant l'immigration et l'intégration.

points du taux de la taxe spéciale sur les conventions d'assurance qui pèse sur les contrats d'assurances de protection juridique (de 9 % à 11, 6 %) à compter du 1er janvier 2015 (loi n° 2014-1654 du 29 déc. 2014 portant loi de finances pour 2015, art. 1001, CGI) permettra de consolider le financement de l'aide juridictionnelle (elle devrait rapporter 25 M d'euros qui seront alloués au Conseil national des barreaux pour rétribuer les avocats à l'aide juridictionnelle).

Est considéré comme un sinistre au sens de la loi « le refus qui est opposé à une réclamation dont l'assuré est l'auteur ou le destinataire » (art. L. 127-2-1, C. assur.). Les consultations et actes de procédure réalisés avant la déclaration du sinistre ne sont pas pris en charge par l'assureur, sauf s'il y avait urgence à les demander. Si l'adversaire a constitué avocat, l'assuré doit être défendu dans les mêmes conditions. L'assuré a d'ailleurs le libre choix de son avocat, pourvu que ce dernier exerce la profession dans les conditions légales, et aucune clause du contrat d'assurance ne peut contrevenir à cette liberté[11]. Les honoraires de l'avocat sont déterminés entre ce dernier et son client, sans pouvoir faire l'objet d'un accord avec l'assureur de protection juridique.

En cas de conflit entre l'assuré et l'assureur, au sujet des mesures à prendre pour régler un différend, ce désaccord est tranché par un tiers choisi d'un commun accord par les parties, ou par le président du TGI statuant en la forme des référés.

Le contrat d'assurance doit stipuler que toute somme obtenue en remboursement des frais et des honoraires exposés pour le règlement du litige bénéficie par priorité à l'assuré pour les dépenses restées à sa charge et, subsidiairement, à l'assureur, dans la limite des sommes qu'il a engagées.

3) Le principe de la permanence de la justice

En France, la justice est rendue sans interruption, d'une manière continue : l'article L. 111-4 du Code de l'organisation judiciaire dispose à cet égard que la permanence et la continuité du service de la justice demeurent toujours assurées. L'année judiciaire commence le 1er janvier et se termine le 31 décembre. Ce principe comporte quelques dérogations. Ainsi, le tribunal paritaire des baux ruraux siège par sessions, dont la fréquence et la durée dépendent du nombre des affaires inscrites au rôle. Il en est de même du Tribunal des affaires de Sécurité sociale. En matière pénale, la cour d'assises siège également par sessions intermittentes, en fonction du nombre des affaires. Dans l'ordre administratif, certaines juridictions d'exception se réunissent uniquement lorsque des affaires sont inscrites à leur rôle (par exemple, la section disciplinaire du conseil d'administration d'une université).

La continuité du service public de la justice n'est toutefois pas absolue :

- les services des tribunaux sont suspendus les samedis, dimanches et jours fériés. Malgré cela, en cas d'urgence, il est toujours possible de saisir le juge des référés même le dimanche. Il faut noter que le juge d'instruction et les représentants du Parquet assurent une permanence les dimanches et jours fériés ;
- avant 1974 existaient les vacances judiciaires entre le 15 juillet et le 15 septembre ; pendant cette période, seules étaient jugées les affaires urgentes au cours des

---

11. Cass. civ. 1re, 15 juill. 1999, *D.* 2000, somm. 343, obs. Bonnard, *D.* 2001, 1057, note Krajeski – Aix-en-Provence, 29 juin 2000, *JCP* 2001, II, 10469, note. R. Martin.

audiences de vacations. Le décret du 27 février 1974 a supprimé les vacances judiciaires pour prévoir que la permanence et la continuité des services demeurent toujours assurées. Cette disposition n'empêche pas les magistrats de prendre des vacances, mais une permanence est assurée par roulement dans les tribunaux qui tiennent désormais des audiences de service allégé.

La continuité du service de la justice est également assurée par une interdiction de grève pour les magistrats de l'ordre judiciaire. Selon l'article 10 de l'ordonnance n° 58-1270 du 22 décembre 1958, toute action concertée de nature à arrêter ou à entraver le fonctionnement des juridictions est prohibée.

4) Le principe de spécialisation

Les juridictions sont regroupées ***en deux ordres***: l'ordre judiciaire et l'ordre administratif. Chaque ordre de juridiction est doté d'une compétence particulière. L'ordre administratif juge les affaires opposant les particuliers à l'administration ou les administrations entre elles. L'ordre judiciaire traite des litiges entre particuliers. Il faut cependant distinguer les juridictions civiles qui tranchent les litiges concernant des intérêts privés opposant des particuliers en matières civile, commerciale, sociale, et les juridictions pénales qui jugent les auteurs d'infractions portant atteinte à l'ordre social.

Au sein de chaque ordre, on distingue ***les juridictions de droit commun des juridictions d'exception.*** Les juridictions de droit commun sont celles qui ont une compétence générale de principe, pour statuer sur tous les litiges qui ne sont pas expressément attribués par la loi à d'autres juridictions. Le tribunal de grande instance, la cour d'appel, le tribunal administratif, la cour administrative d'appel sont des juridictions de droit commun. Les juridictions exception sont celles qui ont une compétence spéciale pour statuer sur les affaires qui leur sont expressément attribuées par la loi. Elles sont spécialisées dans certains types de contentieux : c'est le cas du tribunal de commerce, du conseil de prud'hommes, de la Cour des comptes. Parfois, la spécialisation concerne des tribunaux de même catégorie : par exemple, seuls certains tribunaux de commerce statueront sur les procédures collectives des très grosses entreprises (entreprises dont le nombre de salariés est égal ou supérieur à 250 et dont le montant net du chiffre d'affaires est d'au moins 20 millions d'euros (art. L. 721-8, C. com., loi du 6 août 2015), de même que seuls certains tribunaux de grande instance sont spécialisés dans l'adoption internationale et le déplacement illicite international d'enfants.

Il appartient ainsi aux parties, avant de saisir un juge, de déterminer à quel ordre de juridiction l'affaire doit être soumise, puis, dans cet ordre, de définir la juridiction compétente. Il s'agit d'un problème de ***compétence matérielle*** que l'on appelle encore ***compétence d'attribution***, qui peut se définir comme l'aptitude légale à juger une affaire en fonction de la matière juridique. Ces règles obéissent au droit national. Mais, lorsque le litige présente un aspect transfrontalier, parce que l'un des colitigants a un domicile dans un autre État membre de l'Union européenne, des règlements précisent les juridictions compétentes dans l'espace judiciaire européen. Hors Europe, ce sont des conventions internationales, bi ou multilatérales, qui permettent de régler ces conflits de compétence[12]. À défaut, il faut faire application des principes de droit commun de droit international privé.

5) *Le principe de neutralité du juge*

Cette neutralité dépend du rôle qui est conféré au juge dans l'instance par le dispositif procédural. On oppose traditionnellement deux types de procédure. La procédure ***dite inquisitoire ou encore inquisitoriale*** se caractérise par l'octroi au juge de larges pouvoirs dans l'instance ; le juge maîtrise l'élément temporel de l'instance puisqu'il peut en accélérer le déroulement ; il maîtrise également les éléments matériels de l'instance, parce qu'il dispose de pouvoirs importants dans l'instruction de l'affaire et la recherche des preuves. Traditionnellement, en droit français, la procédure est de type inquisitoire devant les juridictions pénales d'instruction et les juridictions administratives. Le second type de procédure se nomme la ***procédure accusatoire***. Elle repose sur le principe selon lequel « le procès est la chose des parties » : celles-ci maîtrisent à la fois le déroulement temporel de l'instance et ses éléments matériels puisqu'elles déterminent l'objet du litige, sont libres d'invoquer tel ou tel fait, et de rapporter telle ou telle preuve. Le juge joue seulement le rôle d'arbitre. Ce système est celui de la procédure civile dans la mesure où elle met en cause des intérêts privés. Néanmoins, devant les inconvénients d'une procédure purement accusatoire – lenteurs injustifiables de la justice, et vérité judiciaire contingente – les réformes successives ont consisté à conférer au juge des pouvoirs de plus en plus « inquisitoriaux », notamment dans la mise en état de l'affaire. Sans déposséder les parties de la matière de leur litige, le juge doit pouvoir les contraindre à une collaboration loyale : l'accomplissement des actes de la procédure dans les formes et les délais requis, la loyauté dans la production et la communication des moyens de droit et de fait et des pièces invoquées, sont des charges processuelles qui contribuent à l'évidence à une justice de qualité. Dès lors, la distinction entre accusatoire et inquisitoire ne paraît plus opératoire, elle doit être transcendée[13] pour une nouvelle répartition des rôles. La tendance moderne va dans le sens d'un accroissement des obligations procédurales pour les parties, parfois lourdement sanctionnées, par l'irrecevabilité ou la caducité (c'est le cas dans la procédure d'appel civil avec représentation obligatoire par avocat, art. 901 et s., CPC).

Dans tous les cas, les pouvoirs du juge sont contrebalancés par le ***principe du contradictoire*** : en effet, le juge a l'obligation de faire observer et d'observer lui-même le principe du contradictoire ; il ne peut donc pas juger une partie sans l'avoir appelée et entendue et ne peut utiliser ses connaissances ou ses investigations personnelles que dans la mesure où elles ont fait l'objet d'une discussion contradictoire avec les parties. La contradiction évite l'arbitraire du juge en assurant la transparence de la procédure à toutes les phases et en permettant aux parties d'exercer leurs droits de la défense.

---

12. Fricero (N.), *L'Essentiel de l'Espace judiciaire européen en matière civile et commerciale*, Gualino éditeur, 1re éd., 2011.
13. Coulon (J.-M.), *Réflexions et propositions sur la procédure civile*, La Documentation française, 1997.

6) *Le principe de publicité*

Ce principe est proclamé par de nombreux textes internes et internationaux (art. 10 de la Déclaration universelle des droits de l'homme du 10 décembre 1948 ; art. 6 § 1 de la Convention européenne des droits de l'homme). La publicité de la procédure protège les justiciables contre une justice secrète ; par la transparence qu'elle assure, elle permet aux citoyens de contrôler le respect du procès équitable par les tribunaux.

a) La publicité des débats

La publicité concerne les débats devant toutes les juridictions civiles, pénales et administratives. Toutefois, la nécessité de respecter certains droits fait parfois obstacle à la mise en œuvre d'une publicité des débats. Il en est ainsi lorsque le procès met en cause la moralité, l'ordre public, la sécurité nationale, ou encore lorsque les intérêts des mineurs ou la protection de la vie privée des parties au procès l'exigent, ou enfin lorsque la publicité est de nature à porter atteinte aux intérêts de la justice. La publicité est exclue lorsque le juge tente de concilier les parties (la confidentialité est un gage de réussite de la conciliation).

b) La publicité du jugement

La publicité intéresse aussi le prononcé du jugement, dont le dispositif peut être lu à voix haute lors d'une audience publique (seules les décisions gracieuses, rendues en l'absence de litige, sont prononcées hors la présence du public), ou mis à disposition de toute personne intéressée au greffe de la juridiction. On peut noter l'existence d'autres procédés de publicité du jugement, notamment, des publications destinées à informer les tiers (répertoire civil pour ce qui concerne la capacité des personnes, registre d'état civil pour l'état des personnes, publications diverses par voie de presse, bulletin officiel des annonces civiles et commerciales en ce qui concerne les jugements de sauvegarde, de redressement et de liquidation judiciaire) ou encore la délivrance de copies aux intéressés ou au tiers, ou la mise à disposition de certaines décisions sur le site internet Légifrance, à destination de la communauté des juristes et des citoyens. Lorsque les jugements sont ainsi diffusés, une anonymisation s'effectue pour sauvegarder la vie privée des personnes.

c) La médiatisation des procès

La publicité de la justice en droit français n'autorise pas la médiatisation de la justice, même si certaines dispositions législatives permettent la diffusion des procès, dans des conditions restrictives.

Ainsi les articles L. 221-1 et suivants du Code du patrimoine permettent l'enregistrement sonore et visuel de procès en vue de la ***constitution d'archives historiques de la justice***. L'article 308 du Code de procédure pénale (modifié par la loi n° 2014-640 du 20 juin 2014, voir circulaire du 24 sept. 2014) prévoit que les débats devant les cours d'assises font systématiquement l'objet d'un enregistrement sonore depuis le 1er octobre 2014, sous le contrôle du président. Cet enregistrement a vocation à être utilisé dans une éventuelle procédure de révision, pour déterminer si l'élément présenté est nouveau ou s'il a déjà été débattu devant la cour d'assises. L'enregistrement sous format numérique est conservé sur support physique de stockage des données, que le greffier place sous scellé fermé à l'issue du procès d'assises, en rédigeant un procès-verbal de mise sous scellés joint au dossier de la procédure. L'enregistrement doit être déposé dans un lieu sécurisé spécifique au sein des locaux des services des scellés. Pour ce qui est des débats devant les autres juridictions, l'interdiction reste posée : l'article 308 du Code de procédure pénale rappelle que dès l'ouverture de l'audience, l'emploi de tout appareil d'enregistrement ou de diffusion sonore, de caméra de télévision ou de cinéma, d'appareils photographiques est interdit, sous peine de 18 000 euros d'amende.

D'une manière générale, l'article 38 *ter* de la loi du 29 juillet 1881 sur la presse interdit, dès l'ouverture de l'audience des juridictions administratives ou judiciaires, l'emploi en tout appareil permettant d'enregistrer, de fixer ou de transmettre la parole ou l'image. Le président de la juridiction peut faire procéder à la saisie de tous appareils et du support de la parole ou de l'image utilisés en violation de cette interdiction. Toutefois, afin de permettre l'exercice de la liberté de la presse et du droit à l'information, le président peut autoriser ***des prises de vue*** quand les débats ne sont pas commencés et à la condition que les parties ou leurs représentants et le Ministère public y consentent ; de plus, ***les comptes rendus fidèles*** faits de bonne foi des débats judiciaires sont autorisés par l'article 41 de la loi de 1881. Un rapport remis au ministre de la Justice le 22 février 2005[14] préconise une meilleure transparence de la justice, qui participe à la nature même de la démocratie. Mais la présence des médias audiovisuels dans les prétoires doit être encadrée : il faut aussi assurer la protection des personnes, des témoins et jurés, des parties et des acteurs judiciaires (magistrats, fonctionnaires des greffes...), et garantir la sérénité des débats judiciaires.

Le recours aux moyens modernes de communication modifie les éléments de réflexion en ce qui concerne la publicité de la justice. La loi du 20 décembre 2007 insère l'article L. 111-12 dans le Code de l'organisation judiciaire pour prévoir que les audiences devant les juridictions judiciaires peuvent, par décision du président de la formation de jugement, d'office ou à la demande d'une partie, et avec le consentement de l'ensemble des parties, se dérouler dans plusieurs salles d'audience reliées directement par un moyen de télécommunication audiovisuelle garantissant la confidentialité de la transmission (art. R. 111-7, C. org. jud. instaurant ***la visio-conférence***). L'une ou plusieurs de ces salles peuvent se trouver en dehors du ressort de la juridiction saisie. Pour la tenue des débats en audience publique, chacune de ces salles d'audience est ouverte au public. Pour la tenue des débats en chambre du conseil, il est procédé hors la présence du public dans chacune des salles d'audience. Mais les prises de vue et de son ne peuvent faire l'objet d'aucun enregistrement et d'aucune fixation (sauf dans le cadre des dispositions existantes).

---

14. Rapport Linden (présidente de la Commission sur l'enregistrement et la diffusion des débats judiciaires), *Gaz. Pal.*, 23, 24 mars 2005, actualité p. 2, *Les Annonces de la Seine*, 3 mars 2005, n° 15, Procès filmés.

2 • LES PRINCIPES ISSUS DES EXIGENCES DU PROCÈS ÉQUITABLE

A - La consécration d'un droit au juge effectif

1) Une obligation positive issue du Conseil de l'Europe

L'article 6 de la Convention européenne des droits de l'homme impose aux États adhérents à la Convention de garantir à leurs citoyens le droit effectif et concret d'être entendus par un tribunal sur leurs contestations portant sur un droit ou une obligation de nature civile (c'est le droit à un procès équitable). L'article 13 de la Convention impose à ces mêmes États d'offrir à leurs justiciables un recours interne effectif pour obtenir la réparation d'une atteinte aux droits reconnus par la Convention. Ces dispositions, directement applicables en droit interne et dont la méconnaissance est sanctionnée par le juge national, et, à défaut, par la Cour européenne, ont des incidences considérables sur l'organisation du système juridictionnel interne[15].

De ces obligations positives vont découler un certain nombre de principes que les pouvoirs publics doivent respecter dans l'organisation du système judiciaire comme dans l'élaboration des règles de fonctionnement des juridictions. L'application de ces principes conduit également à des modifications des procédures suivies devant les juridictions[16], dont l'étude relève des diverses procédures.

En ce qui concerne les règles d'organisation, l'État doit instaurer de véritables tribunaux, ce qui, pour la Cour européenne, correspond à l'existence d'organes dotés d'un pouvoir protégé de dire le droit après avoir pu apprécier souverainement les éléments de fait. Ces tribunaux sont nécessairement « établis par la loi », et non par des dispositions gouvernementales.

De plus, les tribunaux doivent être indépendants des différents pouvoirs publics. Cette indépendance est subordonnée, selon la Cour européenne, à l'existence d'un statut qui permet aux juges de résister aux pressions éventuelles des pouvoirs (par exemple, inamovibilité, garanties dans la procédure disciplinaire...) et qui interdit toute immixtion des pouvoirs publics dans l'activité juridictionnelle. Un projet de loi organique a été déposé au Sénat le 31 juillet 2015, relatif à l'indépendance et l'impartialité des magistrats et à l'ouverture de la magistrature sur la société pour renforcer encore le statut protecteur des magistrats et l'étendre aux magistrats du Ministère public.

Les juges doivent également être impartiaux, c'est-à-dire juger les litiges sans *a priori*. L'article L. 111-5 du Code de l'organisation judiciaire prévoit à cet égard que « l'impartialité des juridictions est garantie par les dispositions du présent code et celles prévues par les dispositions particulières à certaines juridictions ainsi que par les règles d'incompatibilité fixées par le statut de la magistrature ». Des garanties doivent être offertes aux justiciables pour prévenir ou sanctionner les cas de partialité, quelle qu'en soit la cause

---

15. Guinchard (S.) et *alii*, *Droit processuel, Droit commun et droit comparé du procès équitable*, Dalloz.
16. Magendie (J.-Cl.), *Célérité et qualité de la justice, La gestion du temps dans le procès*, Rapport, La Documentation française, déc. 2004.

(subjective, comme le lien de parenté du juge avec l'une des parties ou l'amitié ou l'inimitié notoire ; ou objective, lorsque le juge intervient plusieurs fois dans la même instance, comme juge des référés puis comme juge du fond, ou comme juge de première instance puis comme juge d'appel...).

Pour ce qui concerne les ***règles de fonctionnement des juridictions***, l'État doit mettre en œuvre des garanties procédurales : un procès équitable est public, respecte l'égalité des armes et la contradiction, se déroule dans un délai raisonnable, et donne lieu à un jugement motivé et exécuté dans un délai bref.

L'accès aux tribunaux doit être modernisé, notamment par ***le recours aux nouvelles technologies*** et à la ***dématérialisation***. Dans un arrêt du 16 juin 2009, *Lawyer Partners AS contre la Slovaquie* (n° 54252/07), la Cour européenne des droits de l'Homme a condamné un État qui avait prévu le recours aux nouvelles technologies dans le Code de procédure civile, mais qui n'avait pas équipé les juridictions. Le décret du 28 décembre 2005, applicable depuis le 1er janvier 2009, a ajouté au Code de procédure civile les articles 748-1 à 7, pour organiser la « communication par voie électronique » des actes de procédure, pièces, avis, avertissements, convocations, rapports, procès-verbaux et copies ou expéditions revêtues de la formule exécutoire des décisions juridictionnelles. Les procédés techniques utilisés doivent garantir la sécurité et la confidentialité des échanges[17]. Le décret du 11 mars 2015 a précisé que l'adhésion par un avocat au RPVA vaut acceptation de la communication par voie électronique. De nombreux textes sont intervenus pour préciser les conditions de la communication[18], qui concerne la totalité des procédures, civiles[19], pénales et administratives, ainsi que l'expertise judiciaire (avec la plateforme Opalexe, mise en place par le Conseil national des compagnies d'experts judiciaires, administrée et certifiée par CertEurope). La procédure devant la Cour de cassation et certaines juridictions administratives est entièrement dématérialisée (les magistrats de la Cour de cassation ont reçu le 3 décembre 2013 la carte électronique leur permettant de signer leurs arrêts par voie électronique). Les projets pour les années à venir permettront aux justiciables de communiquer directement avec les juridictions (évolutions de l'application informatique Cassiopée).

2) Une contrainte issue de l'Union européenne

Depuis le Traité de Lisbonne, l'Union européenne se substitue à la Communauté européenne, et est régie par le Traité sur l'Union européenne et le Traité sur le fonctionnement de l'Union européenne. La Charte des droits fondamentaux de l'Union y est intégrée avec la même valeur que les Traités (art. 6, TUE). Son article 47 organise le « *droit à*

---

17. Ricard (E.) et Ferreté (A.), « La technique au service de la procédure civile », *Procédures* 2006, étude 17 ; Vallens (J.-L.), « La dématérialisation des décisions judiciaires : une évolution nécessaire », *JCP* 2007, I, 119.
18. Convention du 18 mai 2007 entre le ministère de la Justice et le CNB remplacée par la Convention du 16 juin 2010 ; arrêtés du 17 juin 2008 et du 25 sept. 2008 et du 7 avril 2009 ; décret du 9 déc. 2009 sur la procédure d'appel ; arrêtés du 14 déc. 2009 et du 5 mai 2010 ; D. du 29 avr. 2010 ; Rapport de N. Hattab, Audit du réseau privé virtuel avocats, juin 2010. -arrêté du 12 mars 2013 relatif à la communication électronique devant le Conseil d'État, les cours administratives d'appel et les tribunaux administratifs.
19. Le procès civil à l'épreuve des nouvelles technologies, colloque Paris 13, *Procédures* 2009, p. 6 ; G. Didier et G. Sabater, « Dématérialisation des procédures : une révolution culturelle est nécessaire », *JCP* 2008, I, 118.

un recours effectif et à accéder à un tribunal impartial », lequel s'impose à tous les organes de l'Union européenne. De plus, chaque État membre s'engage à garantir aux personnes tous les droits définis par l'Union et à prévoir un système juridictionnel permettant d'assurer leur mise en œuvre effective, dans le respect du procès équitable.

Certes, les États restent libres de déterminer l'organisation de leur système juridictionnel, la répartition des compétences entre les juges et de réglementer les procédures applicables. Mais la Cour de justice de l'Union européenne contrôle l'usage que les États font de cette liberté par rapport aux principes fondamentaux qui régissent l'Union européenne. Ainsi, la réglementation de l'accès au juge ne doit générer aucune discrimination entre citoyens des États membres ; elle doit assurer l'égalité entre les procédures destinées à sanctionner un droit national et celles qui garantissent un droit reconnu par le droit de l'Union.

Si ces contraintes ne sont pas respectées par les États membres, plusieurs sanctions sont prévues. Chaque justiciable peut solliciter du juge national l'application du droit de l'Union européenne et, le cas échéant, la mise à l'écart du droit national qui ne serait pas conforme. La Commission peut saisir la Cour de justice de l'Union européenne d'un recours en manquement, et une condamnation de la France obligerait les pouvoirs publics à mettre le dispositif législatif en conformité avec les exigences européennes.

B - L'affirmation du droit à un tribunal indépendant et impartial

1) L'impartialité du juge

Le jugement doit être rendu par application de la règle de droit appropriée aux faits souverainement appréciés, à l'issue d'un débat contradictoire, et non en fonction des convictions personnelles du juge, de ses *a priori*, de ses amitiés ou inimitiés. Toutes les procédures, civile, pénale et administrative, offrent des mécanismes juridiques permettant de lutter contre les situations de partialité du juge objectivement démontrées.

Certains mécanismes agissent à titre préventif : il s'agit des interdictions ou incompatibilités de siéger dans une juridiction. Par exemple, les fonctions de magistrat sont incompatibles avec toutes les autres fonctions publiques et toute autre activité professionnelle ou salariée (art. 8, Ord. 22 déc. 1958), avec l'exercice d'un mandat de conseiller régional, général, municipal ou d'arrondissement (art. 9, Ord. 22 déc. 1958)... Ces exigences sont étendues aux conseillers prud'hommes par les articles L. 1442-11 et suivants du Code du travail (loi du 6 août 2015), ainsi qu'aux juges des tribunaux de commerce (loi sur l'action de groupe et l'organisation judiciaire).

Pour aller plus loin

Le respect par le juge des règles de ***déontologie*** (éthique appliquée à la profession) garantit aussi son impartialité. Le Recueil des obligations déontologiques des magistrats, élaboré par le Conseil supérieur de la Magistrature et publié en juin 2010[20] contient des commentaires et des

20. Éd. Dalloz, 2010.

recommandations sur l'exigence d'impartialité du juge (absence de préjugés, respect du contradictoire, refus de toute proximité avec l'ensemble des acteurs du procès, image d'impartialité objective). Une Charte de déontologie des membres de la juridiction administrative, publiée en janvier 2012, reprend les obligations fondamentales et les bonnes pratiques déontologiques applicables à tous les juges administratifs. Lorsqu'un juge estime en conscience ne pas pouvoir juger, il peut décider de se faire remplacer.

D'autres mécanismes permettent au justiciable dont le litige va être jugé par un magistrat dont il suspecte la partialité ***de récuser le juge***. Mais la récusation suppose la preuve d'éléments objectifs (par exemple, le juge est parent ou allié de l'une des parties, il a un intérêt personnel à l'affaire...), et n'est recevable, devant les juridictions judiciaires civiles, que si elle est demandée avant la clôture des débats devant le juge concerné. L'application directe de l'article 6 § 1 de la Convention européenne des droits de l'homme, qui impose aux États de garantir des tribunaux impartiaux, a permis d'étendre les cas de récusation des juges à des hypothèses que le droit français n'avait pas envisagées (par exemple, l'interdiction pour le juge des référés qui a ordonné le versement d'une provision de statuer ensuite sur le fond de l'affaire...). L'affaire peut être renvoyée à une autre juridiction en cas de suspicion légitime de l'ensemble des membres d'un tribunal, ou de récusation de plusieurs juges d'une même juridiction, ou encore pour cause de sûreté publique (on parle souvent de « délocalisation »). Un renvoi peut ainsi être demandé si une des parties au procès est juge ou auxiliaire de justice devant la juridiction qui doit statuer (art. 47, CPC). Une délocalisation d'une procédure collective (sauvegarde, redressement ou liquidation judiciaires) peut être ordonnée, à la demande du Ministère public, du débiteur ou du créancier poursuivant, si les intérêts en présence le justifient (art. L. 662-2 et R. 662-7, C. com., par ex. un conflit d'intérêts entre l'un des juges et la société concernée).

2) L'indépendance du juge

a) L'indépendance par la séparation des pouvoirs

Certes, le titre VIII de la Constitution porte l'intitulé « de l'autorité judiciaire », par opposition au pouvoir législatif et au pouvoir exécutif, mais le droit organise, par un statut particulier de la magistrature, une double indépendance de l'autorité judiciaire. Le Recueil des obligations déontologiques des magistrats et la Charte déontologique des juges administratifs rappellent que l'indépendance est un droit constitutionnel et la condition première d'un procès équitable. Cette indépendance ne concerne que les juges du siège, qui rendent les jugements (pour les membres du Parquet, la situation n'est pas identique, en raison des conditions de leur nomination et de la procédure de sanction disciplinaire : néanmoins, la loi n° 2013-669 du 25 juillet 2013 relative aux attributions du garde des Sceaux et des magistrats du Ministère public en matière de politique pénale et de mise en œuvre de l'action publique supprime la possibilité pour le ministre d'adresser des instructions dans des affaires individuelles, mais lui permet d'animer et de coordonner l'action des procureurs de la République et d'adresser des instructions générales).

L'indépendance se mesure ***par rapport au pouvoir législatif***, avec des domaines d'intervention distincts. Sans doute faut-il nuancer l'indépendance du juge. C'est le

Parlement qui décide du statut du juge (sous le contrôle du Conseil constitutionnel par des lois organiques), et qui décide des lois que le juge est chargé d'appliquer. De plus, certaines techniques législatives permettent, ce qui est parfois sanctionné par la Cour européenne des droits de l'homme, d'influer sur le fonctionnement de la justice : par exemple, le Parlement peut édicter des lois rétroactives qui modifient l'issue des procès en cours, ou des lois d'amnistie qui vont empêcher la condamnation judiciaire, ou des lois de validation qui vont anéantir une annulation prononcée par un juge administratif. Seuls d'impérieux motifs d'intérêt général peuvent justifier de telles lois. En revanche, l'interdiction pour le juge de s'immiscer dans la fonction législative est mieux assurée : l'article 5 du Code civil lui interdit les arrêts de règlement, c'est-à-dire les décisions qui seraient générales et permanentes comme les lois et l'article 4 du Code civil lui interdit de refuser de juger sous le prétexte du silence, de l'obscurité ou de l'insuffisance de la loi, sous peine des sanctions du déni de justice (art. 434-7-1, C. pén.).

L'indépendance se mesure ensuite ***par rapport au pouvoir exécutif***. Elle se traduit par la non-ingérence du juge dans l'administration, issue de la loi des 16 et 24 août 1790 (les juges ne pourront, à peine de forfaiture, troubler, de quelque manière que ce soit, les opérations du corps administratif) et corollaire de la séparation des pouvoirs. L'essentiel résulte du statut particulier des magistrats, qui offre des garanties contre l'éventualité d'une immixtion du pouvoir exécutif : garanties d'un recrutement démocratique par concours, inamovibilité des magistrats du siège, avancement contrôlé par une Commission d'avancement composée de magistrats, et nominations avec avis conforme du Conseil supérieur de la magistrature pour les magistrats du siège (sauf pour certains postes, pour lesquels une proposition est faite par le CSM, art. 65, Constitution du 4 octobre 1958, modifié par la loi de révision constitutionnelle du 23 juill. 2008 et art. 28, Ord. 22 déc. 1958, modifié loi 21 févr. 2007), sanctions disciplinaires prononcées par le Conseil supérieur de la magistrature pour les juges du siège...

Pour aller plus loin

Dans le cadre de la modernisation de l'action publique, un rapport a été remis aux gardes des Sceaux en novembre 2013 du groupe de travail présidé par Jean-Louis Nadal : parmi les différentes propositions il est suggéré de ***mieux garantir l'indépendance statutaire du Ministère public***. Notamment une loi organique pourrait confier au Conseil supérieur de la magistrature le pouvoir de proposer la nomination des procureurs de la République, des procureurs généraux et des membres du parquet général de la Cour de cassation, et de soumettre la nomination des autres magistrats du parquet à l'avis conforme du Conseil supérieur de la magistrature (le projet a été déposé au Sénat le 31 juillet 2015 et est en cours de discussion, au moment de la rédaction). Le rapport préconise de transférer au Conseil supérieur de la magistrature le pouvoir de statuer en matière disciplinaire à l'égard des magistrats du parquet et de soumettre la décision de mutation d'office d'un magistrat du parquet dans l'intérêt du service à l'avis conforme du Conseil supérieur de la magistrature et enfin de retirer les procureurs généraux de la liste des emplois auxquelles il est pourvu en Conseil des ministres.

b) L'indépendance par une responsabilité originale du service public de la justice

Le fonctionnement du service public de la justice peut entraîner des préjudices pour les plaideurs (condamnation par erreur, perte d'un dossier, violation du secret du délibéré...). La question se pose de savoir dans quelle mesure et à quelles conditions le plaideur victime du préjudice peut mettre en jeu la responsabilité du service public de la justice. Il paraît légitime de réparer le dommage et d'admettre le principe de la responsabilité du juge et de l'État. Mais une telle responsabilité s'avère délicate à mettre en œuvre pour deux raisons essentielles.

D'abord, la partie qui succombe et qui prétend que le juge a mal jugé dispose de voies de recours pour mettre en cause l'autorité de la chose jugée et réparer ainsi le préjudice qu'elle prétend subir. Lorsque les voies de recours sont épuisées, il n'est pas admissible qu'une partie cherche à neutraliser ce qui a été jugé en tentant d'obtenir des dommages-intérêts sous le prétexte de la responsabilité du service public de la justice.

Ensuite, il est nécessaire de sauvegarder l'indépendance du juge et de le tenir à l'abri des poursuites inconsidérées exercées par les plaideurs déçus ou par les justiciables qui chercheraient par ce biais à exercer des pressions sur les juges. Ces raisons expliquent que le système de la responsabilité du service public de la justice soit original et complexe, aussi bien pour les juridictions de l'ordre judiciaire que pour les juridictions administratives.

1. La responsabilité du fait des juridictions judiciaires

- *La responsabilité pour fonctionnement défectueux du service public de la justice*

En principe, l'État est responsable du fonctionnement défectueux du service public de la justice. Il s'agit d'une responsabilité directe tenant à l'obligation de l'État de mettre en place un service public. L'article L. 141-1 du Code de l'organisation judiciaire prévoit que l'État est tenu de réparer le dommage causé par un fonctionnement défectueux. Cette responsabilité n'est engagée que dans deux cas : faute lourde ou déni de justice.

La notion de faute lourde a évolué. Dans un premier temps, la jurisprudence adoptait une conception restrictive : la faute lourde est celle qui a été commise sous l'empire d'une erreur tellement grave qu'un magistrat normalement soucieux de ses devoirs n'y eût pas été entraîné[21], ou encore une négligence particulièrement grave commise aussi bien par un juge que par les services du greffe de la juridiction. Puis, afin d'étendre le domaine de la responsabilité de l'État, la jurisprudence a décidé que « constitue une faute lourde toute déficience caractérisée par un fait ou une série de faits traduisant l'inaptitude du service public de la justice à remplir la mission dont il est investi »[22].

Le déni de justice, seconde cause de mise en jeu de la responsabilité de l'État, a fait l'objet d'une même évolution extensive. Selon une première conception, le déni de justice est le refus de répondre aux requêtes et de juger les affaires en état de l'être. C'est le cas, par exemple, du juge d'instruction qui refuse de répondre aux requêtes et ne procède à aucune diligence[23]. (à la suite : Le Code pénal). Le Code pénal qualifie ce comportement d'entrave à l'exercice de la justice (art. 434-7-1 : « *le fait par un magistrat, ou toute autre personne siégeant dans une formation juridictionnelle ou toute autorité administrative, de dénier rendre la justice après en avoir été requis et persévérer dans son déni après avertissement ou injonction de ses supérieurs est puni de 7 500 euros d'amende et de l'interdiction de l'exercice de ses fonctions publiques pour une durée de 5 à 20 ans* »). La difficulté est de déterminer le « supérieur » susceptible

21. Cass. civ. 1re, 13 oct. 1953, *Bull. civ.* I, n° 224.
22. Ass. plén., 23 fév. 2001, aff. *Bolle-Laroche*, *D.* 2001, 175.
23. CA Paris, 6 sept. 1996, *Gaz. Pal.* 1996, 2, 495.

d'adresser l'injonction de rendre la justice[24]. Selon une deuxième conception, le déni de justice est le manquement de l'État à son devoir de protection juridictionnelle. La première décision publiée en ce sens est celle du TGI de Paris 6 juillet 1994[25], à propos d'un délai anormalement long d'audiencement, imposé en début de procédure par un acte d'administration judiciaire. La jurisprudence révèle d'autres exemples du non-respect du délai raisonnable des procès, constitutifs de dénis de justice : délibéré de 15 mois et délai de 5 mois pour la copie du jugement[26] ; injonction de conclure à 2 ans et fixation de la date des plaidoiries à 3 ans[27] ; délai de 2 ans et 2 mois entre l'arrêt d'une chambre d'accusation infirmant l'ordonnance d'irrecevabilité du juge d'instruction et la mise en examen suivie, 11 mois après, d'une ordonnance de non-lieu[28] ; l'inaction injustifiée des juges pendant près de 3 ans qui a entraîné un retard dans l'instruction de l'affaire, la reprise de la procédure n'étant due, au surplus, qu'aux initiatives du demandeur et qui a eu pour conséquence de retarder l'examen de l'affaire par le tribunal, lequel n'interviendra que plus de 6 ans après le dépôt de la plainte avec constitution de partie civile[29].

Seules ces deux hypothèses peuvent entraîner la responsabilité directe de l'État.

- *Les régimes spéciaux de responsabilité*

En cas d'erreur judiciaire, l'article 626 du Code de procédure pénale prévoit qu'un condamné reconnu innocent a droit à réparation intégrale du préjudice moral et matériel que lui a causé la condamnation (sauf si la personne s'était librement et volontairement accusée ou laissée accusée à tort en vue de faire échapper l'auteur des faits aux poursuites). Le préjudice est évalué par expertise contradictoire. L'indemnité est allouée par le premier président de la cour d'appel dans le ressort de laquelle réside l'intéressé, selon la procédure prévue aux articles 149-2 à 4 du Code de procédure pénale. Le juge statue sur requête, à l'issue de débats publics, avec possibilité de recours dans les 10 jours de la notification, devant la Commission nationale de réparation des détentions placée auprès de la Cour de cassation. L'indemnité est à la charge de l'État qui peut exercer un recours en remboursement contre la partie civile, le dénonciateur ou le faux témoin par la faute desquels la condamnation a été prononcée (art. 626, C. pr. pén.). Si le demandeur le requiert, la décision qui révise son procès et d'où il résulte son innocence peut faire l'objet de mesures de publicité par affichage ou insertion au *Journal officiel*, ou par publications d'extraits dans cinq journaux au choix de la juridiction qui a prononcé la décision.

---

24. CA Paris, 30 juin 2004, *JCP* 2005, IV, 1520 : la chambre de l'instruction est une juridiction du second degré par rapport au juge d'instruction, et le fait pour un magistrat instructeur de ne pas accomplir les actes demandés nonobstant une décision contraire de la chambre de l'instruction ne constitue pas une persévérance dans le déni de justice, la décision de la chambre ne pouvant être assimilée ni à un avertissement, ni à une injonction émanant d'un supérieur, par respect du principe constitutionnel d'indépendance de la magistrature.
25. *JCP* 1994, I, n° 3805, obs. Cadiet, confirmée en appel, CA Paris, 20 janvier 1999, *Gaz. Pal.* 1999, 1, somm. 45.
26. TI Paris, 2 février 1993, inédit, cité par De la Vaissière, *Dr. et patr.* janv. 1995, p. 9.
27. TGI Paris, 6 juillet 1994, *Dr. et patr.*, janv. 1995, p. 9, *RTD civ.* 1995, 957, obs. Perrot.
28. TGI Paris, 8 nov. 1995, *Bull. inf. C. cass.*, 1996, n° 486, *D.* 1997, somm. 149, obs. Pradel.
29. CA Paris, 28 avril 2003, *Gaz. Pal.* 2003, 1, 1821, *Annonces de la Seine*, 29 mai 2003, p. 20.

En cas de détention provisoire, une indemnité peut être accordée à la personne qui en a fait l'objet au cours d'une procédure terminée à son égard par une décision de non-lieu, de relaxe ou d'acquittement devenue définitive, sauf si l'absence de condamnation provient d'une amnistie, d'une reconnaissance d'irresponsabilité au sens de l'article 122-1 du Code pénal, ou si la personne s'était librement et volontairement accusée. Le préjudice matériel et moral peut faire l'objet d'une expertise contradictoire (art. 149, C. pr. pén.). Cette indemnité est allouée par le premier président de la cour d'appel dans le ressort de laquelle est prononcée la décision. Le juge statue sur requête, à l'issue de débats contradictoires, et sa décision peut être attaquée dans les 10 jours de sa notification devant la Commission nationale de réparation des détentions placée auprès de la Cour de cassation (art. 148-2 à 4, C. pr. pén.). L'indemnité est à la charge de l'État, sauf son recours contre le dénonciateur de mauvaise foi ou le faux témoin dont la faute a provoqué la détention ou sa prolongation.

- *La responsabilité en cas de faute personnelle du juge*

Lorsque le juge commet une faute personnelle à l'occasion de l'exercice de ses fonctions juridictionnelles, par exemple perd une pièce importante du dossier, la responsabilité de l'État peut être mise en cause. En effet, aux termes de l'article L. 141-2 du Code de l'organisation judiciaire, l'État garantit les victimes des dommages causés par les fautes personnelles des juges et autres magistrats sauf son recours contre ces derniers. Cela signifie que la victime d'une faute personnelle d'un magistrat doit agir directement contre l'État en sa qualité de garant. Si elle prouve la faute personnelle du magistrat, l'État réparera le préjudice qui en découle. Ensuite, il appartient à l'État d'exercer une action récursoire contre le magistrat pour obtenir le remboursement des sommes versées à la victime (en pratique, cette action récursoire n'est jamais intentée). Cette action récursoire est portée devant la chambre civile de la Cour de cassation. Cette responsabilité n'est mise en œuvre qu'en présence d'une faute personnelle du juge, qui doit se rattacher au fonctionnement du service public de la justice, mais qui est indépendante de l'exercice même de l'activité juridictionnelle : un mal jugé ou une erreur dans l'interprétation de la règle de droit ne constitue pas une faute personnelle ; dans ces hypothèses la réparation prend la forme de l'exercice d'une voie de recours contre la décision.

Il faut ajouter que la faute personnelle du magistrat peut donner lieu à une sanction disciplinaire prononcée contre lui (v. *infra*, le statut des magistrats), et que le Conseil supérieur de la magistrature peut être saisi directement par les justiciables par application de l'article 65 de la Constitution et de la loi organique n° 2010-830 du 22 juillet 2010[30].

Ces dispositions ne sont pas applicables aux juges élus ou désignés des juridictions d'exception qui n'appartiennent pas au corps de la magistrature (juges des Tribunaux de commerce, juges des Conseils de prud'hommes, assesseurs des Tribunaux paritaires de baux ruraux). Pour ceux-ci, les règles sont prévues par les articles L. 141-2 et L. 141-3 du Code de l'organisation judiciaire et les articles 366-1 et suivants du Code de procédure civile. Il s'agit de la procédure ***de prise à partie*** qui permet à un justiciable d'obtenir réparation dans des cas limitatifs : s'il y a dol, faute lourde professionnelle ou

30. *JORF* n° 0168 du 23 juill. 2010, p. 13562 ; Cons. const. DC n° 2010-611 du 19 juill. 2010, *JORF* 23 juill. 2010, p. 13583.

de déni de justice, sur autorisation préalable du premier président de la cour d'appel, la victime peut obtenir réparation. L'État est civilement responsable des condamnations en dommages-intérêts qui seront prononcées à l'occasion de ces faits. Il peut exercer un recours en remboursement contre les juges concernés. Il serait opportun qu'une réforme législative aligne la responsabilité de l'État en raison des fautes commises par les juges sur celle des magistrats de carrière, et supprime la prise à partie.

2. La responsabilité du fait des juridictions administratives

Les dispositions législatives contenues dans le Code de procédure civile ne sont pas applicables aux juridictions administratives. La question de la responsabilité de l'État est donc posée en l'absence de textes. Depuis un arrêt du 29 décembre 1978[31], le Conseil d'État admet le principe d'une responsabilité l'État à raison de l'exercice de la fonction juridictionnelle par une juridiction administrative. Cette responsabilité a sa source dans les principes généraux régissant la responsabilité de la puissance publique. Le justiciable doit prouver l'existence d'une faute lourde ne résultant pas du contenu même de la décision, c'est-à-dire d'une faute particulièrement grave indépendante de l'activité juridictionnelle pour obtenir réparation du préjudice qu'il subit (comme pour les juridictions judiciaires, un mal jugé ou une mauvaise interprétation de la loi est réparé par le seul exercice d'une voie de recours, et non par la responsabilité de l'État).

Pour ce qui concerne le grief de lenteur de la justice administrative, le Conseil d'État a décidé, dans un arrêt *Magiéra* du 28 juin 2002[32] que l'État est responsable du dommage subi par le justiciable sur le fondement de l'article 6 § 1 de la Convention européenne des droits de l'homme et des principes généraux qui gouvernent le fonctionnement des juridictions administratives.

31. Darmont, *D.* 1979-278.
32. *D.* 2002, p. 23, note Holderbach-Martin.

PARTIE 1

Les organes de la justice

La justice est mise en œuvre par de très nombreux organes, dont la création s'explique par des facteurs diversifiés : origine historique, souci de réaliser les objectifs inhérents à l'administration d'une bonne justice, volonté d'offrir aux citoyens une justice adaptée à la nature de leurs litiges et proche de leurs préoccupations, gestion rationnelle des deniers publics...

L'état actuel de cette organisation judiciaire résulte essentiellement de la Constitution du 4 octobre 1958, qui a posé les principes constitutionnels et a réparti les compétences entre le Parlement (art. 34 : seule la loi peut créer un nouvel ordre de juridiction, et organiser la procédure pénale) et le gouvernement (art. 37 : la procédure civile relève du règlement). Des ordonnances promulguées le 22 décembre 1958 ont précisé l'organisation judiciaire et la compétence des tribunaux, le statut des magistrats... Certes, de nombreuses réformes sont intervenues depuis, mais l'essentiel des structures prévues en 1958 persiste.

Cette situation pose problème pour plusieurs raisons. D'abord, les contextes ont changé : des migrations de population, des modifications du tissu économique, l'apparition de nouveaux contentieux « de masse », conduisent à repenser l'organisation judiciaire. Ensuite, l'analyse économique de l'organisation et du fonctionnement du service de la justice, l'entrée en vigueur de la LOLF, l'intégration de nouveaux critères de performance d'origine européenne (les travaux de la CEPEJ ont permis de définir des critères applicables à tous les pays du Conseil de l'Europe) contraignent à une grande réforme de la carte judiciaire. C'est ainsi qu'une réorganisation de la carte judiciaire a été mise en œuvre dès 2008 (réforme des pôles de l'instruction), dès 2010 (réforme des tribunaux d'instance et des tribunaux de commerce). Le décret n° 2008-145 du 15 février 2008 dresse la liste des 178 tribunaux d'instance et des 23 TGI supprimés, et de la nouvelle organisation judiciaire. Le décret n° 2008-146 du 15 février 2008 concerne les tribunaux de commerce. Un avis relatif à la situation des conseils de prud'hommes a été publié au Journal officiel du 22 novembre 2007, et établit une liste de 63 juridictions appelées à disparaître (après concertations, la nouvelle carte est entrée en vigueur en 2010). Un groupe de travail a par ailleurs été mis en place afin de faire un rapport sur la répartition de contentieux au sein des juridictions civiles et a donné lieu au « rapport Guinchard »[1] qui a été suivi de plusieurs réformes relatives aux compétences des tribunaux civils et pénaux en 2009, 2010 et 2011. Des projets sont en cours de réflexion pour regrouper les tribunaux civils, TGI, TI et juridictions de proximité, en un tribunal de première instance (TPI, voir le rapport Marshall, Les juridictions du XXIe siècle, décembre 2013) à l'échelle départementale. Les réformes actuelles tendent à spécialiser certains tribunaux seulement dans des contentieux complexes, ou mettant en jeu de nombreuses parties, mais aussi à regrouper les contentieux devant une juridiction unique (ainsi, le projet de loi sur l'action de groupe et l'organisation judiciaire, adopté par le Sénat le 5 novembre 2015, prévoit de supprimer les tribunaux des affaires de sécurité sociale et les tribunaux du contentieux de l'incapacité et de transférer les contentieux au pôle social du tribunal de grande instance).

L'analyse peut distinguer les juridictions civiles, pénales, la Cour de cassation, les juridictions administratives, le Tribunal des conflits, le Conseil constitutionnel, sans omettre les juridictions européennes et internationales.

---

1. *L'ambition raisonnée d'une justice apaisée*, La Documentation française, 2008.

CHAPITRE 2

Les juridictions civiles

Il s'agit de l'ensemble des tribunaux statuant en matière civile, mais également commerciale, sociale, rurale, ou prud'homale, c'est-à-dire dans tous les domaines non pénaux. L'article 749 du Code de procédure civile précise que les principes généraux du 1er livre du code s'appliquent à toutes ces juridictions.

Traditionnellement, on oppose les juridictions du 1er degré, qui sont saisies du litige pour la 1re fois, et celles du second degré, qui statuent sur recours (les cours d'appel).

Parmi les juridictions du 1er degré, on distingue la juridiction de droit commun, le tribunal de grande instance, qui dispose d'une compétence d'attribution de principe, et les juridictions d'exception, dont la compétence est strictement définie par la loi à des matières spécifiques, et devant lesquelles la procédure est généralement moins formaliste, soumise au principe de l'oralité et sans représentation obligatoire. Au contraire, devant le tribunal de grande instance, la procédure est écrite, et la constitution d'avocat obligatoire.

Pour aller plus loin

Le rapport Marshall, présenté au garde des Sceaux en décembre 2013 est relatif aux juridictions du XXIe siècle et propose d'adapter l'organisation et le fonctionnement des juridictions à l'évolution des besoins et des attentes des citoyens, en rendant la justice plus proche, plus accessible, plus lisible et plus efficace. Certaines des propositions conduisent à une réorganisation de l'institution judiciaire. La proposition la plus emblématique consiste dans la création d'une juridiction de première instance simplifiée et unifiée dénommée le tribunal de première instance (TPI), qui regrouperait le tribunal de grande instance, le tribunal d'instance et la juridiction de proximité dans un premier temps (éventuellement ultérieurement le tribunal de commerce, le conseil de prud'hommes et les juridictions sociales). Cette juridiction qui devrait avoir un ressort territorial à l'échelle départementale et un greffe unique, comporterait un certain nombre de blocs de compétences définissant le périmètre de plusieurs tribunaux spécialisés à l'intérieur du TPI (le tribunal de proximité, le tribunal civil, le tribunal familial, de l'enfance). Ces modifications ne devraient pas entraîner de suppression des sites existants. L'accès à la justice serait facilité par la création d'un guichet unique de greffe (GUG).

L'activité des juridictions civiles est importante : en 2014 (chiffres-clés du ministère de la Justice, éd. 2015), elles ont rendu 2 618 374 décisions en matière civile et commerciale (pendant que les juridictions administratives en rendaient 230 477).

1 • LE TRIBUNAL DE GRANDE INSTANCE, JURIDICTION DE DROIT COMMUN DU 1er DEGRÉ

Les articles L. 211-1 et suivants et R. 211-2 et suivants du Code de l'organisation judiciaire prévoient l'organisation et le fonctionnement des TGI. Issu du tribunal de district créé en 1790, le TGI a un ressort territorial qui couvre le département, mais de très nombreux départements disposent de plusieurs TGI (164 TGI en 2014). Le TGI est la seule juridiction de droit commun du premier degré : il connaît, en première instance, dans tous les domaines juridiques de droit privé, des litiges qui n'ont pas été attribués expressément à une autre juridiction (on parle de compétence résiduelle, art. L. 211-3, C. org. jud.). Les TGI ont jugé, en 2014, 994 838 affaires nouvelles (dont 383 682 en droit de la famille). L'importance de ces juridictions a pour corollaire une procédure très élaborée (rédaction de conclusions écrites, respect de nombreuses formalités et délais), ce qui justifie que la constitution d'un avocat soit obligatoire, sauf exceptions.

A - L'organisation

1) Les formations juridictionnelles et judiciaires

a) Les formations collégiales du TGI

Les juges du TGI statuent en formations collégiales (art. L. 212-3, C. org. jud.). Chaque TGI comporte donc au moins trois juges dont un président. Les assesseurs de la formation collégiale sont en effet au nombre de deux (art. R. 211-7, C. org. jud.). Le TGI comprend une ou plusieurs chambres, présidée par le président du TGI ou un 1er vice-président ou un vice-président (art. R. 212-3, C. org. jud.). Selon l'article R. 212-6 du Code de l'organisation judiciaire, « l'ordonnance prise par le président du tribunal de grande instance en application de l'article L. 121-3 intervient dans la première quinzaine du mois de décembre après avis de l'assemblée générale des magistrats du siège. Elle précise le nombre, le jour et la nature des audiences. Une expédition est transmise au premier président de la cour d'appel et au procureur général près cette cour. Les magistrats des chambres civiles peuvent, en cas de changement d'affectation dans le tribunal, siéger aux audiences de la chambre à laquelle ils appartenaient pour rapporter les affaires dont ils avaient été chargés avant leur changement d'affectation ». Les avocats peuvent être appelés à suppléer les juges absents pour compléter le tribunal (art. L. 212-4, C. org. jud.).

Chaque chambre connaît des affaires qui lui ont été distribuées. Toutefois, si les besoins du fonctionnement d'une chambre le nécessitent, le président du tribunal, sur demande ou après avis du procureur de la République, peut attribuer une partie des affaires qui ont été distribuées à cette chambre à une autre chambre du tribunal. Les magistrats chargés du service d'un tribunal d'instance peuvent être appelés à siéger au tribunal de grande instance dont ils sont membres.

Le procureur de la République représente, en personne ou par ses substituts, le Ministère public près le TGI (art. R. 212-12, C. org. jud.).

La formation ordinaire du tribunal statue en audience publique. En effet, la publicité des débats est une règle fondamentale en procédure civile : la transparence de la justice permet aux justiciables d'en contrôler le fonctionnement et de vérifier que les règles appliquées garantissent un procès équitable. En conséquence, l'absence de publicité est exceptionnellement permise par la loi : il peut s'agir de protéger les intérêts privés des plaideurs (vie privée, secret professionnel) ou de sauvegarder la sérénité de la justice (possibilité de désordre public). Le TGI siège alors en chambre du conseil, c'est-à-dire à huis clos, hors la présence du public. Le président de la formation de jugement, d'office ou sur demande d'une partie, et avec le consentement de l'ensemble des parties, peut prévoir que l'audience se déroulera dans plusieurs salles d'audience reliées directement par un moyen de télécommunication audiovisuelle garantissant la confidentialité de la transmission (art. L. 111-12, C. org. jud., visio-conférence). L'une ou plusieurs de ces salles d'audience pourront se trouver en dehors du ressort de la juridiction saisie. Pour la tenue des débats en audience publique, chacune de ces salles d'audience est ouverte au public. Pour la tenue des débats en chambre du conseil, il sera procédé hors la présence du public dans chacune de ces salles d'audience.

La formation de chambres réunies. Le décret n° 2014-1458 du 8 décembre 2014 a inséré un article R. 212-9 au Code de l'organisation judiciaire. Dans les TGI composés d'au moins 2 chambres, les jugements peuvent être rendus par une formation de 2 chambres réunies présidées par le président du tribunal comprenant, outre les présidents de ces chambres, deux magistrats assesseurs affectés dans chacune de ces chambres. Elle siège au nombre de 7. Elle peut être saisie lorsqu'une affaire est d'une particulière complexité ou est susceptible de recevoir devant les chambres des solutions divergentes.

Depuis la loi n° 95-125 du 8 février 1995 (art. 212-18, C. org. jud.), un TGI peut comprendre des chambres détachées, destinées à rapprocher la justice des justiciables. Ces chambres ont un ressort territorial propre défini par décret pris en Conseil d'État. Le magistrat chargé de la présidence de la chambre détachée administre cette chambre (art. R. 212-21, C. org. jud.).

Les audiences foraines du TGI sont prévues par l'article R. 124-2 du Code de l'organisation judiciaire. En fonction des nécessités locales, le premier président de la cour d'appel fixe par ordonnance, le lieu, le jour et la nature de ces audiences. Leur objectif est d'assurer le déplacement des juges et du greffe dans les communes où la juridiction n'a pas son siège.

Pour aller plus loin

La loi n° 75-5 du 3 janvier 1977, modifiée par la loi n° 92-665 du 15 juin 2000, a instauré une ***commission d'indemnisation des victimes de certains dommages résultant d'une infraction pénale ou d'actes de terrorisme (CIVI)*** dans le ressort de chaque TGI, qui constitue une juridiction civile autonome au sein du TGI (art. L. 214-1, C. org. jud.).

Cet organe juridictionnel, composé de deux magistrats du siège désignés pour trois ans par l'assemblée générale des magistrats du siège, et d'une personne majeure s'étant signalée par l'intérêt qu'elle porte aux problèmes des victimes d'infractions (art. L. 214-1 et 2, C. org. jud. et 706-4, C. pr. pén.), fonctionne auprès du TGI pour statuer sur l'indemnisation intégrale des dommages corporels découlant d'une infraction pénale ou d'un acte de terrorisme, quelles que soient les ressources du demandeur, et sur la réparation d'une dégradation des biens, si la victime d'un vol, d'une escroquerie ou d'un abus de confiance notamment, se trouve dans une situation matérielle ou psychologique grave.

b) Les formations à juge unique

Au lieu de statuer en formations plurales, le ***TGI peut toujours siéger à juge unique*** (art. R. 212-9, C. org. jud. ; art. 801 à 805, CPC). L'attribution de l'affaire à un juge unique peut être décidée par le président du Tribunal jusqu'à la fixation de la date de l'audience. Le juge unique exerce les pouvoirs conférés au Tribunal, et ceux du juge de la mise en état. Le renvoi de l'affaire devant la formation collégiale peut être demandé par les parties ou décidé par le président du TGI, à tout moment[1], par une mesure d'administration judiciaire (art. R. 212-9, C. org. jud.). Parfois, l'attribution à ***un juge unique est de droit.*** Il en est ainsi dans les cas prévus à l'article R. 212-8 : litiges dus à un accident de la route, ventes de biens de mineurs...

Certains juges uniques, qui sont des émanations du TGI, ont une compétence spécialisée. On peut citer comme exemples :

Le juge de l'exécution	institué par la loi du 9 juillet 1991 (art. L. 213-5 et s. et R. 213-10 et s., C. org. jud.), est généralement le président du TGI ou son délégué. Il est compétent, à titre exclusif, pour les difficultés relatives aux titres exécutoires et aux contestations qui s'élèvent à l'occasion de l'exécution forcée ; il autorise les mesures conservatoires et connaît des contestations relatives à leur mise en œuvre ; il statue également sur les saisies immobilières.
Le juge aux affaires familiales	est un juge du TGI qui connaît du divorce et de la séparation de corps, des actions concernant l'obligation alimentaire, la contribution aux charges du mariage, l'obligation d'entretien, l'autorité parentale ainsi que la modification du nom de l'enfant naturel et des prénoms (art. L. 213-3 et s. et R. 213-8 et 9, C. org. jud.).
Le juge de l'expropriation	est désigné parmi les magistrats du siège du TGI du chef-lieu du département ou désigné par arrêté du garde des Sceaux (art. R. 211-1, C. expr.) pour fixer les indemnités d'expropriation à défaut d'accord amiable. Il statue à juge unique. Le décret n° 2014-1635 du 26 déc. 2014 recodifie la partie réglementaire du Code de l'expropriation ainsi que la partie législative issue de l'Ord. n° 2014-1345 du 6 nov. 2014.

c) Le président du TGI

Depuis la loi du 25 juin 2001, les fonctions de président du TGI sont exercées par un conseiller de cour d'appel ou par un président de chambre, ou un conseiller un Cour de cassation (TGI de Paris), pour une durée limitée à 7 ans dans le même tribunal (art. 28-2, al. 4, ordonnance du 22 déc. 1958). Dans les TGI importants, le président est assisté par un secrétariat général composé de magistrats.

Il exerce seul des attributions particulières :

- il a un pouvoir d'administration de son tribunal. Il doit prendre les mesures propres à permettre le fonctionnement du TGI : par exemple, il répartit annuellement dans les chambres et services du tribunal des juges et vice-présidents qui les composent ;
- il fixe le nombre, le jour et la nature des audiences ;
- il préside, dirige débats, assure la police de l'audience ;
- il exerce des attributions juridictionnelles importantes : les ordonnances de référé et les ordonnances sur requête.

1. Vaissière (de la F.), « Quelques réflexions simples sur le juge unique », *Gaz. Pal.*, 5-6 janv. 2000, p. 2.

Le référé est une procédure qui permet à un plaideur, le plus souvent en cas d'urgence, d'obtenir du président du tribunal, dans le cadre d'une procédure contradictoire et rapide, une ordonnance qui sera exécutoire de droit immédiatement. Le juge des référés dispose de nombreux pouvoirs qu'il exerce dans les matières qui relèvent de la compétence du TGI. Il peut ordonner toutes les mesures qui n'impliquent pas un examen du fond de l'affaire mais qui sont justifiées par l'urgence qu'il y a à trouver une solution provisoire (mise sous séquestre d'un bien, désignation d'un administrateur provisoire...), des mesures conservatoires ou des mesures de remise en état qui s'imposent, pour prévenir un dommage imminent ou faire cesser un trouble manifestement illicite (interdiction de la diffusion d'une émission de télévision qui porte gravement atteinte à l'intimité de la vie privée...), ou même accorder une provision au créancier lorsque l'obligation n'est pas sérieusement contestable (versement d'une somme d'argent à la victime d'un dommage). Néanmoins, sa décision est provisoire et le juge du fond qui sera ensuite saisi n'est pas lié par la mesure ordonnée. On constate qu'en pratique, les parties ne forment pas de procès au fond après avoir exécuté l'ordonnance : le référé aura mis fin au litige.

L'ordonnance sur requête est rendue par le président du TGI à l'issue d'une procédure unilatérale, lorsque la loi autorise le demandeur à agir sans prévenir son adversaire (par exemple pour autoriser une saisie conservatoire sur les biens du débiteur, ou encore pour commettre un huissier de justice pour procéder à un constat d'adultère...). Dans ces situations, l'absence de contradiction est une condition de l'efficacité de la décision. Le plaideur auquel l'ordonnance fait grief peut utiliser une voie de recours : le demandeur débouté peut faire appel. S'il est fait droit à la requête, tout intéressé peut en référer au juge pour qu'il rétracte ou modifie sa décision (art. 496, CPC).

2) Les formations administratives

Le fonctionnement du tribunal est assuré par des assemblées générales qui réunissent les magistrats et les fonctionnaires composant le TGI. Les articles R. 212-22 et suivants du Code de l'organisation judiciaire prévoient plusieurs types d'assemblées générales dotées chacune d'attributions propres : trois assemblées intéressent les magistrats (elles regroupent respectivement les magistrats du siège et du parquet, les magistrats du siège, les magistrats du parquet), une assemblée concerne les fonctionnaires du secrétariat greffe, une autre assemblée regroupe enfin tous les membres de la juridiction (il s'agit de l'assemblée plénière intéressant les magistrats et les fonctionnaires).

Ces assemblées n'ont pas de pouvoir juridictionnel. Elles statuent sur les questions relatives à l'administration générale du tribunal, au fonctionnement de la juridiction. Certaines assemblées jouent un rôle dans la désignation de juges spécialisés : par exemple, l'assemblée des magistrats du siège désigne un remplaçant en cas d'empêchement du juge de l'application des peines ou d'un juge d'instruction. Lorsque le garde des Sceaux consulte le TGI sur un projet de loi ou toute autre question d'intérêt public, le président du TGI convoque la juridiction en assemblée générale et détermine la formation de cette assemblée qui doit être réunie. Lorsque l'assemblée générale des magistrats du siège statue sur le projet d'ordonnance de répartition des services du TGI, préparé par le président, l'avis suppose que les magistrats se prononcent avec un quorum d'au moins 50 % des magistrats présents ou représentés. Si l'avis est défavorable ou si le quorum n'est pas atteint, l'assemblée est à nouveau convoquée dans un délai minimum de 8 jours ne pouvant excéder 1 mois et le projet d'ordonnance éventuellement modifié selon les observations qui auraient été formulées par l'assemblée, lui est de nouveau soumis. L'assemblée est alors réputée avoir valablement émis son avis (art. R. 212-37-1, C. org. jud., D. 2014-1458 du 8 déc. 2014).

Une commission plénière présidée par le président de la juridiction peut saisir le comité de gestion, et prépare les réunions de l'assemblée plénière.

Le comité de gestion est composé du président du TGI, du procureur de la République et du directeur de greffe. Il débat des questions de gestion et de fonctionnement de la juridiction et, éventuellement, d'autres questions proposées par ses membres.

B - La compétence

1) La compétence d'attribution

a) La compétence générale

Le TGI à une compétence générale pour statuer en matière civile, puisqu'il est la ***juridiction de droit commun*** du premier degré. Il connaît donc de tous les litiges civils qui n'ont pas été attribués par la loi à une autre juridiction. Lorsque la valeur du litige est inférieure à un montant de 4 000 euros, le TGI statue en dernier ressort, c'est-à-dire sans appel possible ; au-delà de ce taux du ressort, il statue en premier ressort, c'est-à-dire à charge d'appel. Lorsque le procès met en œuvre une action civile personnelle ou mobilière, le TGI partage sa compétence avec le tribunal d'instance, et le taux de compétence est fixé à 10 000 euros. Si la demande porte sur une action personnelle ou mobilière, le juge de proximité est compétent jusqu'à la valeur de 4 000 euros (art. L. 231-3, C. org. jud.), le tribunal d'instance de 4 000 à 10 000 euros (art. L. 221-4 et R. 221-4, C. org. jud.) et le TGI de 10 000 euros à l'infini (art. R. 211-3, C. org. jud.).

b) La compétence exclusive

Le TGI à une compétence qualifiée d'exclusive dans certains domaines. La compétence exclusive interdit à toute autre juridiction de connaître des litiges attribués par la loi à un juge déterminé. Un autre juge saisi pourrait même relever d'office son incompétence (art. 92, CPC). Sans donner une liste exhaustive (art. L. 211-4, C. org. jud. renvoie aux matières déterminées par les lois et règlements), l'article R. 211-4, modifié par le décret du 29 décembre 2009, énonce que le TGI juge les litiges dans les matières suivantes : 1° État des personnes : mariage, filiation, adoption, déclaration d'absence ; 2° Rectification des actes d'état civil ; 3° Successions ; 4° Amendes civiles encourues par les officiers de l'état civil ; 5° Actions immobilières pétitoires et possessoires ; 6° Récompenses industrielles ; 7° Dissolution des associations ; 8° Sauvegarde, redressement judiciaire et liquidation judiciaire lorsque le débiteur n'est ni commerçant ni immatriculé au répertoire des métiers ; 9° Assurance contre les accidents et les maladies professionnelles des personnes non salariées en agriculture ; 10° Droits d'enregistrement, taxe de publicité foncière, droits de timbre et contributions indirectes et taxes assimilées à ces droits, taxes ou contributions ; 11° Baux commerciaux à l'exception des contestations relatives à la fixation du prix du bail révisé ou renouvelé, baux professionnels et conventions d'occupation précaire en matière commerciale ; 12° Inscription de faux contre les actes authentiques ; 13° Actions civiles pour diffamation ou pour injures publiques ou non publiques, verbales ou écrites.

Parfois, seuls certains TGI sur le territoire français ont une compétence exclusive. Cette ***concentration des contentieux*** a pour objectif une meilleure spécialisation des juges. Ainsi, l'article D. 211-1 du Code de l'organisation judiciaire précise les TGI compétents pour connaître des actions aux fins d'adoption ainsi que des actions aux fins de reconnaissance des jugements d'adoption rendus à l'étranger. L'article D. 521-6 définit les TGI compétents pour connaître des actions en matière de dessins et modèles. L'article L. 211-10 du Code de l'organisation judiciaire précise que certains TGI sont spécialement désignés pour statuer en matière de propriété intellectuelle, d'indications géographiques (dénominations ou appellations d'origine).

2) *La compétence territoriale*

Comme il existe au moins un TGI par département, le plaideur doit définir le tribunal territorialement compétent pour juger son litige. En principe, l'affaire est jugée par le TGI du ***lieu où demeure le défendeur***, conformément aux articles 42 et 43 du Code de procédure civile. La demeure correspond au domicile du défendeur ou, à défaut, à sa résidence ; lorsqu'il s'agit d'une personne morale, la demeure correspond au lieu du siège social ou à celui de l'établissement engagé dans le conflit (et à condition qu'il y ait dans la succursale une personne habilitée à engager la société). Cette règle se justifie pleinement : le demandeur a pris l'initiative d'un procès, et son adversaire est présumé ne rien lui devoir tant que le juge ne l'a pas condamné ; en conséquence, c'est au demandeur qu'il appartient de se déplacer devant la juridiction du lieu où son adversaire demeure.

Cependant, ce principe connaît d'importantes exceptions qui permettent de répondre à différents besoins de proximité de la justice. Il s'agit parfois de favoriser la victime d'un dommage, ou le contractant consommateur profane présumé en situation de faiblesse, ou encore de garantir une bonne administration de la justice en centralisant les mesures d'instruction ou en regroupant les différentes demandes devant le même juge.

On peut réunir ces hypothèses en deux catégories.

Une option de compétence	La loi l'offre parfois au demandeur : il peut choisir entre le tribunal du domicile du défendeur ou une autre juridiction (celle du lieu de livraison effective de la chose ou de l'exécution de la prestation de services en matière contractuelle ; celle du lieu du fait dommageable ou celle dans le ressort de laquelle le dommage a été subi en matière délictuelle...).
Une compétence territoriale exclusive	Dans d'autres cas, la loi l'impose une en désignant la juridiction compétente : en matière réelle immobilière le TGI compétent est celui du lieu de situation de l'immeuble ; en matière successorale, le TGI compétent est celui du lieu de l'ouverture de la succession ; en matière de rentes viagères, le TGI compétent est celui dans le ressort duquel est situé le bien immobilier, ou le domicile du crédirentier lorsqu'il s'agit d'un meuble (art. R. 211-12). Si un juge incompétent était saisi, il pourrait relever d'office son incompétence territoriale (art. 93, CPC).

2 • LES JURIDICTIONS D'EXCEPTION DU 1er DEGRÉ

La juridiction d'exception a une compétence limitée aux matières définies par des dispositions légales (ainsi, le tribunal de commerce ne peut juger que des affaires relevant de la matière commerciale). Ces pouvoirs limités ont pour corollaire une compétence souvent exclusive (le conseil de prud'hommes a seul compétence pour statuer en droit du travail). En dépit d'une diversité d'origine historique, l'organisation et le fonctionnement des juridictions d'exception obéissent à des objectifs communs : ces juridictions doivent être aisément accessibles, proches des justiciables, la procédure suivie doit être simple, relativement rapide et peu coûteuse (la règle de l'oralité de la procédure dispense les parties de la rédaction de conclusions écrites, leur permet de formuler leurs prétentions directement et oralement devant le juge à l'audience des débats, et s'accompagne de l'absence d'obligation de constituer avocat). Dans tous les cas, il s'est agi d'instaurer une justice de proximité.

Mais, afin de concilier ces objectifs avec une rationalisation des moyens et une meilleure gestion des ressources, la nouvelle carte judiciaire a entraîné la suppression de nombreux tribunaux d'instance, tribunaux de commerce et de conseils de prud'hommes[2].

A - Le tribunal d'instance

Successeur du juge de paix créé par la Constituante, le tribunal d'instance est une juridiction du 1er degré dont la compétence est limitée par la loi, même si l'on constate une extension considérable de ses attributions juridictionnelles. Il existait en 2013, 307 tribunaux d'instance (et de police), qui ont jugé 669 108 affaires civiles nouvelles en 2014.

Comme il juge les litiges portant sur des droits personnels mobiliers (droits de créance) d'une valeur inférieure à 10 000 euros, on le nomme parfois le « juge des petites affaires civiles » (art. L. 221-1 et R. 221-2 et s., C. org. jud.). C'est une juridiction qui statue sur les litiges du quotidien (baux d'habitation, crédits à la consommation...).

1) L'organisation

a) Le ressort territorial

Le siège et le ressort des tribunaux d'instance sont déterminés par décret : il y en a un au chef-lieu du département, au chef-lieu de l'arrondissement et parfois un dans les cantons importants (au moins un tribunal d'instance dans le ressort de chaque cour d'appel, art. L. 221-2, C. org. jud.). Leur nombre varie en fonction de la situation géographique du département (il faut multiplier le nombre des tribunaux en cas de difficultés de déplacement des justiciables) ou du volume des affaires.

---

2. Pour une synthèse des suppressions, *D.* 2007, actualité législative, p. 2926 et s.

Le Tribunal d'instance peut être autorisé, comme les autres juridictions, à tenir des audiences foraines pour se rapprocher des justiciables.

b) La composition

Le service du tribunal d'instance est assuré par des magistrats du siège du Tribunal de grande instance. Ces derniers sont désignés par décret pour trois ans ; depuis la loi du 25 juin 2001 ces fonctions ne peuvent pas être exercées plus de dix ans dans le même Tribunal de grande instance. Le tribunal statue toujours à juge unique. Lorsqu'il comprend plusieurs juges, celui qui a le rang le plus élevé est chargé des fonctions de direction et d'administration du tribunal ; à ce titre, il administre la juridiction et effectue la répartition du service entre les magistrats.

c) Le fonctionnement

Le tribunal d'instance statuant à juge unique (art. L. 222-1, C. org. jud.), chaque juge tient seul ses audiences et rend seul ses jugements. Le magistrat chargé de la direction et de l'administration du Tribunal fixe, dans la première quinzaine du mois de décembre, le nombre, le jour et la nature des audiences du tribunal.

Les audiences sont soumises au principe de la publicité des débats, selon les mêmes règles que pour le TGI.

Pour aller plus loin

La procédure est « orale », ce qui signifie que les parties doivent se présenter en personne, ou par mandataire habilité (un avocat, ou un parent ou allié, le conjoint, le partenaire d'un PACS) pour saisir le juge verbalement de leurs prétentions et moyens. Les parties peuvent aussi rédiger des écritures, et se présenter devant le juge pour y faire référence verbalement, afin de saisir le tribunal. Avant de trancher en appliquant une règle de droit, le juge peut tenter de concilier les parties lui-même, mais il peut aussi déléguer cette mission de conciliation à un conciliateur de justice bénévole. Si un accord amiable est conclu, le juge d'instance l'homologue pour lui conférer la force exécutoire. À défaut d'accord, l'affaire peut être instruite sous le contrôle du tribunal : elle est renvoyée à une audience ultérieure, pour permettre aux parties de s'échanger des pièces et même des conclusions écrites. À l'audience des débats, les parties ou leurs représentants viendront faire référence à ces écritures (mais elles peuvent demander une dispense de présence physique, échanger leurs écritures selon les modalités prévues par le juge et déposer leurs dossiers au greffe du tribunal pour qu'il soit statué au fond).

Le juge d'instance peut rendre des ordonnances sur requête et des ordonnances de référé. Mais il ne peut statuer que sur les affaires qui entrent dans le champ de la compétence du tribunal d'instance. Au sein du tribunal d'instance, un ou plusieurs juges exercent les fonctions de juge des tutelles (art. L. 221-3, C. org. jud.).

Des dispositions spéciales organisent les assemblées : il est tenu, dans chaque tribunal d'instance, une assemblée plénière des magistrats et des fonctionnaires, ainsi qu'une assemblée des magistrats du siège et du magistrat qui exerce les fonctions de parquetier (il s'agit du procureur près le TGI), et une assemblée des magistrats du siège si le tribunal d'instance comporte au moins trois juges ; enfin il est tenu une assemblée des fonctionnaires si le tribunal à un effectif d'au moins dix fonctionnaires. Il existe également une commission plénière, présidée par le magistrat chargé de la direction et de l'administration du tribunal d'instance.

2) La compétence

a) La compétence territoriale

En principe, le tribunal d'instance territorialement compétent est celui du lieu du domicile du défendeur ou de sa résidence. Mais il existe de nombreuses exceptions (art. R. 221-46 et s., C. org. jud.) qui complètent les exceptions de droit commun (art. 42 à 52, CPC).

b) La compétence d'attribution

Le juge d'instance est compétent dans les matières civiles très variées, dont la liste ne cesse d'augmenter.

Il a d'abord une compétence générale en matière civile pour toutes les demandes dont la valeur n'excède pas 10 000 euros. Il s'agit des actions personnelles ou mobilières civiles. Le juge statue en dernier ressort (sans appel possible) jusqu'à 4 000 euros ; et en premier ressort (à charge d'appel) de 4 000 à 10 000 euros. Rappelons que les demandes inférieures à 4 000 euros relèvent du juge de proximité jusqu'au 1er janvier 2017.

Ensuite, le tribunal d'instance a reçu une compétence spéciale dans des domaines très diversifiés. On peut donner comme exemples : les actions ayant pour objet un contrat de louage d'immeuble, les actions tendant à l'expulsion des personnes qui occupent aux fins d'habitation des immeubles, sans droit ni titre ; les actions civiles pour diffamation ou injures publiques ou non, celles qui sont relatives aux conditions des funérailles ; le tribunal statue également sur les contestations en matière électorale (élections des membres des tribunaux de commerce, des conseillers prud'hommes, des assesseurs des tribunaux paritaires de baux ruraux), ou encore sur les contentieux en matière de consommation (Chap. 1er, titre Ier, Livre III, C. consom., art. R. 221-39, C. org. jud.). Il statue aussi selon la procédure ***d'injonction de payer***, et est compétent en matière de ***saisie des rémunérations*** (il exerce alors les pouvoirs du JEX, mais ne statue pas sur les moyens qui échappent au juge judiciaire).

Dans certaines matières, ***la compétence du tribunal d'instance est exclusive***. Dans tous les cas, le juge d'instance qui est saisi d'une demande entrant dans les limites de sa compétence peut également statuer sur les demandes incidentes, les exceptions et moyens de défense qui sont opposés, même s'ils soulèvent une question de nature immobilière pétitoire ou possessoire (de la compétence du TGI), y compris s'ils exigent l'interprétation d'un contrat. Cette prorogation de compétence ne joue pas si l'exception, le moyen de défense ou la demande incidente soulève une question qui relève de la compétence exclusive d'une autre juridiction (art. R. 221-40, C. org. jud.).

Le juge d'instance est ***juge des tutelles pour les majeurs***. À ce titre, il statue sur toutes les mesures prévues pour les majeurs protégés, ainsi que sur la constatation de la présomption d'absence (art. L. 221-9, C. org. jud.).

B - La juridiction de proximité

La loi n° 2002-1138 du 9 septembre 2002 a institué, dans le ressort de chaque cour d'appel, des juridictions de proximité de 1re instance (art. L. 231-1, C. org. jud.)[3]. L'objectif de proximité de la justice repose sur deux éléments essentiels : la proximité du juge d'abord puisqu'il s'agit d'un particulier recruté parmi certains professionnels du droit pour une période limitée, et la proximité du litige ensuite puisque le juge ne peut statuer que sur les affaires civiles dont le montant est inférieur à 4 000 euros. Les liens avec le tribunal d'instance sont importants, aussi bien en ce qui concerne l'organisation que le fonctionnement de ces juridictions. En 2014, elles ont jugé 84 983 affaires nouvelles.

Pour aller plus loin

Après le rapport de la Commission Guinchard (L'ambition raisonnée d'une justice apaisée, La Doc. française, 2008), la loi n° 2011-1862 du 13 décembre 2011 a supprimé la juridiction de proximité. Son entrée en vigueur a été reportée au 1er janvier 2017 (loi n° 2014-1654 du 29 déc. 2014, portant loi de finances pour 2015), lorsque le décret d'application sera publié.

L'étude de la juridiction de proximité conserve encore son intérêt.

1) L'organisation

La juridiction de proximité statue à juge unique (art. L. 232-1, C. org. jud.). La loi organique n° 153-2002 du 26 février 2003 a prévu les conditions de recrutement des juges de proximité (art. 41-17, Ord. 22 déc. 1958). Les juges sont nommés pour sept ans non renouvelables, dans les formes prévues pour les magistrats du siège, après avis de la formation du Conseil supérieur de la magistrature (art. 41-19, Ord. 1958) parmi, notamment, les anciens magistrats, les membres ou anciens membres des professions libérales juridiques et judiciaires réglementées ayant trente-cinq ans au moins et quatre années d'exercice professionnel dans le domaine juridique (art. 41-17, Ord. 1958). Les professionnels ont la possibilité de cumuler leur activité avec les fonctions de juges de proximité à condition toutefois, pour sauvegarder leur impartialité, qu'ils ne soient pas nommés dans le ressort du TGI où ils ont leur domicile professionnel. Le juge de proximité ne peut pas connaître de litige présentant un lien avec son activité professionnelle ou lorsqu'il a entretenu des relations professionnelles avec l'une des parties (art. 41-22, Ord. 1958). Le juge de proximité est soumis au statut de la magistrature, avec les mêmes droits et les mêmes obligations, mais il exerce ses fonctions à temps partiel et avec une limite d'âge de 75 ans : le juge d'instance organise l'activité et les services de la juridiction de proximité. Afin de permettre une justice de qualité, les juges de proximité sont soumis à une formation qui peut être probatoire. Le juge est installé en séance publique par le magistrat chargé de la direction et de l'administration du Tribunal d'instance (art. R. 232-1, C. org. jud.). Il porte, suspendue à un ruban, en sautoir, une médaille en bronze doré, signe de ses fonctions.

3. Rassat (M.-L.), « Juridiction et juges de proximité, Principes et choses vues », in *Mélanges Bernard Bouloc*, Dalloz 2007, p. 961.

Le siège et le ressort des juridictions de proximité sont fixés par décret pris en Conseil d'État, en fonction des besoins. Il y a au moins une juridiction de proximité dans le ressort de chaque cour d'appel (art. L. 231-2, C. org. jud.). Le juge d'instance désigné par le président du TGI peut exercer les fonctions de juge de proximité en cas d'absence ou d'empêchement d'un juge de proximité ou si le nombre s'avère insuffisant (art. L. 232-2, C. org. jud.).

2) Le fonctionnement

Le juge de proximité a une compétence en matière pénale et en matière civile personnelle mobilière (droit de créance), à condition que la valeur du litige soit inférieure ou égale à 4 000 euros, ou que la valeur du litige étant indéterminée, l'action a pour origine l'exécution d'une obligation dont le montant n'excède pas 4 000 euros (par exemple une action en résolution d'un contrat de vente dont le prix est inférieur à 4 000 euros).

Le juge de proximité statue aussi sur les procédures d'injonction de payer dans les mêmes limites (art. 1406, CPC). Il peut homologuer l'accord convenu par les parties à l'issue d'une tentative préalable de conciliation qu'il aura ordonnée (art. 21, loi du 8 février 1995 ; art. L. 231-3, C. org. jud.).

S'il estime que l'affaire se heurte à une difficulté juridique sérieuse portant sur l'application d'une règle de droit ou sur l'interprétation d'un contrat liant les parties, il peut, à la demande des parties ou d'office, après avoir recueilli l'avis des parties, renvoyer l'affaire au juge d'instance lequel statuera comme juge de proximité (art. L. 231-5, C. org. jud.).

La procédure appliquée est identique à celle qui se déroule devant le juge d'instance (art. 827 et s., CPC : le titre II s'intitule « Dispositions particulières au tribunal d'instance et à la juridiction de proximité »).

Des dispositions particulières permettent de régler rapidement un éventuel conflit de compétence. Les articles 847-4 et 5 du Code de procédure civile organisent « les renvois de compétence ». Le juge de proximité renvoie toutes les exceptions d'incompétence au juge d'instance (ce renvoi peut prendre la forme d'une simple mention au dossier). Il peut toujours relever d'office son incompétence (le tribunal d'instance peut également relever d'office son incompétence au profit du juge de proximité). Le juge d'instance statue sans recours si sa décision concerne sa propre compétence ou la compétence des juges de proximité de son ressort. Si un autre juge est compétent, on applique les règles des exceptions d'incompétence.

C - Le tribunal de commerce

L'ordonnance du 8 juin 2006 prévoit que la réglementation concernant le tribunal de commerce figure dorénavant dans le Code de commerce, et non dans le Code de l'organisation judiciaire. Les articles L. 721-1 et R. 721-1 et suivants, modifiés par ladite ordonnance, précisent donc l'organisation, le fonctionnement, la discipline, les modalités d'élection, le greffe, la compétence des tribunaux de commerce. Ces règles seront modifiées lorsque le projet de loi sur l'action de groupe et l'organisation judiciaire adopté par le Sénat le 5 novembre 2015 sera définitivement adopté : le texte précise le statut rénové des juges du tribunal de commerce.

Néanmoins, les tribunaux de commerce « sont soumis aux dispositions, communes à toutes les juridictions, du livre Ier du Code de l'organisation judiciaire » (art. L. 721-1, C. com.).

1) La définition et la compétence

Issu du tribunal consulaire établi à l'occasion des foires, le tribunal de commerce est une juridiction du premier degré dont la compétence est limitée aux affaires commerciales (actes de commerce, litiges concernant les sociétés commerciales, prévention des difficultés, redressement et liquidation judiciaires des entreprises commerciales). Il s'agit donc d'une juridiction d'exception, composée de commerçants élus par leurs pairs, dont le rôle est très important dans la vie des affaires. L'origine des juges permet une meilleure approche de la situation économique, et donc une solution mieux adaptée aux litiges. Leur office dans le maintien des outils de production et la sauvegarde des emplois est important, surtout en période de crise.

2) Le statut juridique

Un organisme national, le Conseil national des tribunaux de commerce, a été institué par un décret n° 2005-1201 du 23 septembre 2005 (art. R. 721-7 à R. 721-18, C. com.), à la suite du rapport d'un groupe de travail[4]. Il est présidé par le garde des Sceaux, et ses missions sont la définition des besoins et modalités de formation des juges consulaires en liaison avec l'ENM ; la détermination d'un ensemble de principes d'éthique et de déontologie, avec la diffusion d'un guide des bonnes pratiques. Il doit également veiller à l'efficacité du fonctionnement des tribunaux de commerce, et peut, à la demande des chefs de cour d'appel ou avec leur accord, procéder à des visites d'information dans les tribunaux de commerce. Il rend compte de son activité au garde des Sceaux dans un rapport annuel (voir le site internet du ministère de la Justice).

a) L'organisation

1. Le ressort territorial

Un décret d'institution, pris après avis du Conseil d'État, définit le siège et le ressort de chaque tribunal de commerce. L'importance des ressorts varie en fonction de l'activité commerciale. En conséquence, le ressort territorial d'un tribunal de commerce ne coïncide pas nécessairement avec une circonscription administrative déterminée ou au ressort d'un TGI. De plus, la création ou la suppression d'un tribunal de commerce est fonction de l'activité commerciale de chaque région : certaines régions peuvent être dépourvues de tribunal de commerce, et, dans ce cas, les affaires commerciales sont jugées par le TGI statuant commercialement, quel que soit le montant de la demande (art. L. 721-2, C. com.). Afin de rationaliser la carte judiciaire, un décret du 30 juillet 1999[5] a déjà supprimé 36 tribunaux de commerce ; le décret n° 2008-146 du 15 février 2008 a supprimé 55 tribunaux, et en a créé 5. Il existe, au 1er janvier 2015, 136 tribunaux de commerce, qui ont jugé 176 726 affaires nouvelles en 2014.

---

4. Rey (P.), « La main tendue », *Annonces de la Seine* 204, n° 75, p. 2, et Rapport publié le 10 novembre 2004, site internet du ministère de la Justice.
5. *JO*, 31 juill. 1999, p. 11460.

Dans les 3 départements d'Alsace Moselle, la juridiction commerciale revient à une chambre commerciale du TGI, qui a une composition particulière, échevinale : elle est présidée par un magistrat et comprend deux assesseurs commerçants élus. Dans les départements d'Outre Mer, un tribunal mixte commercial statue en matière commerciale : il est composé d'un magistrat du TGI, qui préside, et de trois assesseurs, commerçants élus.

Afin de ménager l'impartialité du tribunal et d'éviter des conflits d'intérêts, en cas de procédure de sauvegarde ou de procédure collective d'une entreprise, si les intérêts en présence le justifient, l'affaire peut être délocalisée devant une autre juridiction, à la demande du Ministère public, du débiteur ou du créancier poursuivant.

2. La composition

Les tribunaux de commerce sont composés de juges élus dont le nombre varie selon l'importance de l'activité du tribunal. On compte environ 3 200 juges consulaires en France. Les modalités d'élections sont relativement complexes, bien qu'elles aient été simplifiées par une ordonnance du 15 avril 2004 (n° 2004-328 ; un projet de réforme devrait modifier les modalités des élections). Elles se déroulent actuellement à deux degrés.

- *Premier degré : élection des délégués consulaires*

Les délégués consulaires sont élus au premier degré pour une durée de cinq ans (art. L. 713-6, C. com.), pour constituer le collège électoral qui, à son tour, élira les juges consulaires. L'élection des délégués consulaires est organisée sous le contrôle des préfectures, par les chambres de commerce et d'industrie ; elle a lieu à la même date que l'élection des membres des chambres de commerce et d'industrie (art. L. 713-17, C. com.). Les règles relatives à la composition du corps électoral sont, autant que possible, identiques à celles qui s'appliquent à l'élection des membres des chambres de commerce et d'industrie, elles sont définies par les articles L. 713-7 à L. 713-9 du Code de commerce. Le vote peut se faire par correspondance ou par voie électronique.

- *Deuxième degré : élection des juges consulaires*

Les juges des tribunaux de commerce sont élus pour deux ans lors de leur première élection. Ils peuvent, à l'issue d'un premier mandat, être réélus par période de quatre ans, dans le même tribunal dans tout autre tribunal de commerce (art. L. 722-6, C. com.). Toutefois, les juges des tribunaux de commerce élus pour quatre mandats successifs dans un même tribunal de commerce ne sont plus éligibles dans ce tribunal pendant un an. Mais le président sortant à l'issue de quatre mandats successifs de membre ou de président, peut être réélu pour un nouveau mandat, en qualité de membre du tribunal de commerce. À la fin de ce mandat, il n'est plus éligible à aucun mandat pendant un an (art. L. 723-7, C. com.). Désormais, seuls sont électeurs des juges consulaires les délégués consulaires et les membres et anciens membres des tribunaux de commerce. Les membres et anciens membres des chambres de commerce et d'industrie sont retirés du corps électoral ès-qualités, mais un membre d'une chambre de commerce et d'industrie peut cumuler cette fonction avec celle de délégué consulaire. L'ordonnance du 15 avril 2004 a eu pour objectif d'accroître l'indépendance et l'impartialité des juges élus : à cet effet, elle rend inéligible pendant une durée de dix ans tout juge de commerce ayant fait l'objet d'une mesure de déchéance prononcée par la commission nationale de discipline (art. L. 723-6, C. com.). Cette commission pourra, si elle l'estime nécessaire, prononcer une inéligibilité de dix ans à l'encontre d'un juge consulaire ayant démissionné au cours de la procédure disciplinaire diligentée à son encontre (pour la procédure, v. les articles L. 724-1 et s., C. com.).

- *Le statut des juges consulaires (actuel)*

Le statut est l'ensemble des dispositions légales et réglementaires fixant la situation de professionnels ou de fonctionnaires (un nouveau statut est prévu par le projet de loi sur l'action de groupe et l'organisation judiciaire). S'agissant des juges consulaires, il présente de nombreuses originalités. Les juges exercent leurs fonctions gratuitement puisqu'ils ne perçoivent aucune rémunération. Après leur élection, ils prêtent serment devant la cour d'appel en ces termes « Je jure de bien et fidèlement remplir mes fonctions, de garder religieusement le secret des délibérations et de me conduire en tout comme un juge digne et loyal » (art. L. 722-7, C. com.). Ce serment définit les obligations déontologiques des juges : diligence, secret professionnel, dignité, loyauté. Ils sont installés à l'audience solennelle de rentrée du tribunal.

Afin que la justice commerciale soit rendue dans le respect des principes fondamentaux du procès équitable, une ***formation initiale et continue*** des juges consulaires a été organisée, concernant aussi bien la procédure que le droit substantiel, sous l'égide de l'École nationale de la magistrature. Après la décision du Conseil constitutionnel du 4 mai 2012[6], la formation devrait devenir une obligation déontologique, qui pourrait être sanctionnée par une démission d'office (projet de loi adopté par le sénat le 5 novembre 2015 institue un véritable statut du juge du tribunal de commerce, en renforçant les obligations déontologiques, en précisant les sanctions disciplinaires et en précisant l'obligation de formation initiale et continue, dont les modalités seront fixées par décret).

Comme les juges consulaires tiennent leur pouvoir de l'élection, et qu'ils ne font l'objet d'aucun avancement, les questions relatives à l'indépendance et à l'avancement qui concernent les magistrats de carrière leur sont étrangères. Néanmoins, les conditions d'éligibilité garantissent l'indépendance des juges par rapport au corps électoral (art. L. 723-4 et s., C. com.).

Certains cumuls de fonctions sont prohibés. Ainsi, un juge d'un tribunal de commerce ne peut pas être simultanément membre d'un conseil de prud'hommes ou juge d'un autre tribunal de commerce (art. L. 723-8, C. com.), ce qui permet d'éviter des conflits d'intérêts. Les juges consulaires sont aussi tenus de respecter l'impartialité de la justice qui les conduit à s'abstenir si, en conscience, ils estiment ne pas avoir la neutralité nécessaire, ou s'ils sont sujets à une cause de récusation en raison de liens d'ordre patrimonial ou personnel qu'ils entretiennent avec l'une des parties au litige.

6. N. Fricero, « Le tribunal de commerce : une juridiction conforme aux exigences constitutionnelles », *D.* 2012, chron. p. 1626.

Pour aller plus loin

Des règles particulières concernent la ***discipline des juges consulaires***. Tout manquement d'un juge du tribunal de commerce « à l'honneur, à la probité, à la dignité et aux devoirs de sa charge constitue une faute disciplinaire » (art. L. 724-1, C. com.). La loi n° 87-550 du 16 juillet 1987 a institué une commission nationale de discipline des membres des tribunaux de commerce, qui peut sanctionner tout manquement à l'honneur, à la probité, à la dignité et aux devoirs de leurs charges, par un blâme ou même la déchéance. C'est le garde des Sceaux qui provoque la saisine de la commission. Celle-ci procède à l'instruction de l'affaire et à son jugement, selon une procédure contradictoire. Le président de la commission peut, au cours de l'instruction, suspendre le juge consulaire de ses fonctions pour une durée de six mois maximum. La décision de la commission doit être motivée. Elle peut faire l'objet d'un recours en cassation.

Les juges doivent également manifester une ***capacité à exercer des fonctions juridictionnelles***. Cette exigence constitutionnelle résulte de l'article 6 de la Déclaration des droits de l'homme et du citoyen de 1789, comme l'a rappelé le Conseil constitutionnel[7]. . À cet égard, l'article L. 723-4 du Code de commerce précise qu'une personne à l'égard de laquelle une procédure de sauvegarde a été ouverte n'est pas éligible (après son élection, il est considéré comme démissionnaire d'office en cas de sauvegarde, redressement ou liquidation judiciaire de son entreprise). De plus, en matière de sauvegarde, de redressement judiciaire et de liquidation judiciaire, la majorité des juges de la formation doit avoir exercé des fonctions judiciaires pendant plus de 2 ans... À travers ces exemples, on constate que le législateur s'assure de la compétence des juges, à gérer une entreprise, et à juger !

b) Le fonctionnement

1. Le président du tribunal de commerce

Il est élu pour quatre ans au scrutin secret par l'ensemble des juges du tribunal réunis en assemblée générale, à la majorité absolue aux deux premiers tours de scrutin et à la majorité relative au troisième tour. Il faut avoir exercé les fonctions de juge du tribunal pendant six ans au moins pour être éligible (art. L. 722-11, C. com.).

Le président du tribunal est doté de nombreuses attributions. Il a des fonctions administratives importantes ; notamment, il est chargé de la direction et de l'organisation des services du tribunal, de la discipline générale, de la présidence des assemblées générales. Il désigne également le vice-président du tribunal ainsi que les présidents de chambre. Il a aussi des fonctions juridictionnelles propres. Il participe au jugement des affaires en sa qualité de juge ; il rend les ordonnances de référé en matière commerciale ainsi que les ordonnances sur requête et il statue en matière d'injonction de payer pour les créances commerciales.

2. Le vice-président du tribunal de commerce

Son rôle est d'assister le président et de le suppléer en cas d'empêchement. Il est désigné par le président parmi les juges du tribunal ayant déjà exercé des fonctions

7. Cons. const., QPC 4 mai 2012, n° 2012-241. – QPC 20 févr. 2003, n° 2003-466. – QPC 4 août 2011, n° 2011-635.

judiciaires depuis au moins trois ans. Le président procède à cette désignation chaque année, dans la première quinzaine du mois de janvier ; il peut la modifier en cours d'année.

3. Les chambres du tribunal

Comme toutes les autres juridictions, le tribunal de commerce qui comprend un nombre de juges suffisants est divisé en chambres spécialisées dont le nombre varie selon l'importance du tribunal. Chaque chambre est présidée par le président du Tribunal ou par un président de chambre. Les présidents de chambre sont désignés par ordonnance du président du tribunal de commerce prise après avis de l'assemblée générale. Le président du tribunal choisi parmi les juges ayant exercé des fonctions dans un Tribunal de commerce pendant au moins trois ans. L'ordonnance peut être modifiée au cours de l'année judiciaire en cas de cessation des fonctions du magistrat initialement désigné.

c) Les formations

1. Les formations juridictionnelles

Le Tribunal de commerce se réunit en formation de jugement impérativement composée d'un nombre impair de juges. La formation réunit au moins trois juges. Lorsque le tribunal statue en matière de sauvegarde, de redressement et de liquidation judiciaires, la formation de jugement comprend, sous réserve de l'application de dispositions dérogatoires (art. L. 722-15, C. com.), une majorité de juges ayant exercé des fonctions judiciaires pendant plus de deux ans.

Les débats ont lieu en audience publique conformément au droit commun. Il existe également des exceptions prévues par la loi permettant des débats en chambre du conseil, notamment dans le cadre des procédures de redressement et de liquidation judiciaires.

Des procédures particulières ont été mises en place pour statuer sur les difficultés des entreprises (Ord. n° 2014-326 du 12 mars 2014 portant réforme de la prévention des difficultés des entreprises et des procédures collectives, art. L. 610-1 et s. ; C. com., et art. R. 600-1 et s., C. com., mod. D. n° 2014-736 du 30 juin 2014), soit pour les prévenir, soit pour les gérer (redressement de l'entreprise, ou liquidation en cas de cessation de paiements).

Dans le contentieux général, la procédure est soumise aux dispositions du Code de procédure civile. La procédure est orale et la représentation par avocat n'est pas obligatoire, même si, dans les faits, de nombreux procès font intervenir un auxiliaire de justice. Les parties doivent donc saisir le juge en se présentant physiquement à l'audience, en personne ou par représentant, pour émettre leurs prétentions et moyens. Mais elles peuvent aussi faire référence orale à leurs écritures. Le tribunal peut estimer que l'affaire est susceptible d'être résolue par un arrangement amiable : il peut déléguer sa mission de conciliation à un conciliateur de justice et, en cas d'accord, homologuer l'acte pour lui conférer la force exécutoire.

Si l'affaire n'est pas en état d'être jugée immédiatement, le tribunal peut la renvoyer à une prochaine audience et suivre son instruction (cette mission peut aussi être confiée à l'un des membres, qui sera chargé de l'instruire). Le tribunal précise alors les charges que les parties doivent accomplir (communication des pièces, échanges de conclusions écrites). Le tribunal peut aussi, avec l'accord des parties, fixer un calendrier de l'instruction et dispenser les parties de présence physique à l'audience : dans ce cas, le tribunal est saisi par les écritures régulièrement échangées. Avec l'introduction de la communication par voie électronique (e-greffe), les échanges, envois et remises peuvent être effectués par voie électronique, aussi bien dans les rapports des auxiliaires de justice entre eux que dans les rapports entre le greffe de la juridiction et les auxiliaires de justice. Dans l'hypothèse d'un calendrier, le tribunal peut rejeter les pièces ou prétentions qui n'ont pas été échangées dans les délais prévus s'il y a atteinte aux droits de la défense et absence de motif légitimant le retard. Il peut aussi dispenser les parties de présence physique à l'audience des débats, et leur demander de déposer leur dossier au greffe du tribunal.

En matière de difficultés des entreprises, ***les attributions du tribunal de commerce sont originales*** :

- ***la détection*** est un mécanisme prévu par l'article L. 611-2 alinéa 1er du Code de commerce *: « lorsqu'il résulte de tout acte, document ou procédure qu'une société commerciale ou artisanale connaît des difficultés de nature à compromettre la continuité de l'exploitation, ses dirigeants peuvent être convoqués par le président du tribunal de commerce pour que soient envisagées les mesures propres à redresser la situation »* ;
- ***le mandat ad hoc*** est prévu par l'article L. 611-3 du Code de commerce : « *Le président du tribunal peut, à la demande d'un débiteur, désigner un mandataire ad hoc dont il détermine la mission. Le débiteur peut proposer le nom d'un mandataire ad hoc. La décision nommant le mandataire ad hoc est communiquée aux commissaires aux comptes lorsqu'il en a été désigné* » ;
- ***la conciliation*** est organisée par l'article L. 611-4 du Code de commerce au profit des commerçants et artisans « *qui éprouvent une difficulté juridique, économique ou financière, avérée ou prévisible, et ne se trouvent pas en cessation des paiements depuis plus de 45 jours* ». Le conciliateur désigné doit favoriser la conclusion entre le débiteur et ses principaux créanciers et le cas échéant ces cocontractants habituels, un accord amiable destiné à mettre fin aux difficultés de l'entreprise ou « *présenter une toute proposition se rapportant à la sauvegarde de l'entreprise, à la poursuite de l'activité économique et au maintien de l'emploi* » ;
- ***la sauvegarde*** permet à un dirigeant, dont l'entreprise n'est pas en cessation des paiements, de demander au tribunal d'ouverture d'une procédure en justifiant des difficultés que l'entreprise n'est pas en mesure de surmonter. Avant d'arrêter le plan, le tribunal doit s'assurer que les intérêts de tous les créanciers sont suffisamment protégés ;
- ***le redressement judiciaire*** est ouvert en cas de cessation des paiements, et peut aboutir à un plan de redressement de l'entreprise ;
- ***la liquidation judiciaire*** permet de réaliser l'actif et de payer certains créanciers lorsque la situation du débiteur est irrémédiablement compromise ;
- ***lorsqu'une procédure de redressement judiciaire ou de liquidation judiciaires est ouverte, le tribunal peut prononcer des sanctions personnelles contre le dirigeant de la société :*** la faillite personnelle, une interdiction de diriger, de gérer ou contrôler une entreprise commerciale, le comblement du passif ou l'extension du redressement judiciaire.

2. Les formations administratives

Comme les autres juridictions, le tribunal de commerce se réunit en assemblée générale. Celle-ci délibère sur les questions relatives à l'administration du tribunal. Elle a des attributions originales : notamment, elle élit le président du tribunal et donne son avis sur la désignation des présidents de chambre.

D - Le Conseil de prud'hommes

1) *La définition*

Issue d'une juridiction du travail qui existait à Lyon sous l'Ancien régime, le conseil de prud'hommes est une juridiction d'exception du premier degré, composée de juges élus, dont la mission est de concilier et, à défaut, de juger les litiges individuels nés d'un contrat de travail ou d'apprentissage (art. L. 1411-1 et R. 1422-1 et s., C. trav.). Au 1er janvier 2015, il existait 210 Conseils de prud'hommes, qui ont jugé 187 651 affaires nouvelles en 2014 (diminution de 8,8 % par rapport à 2013). La loi n° 2015-990 du 6 août 2015 a considérablement modifié la juridiction prud'homale. Le décret d'application relatif, notamment, aux défenseurs syndicaux, n'a pas encore été pris au 1er janvier 2016.

Pour aller plus loin

Dans le but de garantir aux salariés une justice proche, accessible et peu coûteuse, la règle applicable est celle de ***l'oralité de la procédure***, qui n'impose pas la rédaction d'écrits judiciaires compliqués. La représentation par avocat n'est pas obligatoire : le salarié comme l'employeur doivent se défendre seuls et se présenter en personne devant les formations du conseil de prud'hommes. En cas de justification d'un motif légitime de non-comparution en personne (raisons professionnelles, médicales) le plaideur peut se faire représenter par un avocat, un salarié ou un employeur appartenant à la même branche d'activité, un délégué d'une organisation syndicale ouvrière patronale, son conjoint ou, pour l'employeur, par un membre de l'entreprise ou de l'établissement, ou encore donner un mandat écrit à une personne pour autoriser cette dernière à concilier en son nom et pour son compte. À cette liste limitative, la loi n° 2007-1787 du 20 décembre 2007 a ajouté le concubin ou la personne avec laquelle la partie a conclu un pacte civil de solidarité. Ceux qui ne sont pas avocat doivent justifier d'un pouvoir spécial de représentation. Le projet de loi n° 2447 du 11 décembre 2014 prévoit l'institution de défenseurs syndicaux, habilités à assister et à représenter les parties.

En outre, la représentation des parties devant le conseil de prud'hommes (et la cour d'appel) est confiée soit à un avocat, soit à un ***défenseur syndical***, créé par la loi du 6 août 2015 (art. L. 1453-4 et L. 2412-15, C. trav.), inscrit sur une liste sur proposition des organisations syndicales d'employeurs et de salariés représentatives au niveau national et interprofessionnel, national et multiprofessionnel ou dans au moins une branche.

2) *L'organisation*

Le Conseil supérieur de la prud'homie formule des avis et suggestions, effectue des études sur l'organisation et le fonctionnement des conseils de prud'hommes : c'est un organisme consultatif auprès du garde des Sceaux et du ministre du Travail.

a) Le ressort territorial

Depuis 1979, il existe au moins un conseil de prud'hommes dans le ressort de chaque TGI. Mais, en fonction de la situation géographique et du volume des affaires (région où la concentration industrielle est importante, par exemple), il peut y avoir plusieurs Conseils de prud'hommes dans le ressort d'un même TGI.

b) La composition

La composition du Conseil de prud'hommes est caractérisée par deux aspects essentiels : c'est une juridiction composée de juges élus parmi les employeurs et les salariés, selon la règle fondamentale de la parité.

1. Les juges élus

- *L'élection des juges*

Elle est exceptionnelle dans le système judiciaire français : elle correspond à la volonté de faire trancher les litiges techniques par des juges spécialisés, en raison de leur appartenance professionnelle, et au souci d'accorder une place primordiale à la conciliation.

La loi n° 2014-1528 du 18 décembre 2014 (relative à la désignation des conseillers prud'hommes, *JO* 19 déc. 2014, p. 21435) habilite le gouvernement à modifier par ordonnance les dispositions permettant de mettre en place de nouvelles modalités de désignation des juges prud'homaux. Les conseillers prud'homaux ont vu leur mandat prorogé jusqu'au 31 décembre 2017 dans l'attente de la réforme.

Actuellement, les conseillers sont élus directement, à la représentation proportionnelle, au sein de deux collèges distincts : le collège des employeurs et le collège des salariés, divisés en d'autant de sous-collèges qu'il y a de sections distinctes au Conseil de prud'hommes. Le mandat est de cinq ans renouvelable.

Il faut répondre à certaines conditions pour être électeur : être âgé de 16 ans accomplis et exercer une activité professionnelle.

Pour être éligible, il faut avoir la nationalité française, être âgé de vingt et un ans, être inscrit sur les listes électorales prud'homales et ne pas avoir encouru de condamnation prévue aux articles L. 5 et 6 du Code électoral. En cas de contestation, le juge d'instance statue.

- *Le statut original des conseillers prud'hommes élus*

Il prend en compte leur double qualité de juges (le Conseil constitutionnel juge que ce sont des magistrats au sens de l'article 34 de la Constitution[8]) et de professionnels. Le législateur a prévu une formation des conseillers prud'hommes, assurée et financée par l'État : à cet effet, les autorisations d'absence doivent leur être accordées (un maximum de deux semaines au cours de la même année civile), ces absences donnant lieu à rémunération par l'employeur ; à cet égard, la loi n° 2014-1528 du 18 décembre 2014 modifie l'article L. 1442-2 du Code du travail : les employeurs accordent aux salariés de leur entreprise, membres d'un conseil de prud'hommes, sur leur demande et pour ***les besoins de leur formation***, des autorisations d'absence dans la limite de 6 jours par

8. DC 28 déc. 2006, n° 2006-545, *LPA* 2 avr. 2007, n° 66, p. 15, obs. L. Janicot.

an au titre de la prolongation du mandat. La loi du 6 août 2015 modifie le statut du juge des prud'hommes, avec un renforcement des obligations déontologiques et de formation. Actuellement :

- les obligations des conseillers prud'hommes en leur qualité de juges, sont analogues à celles des magistrats. Ils prêtent serment de remplir leurs devoirs avec zèle et intégrité et de garder le secret des délibérations ; ils doivent rendre la justice sous peine de déni de justice et il leur est interdit de rendre des arrêts de règlement. Ils sont soumis aux mêmes incompatibilités que les magistrats des autres juridictions, et doivent rendre la justice de manière impartiale. L'article L. 1421-2 du Code du travail prévoit que les conseillers prud'hommes exercent leurs fonctions en toute indépendance, impartialité, dignité et probité et se comportent de façon à exclure tout doute légitime à cet égard. Ils s'abstiennent notamment, de tout acte ou comportement public incompatible avec leurs fonctions. Ils peuvent être récusés dans les cas prévus par l'article R. 1457-1 du Code du travail, mais la Cour de cassation a décidé que la liste des hypothèses définies n'est pas limitative, par application de l'article 6 § 1 de la Convention européenne des droits de l'homme. Ainsi, les juges peuvent être récusés lorsqu'ils ont un intérêt personnel à la contestation, lorsqu'ils sont parents ou alliés d'une partie, lorsqu'ils ont donné un avis écrit dans l'affaire ou lorsque le juge est employeur, cadre, ouvrier ou employé de l'une des parties. En revanche, l'appartenance des juges au même syndicat professionnel que l'une des parties n'est pas une cause de récusation. Leur est interdite toute action concertée de nature à arrêter ou à entraver le fonctionnement des juridictions lorsque le renvoi de l'examen d'un dossier risquerait d'entraîner des conséquences irrémédiables ou manifestement excessives pour les droits d'une partie ;
- leur responsabilité est soumise aux articles L. 141-2 et L. 141-3 du Code de procédure civile, c'est-à-dire au régime de la prise à partie personnelle du juge. La procédure est portée devant la cour d'appel (art. 366-1 et s., CPC). Un régime disciplinaire particulier est prévu lorsque des incidents affectent les élections ou le fonctionnement du Conseil de prud'hommes. Par exemple, l'acceptation par un conseiller prud'homme d'un mandat impératif par lequel il s'engagerait à statuer dans un sens déterminé constitue un manquement grave à ses devoirs et entraîne de plein droit l'annulation de son élection et l'interdiction d'exercer des fonctions de conseiller prud'homme pour une durée maximale de 10 ans ; de même, si un conseiller prud'homme refuse de se faire installer, il est considéré comme démissionnaire d'office ; si un conseiller, sans motif légitime mais après mise en demeure, refuse de remplir le service auquel il est appelé, il peut être déclaré démissionnaire ;
- tout conseiller prud'homme qui manque gravement à ses devoirs dans l'exercice de ses fonctions peut-être l'objet d'une procédure disciplinaire. Le pouvoir disciplinaire est exercé par une Commission nationale de discipline, qui peut être saisie par le ministre de la Justice, le premier président de la cour d'appel (après audition de l'intéressé). Le premier président de la cour d'appel peut aussi rappeler le conseiller à ses obligations en dehors de toute action disciplinaire. Les sanctions vont du blâme à la déchéance ;
- la protection des conseillers prud'hommes qui exercent également une activité professionnelle est assurée par le dispositif législatif. Les conseillers prud'hommes salariés sont des salariés protégés. Ils ont une obligation de formation initiale

organisée par l'État qui doit être suivie à peine d'être déclaré démissionnaire, et une obligation de formation continue.

D'abord, leur employeur est tenu de leur laisser la liberté de participer aux séances du conseil, de leur accorder le temps nécessaire et de les rémunérer intégralement, l'État remboursant aux entreprises les sommes versées aux salariés. En dehors des heures de travail, la rémunération est constituée par une indemnité versée par l'État. Le salarié peut ainsi participer à toutes les formations du Conseil de prud'hommes, à l'exécution des mesures d'instruction, aux commissions et assemblées ; il peut exercer les fonctions administratives de président ou de vice-président sans avoir besoin d'obtenir l'autorisation de son employeur à chaque fois. Le temps consacré à l'exercice des fonctions prud'homales est pris en compte pour le calcul de l'ancienneté dans l'entreprise. Pour les conseillers prud'hommes employeurs, le temps de présence aux diverses formations de la juridiction est également rémunéré par une indemnité versée par l'État, dont le montant, très faible, varie selon l'horaire de l'activité.

Ensuite, si l'employeur souhaite licencier le salarié conseiller prud'homme, certaines exigences doivent être respectées. Le Code du travail prévoit que le licenciement est soumis aux règles applicables aux délégués syndicaux de l'entreprise : l'autorisation de l'inspection du travail est donc nécessaire.

2. La règle de la parité

Le Conseil de prud'hommes est une juridiction paritaire, c'est-à-dire que toutes ses formations sont composées d'un nombre égal d'employeurs et de salariés.

La structure actuelle du Conseil de prud'hommes comporte ***cinq sections*** : encadrement, industrie, commerces et services commerciaux, agriculture, activités diverses. Ces divisions correspondent au souci de spécialisation de la justice : un professionnel est certainement mieux à même de trancher un conflit dans son domaine, en raison de la spécificité des règles juridiques et des usages et pratiques professionnels. Chacune de ces sections comprend au moins deux conseillers prud'hommes employeurs et deux conseillers salariés. À sa tête, on trouve un président et un vice-président, élus pour un an. Si le président est un employeur, le vice-président est obligatoirement un salarié. La ***formation restreinte*** du conseil de prud'hommes se compose d'un conseiller prud'homme employeur et d'un conseiller prud'homme salarié.

Selon le volume des affaires, l'assemblée générale du conseil peut décider de la création de ***plusieurs chambres au sein d'une section***, la décision émanant du premier président de la cour d'appel. Une chambre comporte au moins deux conseillers employeurs et deux conseillers salariés, et désigne un président et un vice-président suivant le système de la parité. En cas de pluralité de chambres, l'une d'entre elles connaît des contestations relatives au licenciement pour motif économique.

Chaque section, chaque chambre comporte deux bureaux :

Bureau de conciliation et d'orientation	Composé d'un conseiller employeur et d'un conseiller salarié, dont la mission est de tenter la conciliation des parties (il peut entendre les parties séparément et dans la confidentialité) et de prendre des mesures urgentes comme la délivrance de bulletins de paye, de certificats de travail. Il peut ordonner une mesure d'instruction, ou le versement de provisions sur les salaires, les indemnités de congés payés, de préavis ou de licenciement, si l'obligation n'est pas sérieusement contestable. Une loi n° 2013-504 du 14 juin 2013 relative à la sécurisation de l'emploi a

	modifié la conciliation devant ce bureau : un barème, prévu par un décret du 2 août 2013, établit l'indemnisation forfaitaire à laquelle le salarié peut prétendre par conciliation au titre des indemnités de licenciement, en fonction de son ancienneté dans l'entreprise (ex. moins de 2 ans = 2 mois de salaires, de 2 à 8 ans = 4 mois, etc.). Ces montants peuvent être modifiés par les parties. À défaut de conciliation, le bureau de conciliation et d'orientation peut renvoyer les parties devant le bureau de jugement, soit en formation restreinte, soit en formation ordinaire pour qu'il tranche. Le bureau assure la mise en état de l'affaire. Si sans motif légitime, l'une des parties ne comparaît pas, le bureau de conciliation et d'orientation ***peut juger l'affaire***, en l'état des pièces et moyens que la partie comparante a contradictoirement communiqués (art. L. 1454-1-3, C. trav.).
Bureau de jugement	Composé de deux conseillers employeurs et de deux conseillers salariés (ou d'un employeur et d'un salarié en formation restreinte), il a pour mission de trancher les contestations qui n'ont pu faire l'objet d'une conciliation. Il peut aussi instruire une affaire qui n'est pas en état.

Le Conseil de prud'hommes comprend une ***formation de référé*** composée d'un conseiller employeur et d'un conseiller salarié, qui peut prendre des mesures urgentes dans les limites de la compétence du Conseil de prud'hommes, ou encore prescrire des mesures conservatoires ou de remise en état, où accorder des provisions au créancier dont l'obligation n'est pas sérieusement contestable.

Compte tenu de la règle de la parité, un partage égal de voix peut empêcher la prise d'une décision. Dans ce cas, l'affaire est renvoyée en ***audience de départage*** devant le même bureau où la même formation de référé, présidée par un juge du tribunal de grande instance dans le ressort duquel est situé le siège du Conseil de prud'hommes, qui joue le rôle de juge départiteur. L'affaire doit être reprise dans le délai d'un mois pour éviter une excessive lenteur de la justice et, en cas d'absence ou d'empêchement d'un ou de plusieurs conseillers prud'hommes, le juge départiteur de statuer seul.

c) La compétence

1. La compétence territoriale

Des règles spéciales ont été élaborées afin de protéger les intérêts légitimes des salariés, présumés en état de faiblesse. Ainsi, le conseil compétent est celui dans le ressort duquel se trouve l'établissement où le travail est effectué. Si le travail est accompli en dehors de tout établissement ou à domicile, le Conseil de prud'hommes du domicile du salarié est compétent. Néanmoins, le salarié bénéficie toujours d'une option de compétence, puisqu'il peut saisir le Conseil de prud'hommes du lieu où l'engagement a été contracté ou celui du lieu où l'employeur est établi. Il est interdit de stipuler une clause contraire dans le contrat de travail ; elle serait réputée non écrite.

2. La compétence d'attribution

Les conseils de prud'hommes sont des juridictions spécialisées dotées d'une compétence exclusive pour trancher des litiges qui s'élèvent à l'occasion d'un contrat de travail ou d'apprentissage. Seuls les conflits individuels entre un employeur et un salarié sont concernés, à l'exclusion des conflits collectifs du travail (comme les grèves) qui trouvent nécessairement une solution négociée (médiation, conciliation). Il statue en premier ressort (à charge d'appel) lorsque l'affaire est d'un montant supérieur à 4 000 euros (art. D. 1462-3, C. trav.) ; en dessous de ce montant, ou lorsque la demande tend à la remise de certificats de travail, de bulletins de paie ou de toutes pièces que l'employeur est tenu de délivrer (à moins que le jugement soit en premier ressort en raison du montant des autres demandes), le conseil statue en dernier ressort (sans appel possible). Les articles R. 1462-1 et 1462-2 du Code du travail fixent les modalités d'évaluation des prétentions : le jugement n'est pas susceptible d'appel lorsque la valeur totale des prétentions d'aucune des parties ne dépasse le taux de compétence en dernier ressort du conseil de prud'hommes. De même, le jugement n'est pas susceptible d'appel si la seule demande reconventionnelle en dommages et intérêts, lorsqu'elle est fondée exclusivement sur la demande initiale, dépasse le taux de compétence en dernier ressort.

E - Les juridictions de Sécurité sociale

1) La définition

Le fonctionnement de la Sécurité sociale suscite deux types de contentieux. Les questions spécifiquement juridiques opposant les organismes de Sécurité sociale et les usagers (portant sur les cotisations, les prestations, l'assujettissement...), qui sont attribués à un tribunal des affaires de Sécurité sociale, et les questions purement techniques (invalidité, taux d'incapacité, nécessité de cures...), qui relèvent du tribunal du contentieux de l'incapacité et de la cour nationale de l'incapacité et de la tarification de l'assurance des accidents du travail. Ces juridictions sont des tribunaux d'exception de première instance et d'appel, dont le statut est prévu par les articles L. 142-1 et R. 142-1 et suivants du Code de la sécurité sociale (et dont la disparition est programmée).

2) Le contentieux général : le tribunal des affaires de Sécurité sociale

a) Le siège et le ressort territorial

Le siège et le ressort des tribunaux des affaires de Sécurité sociale sont fixés en fonction de la situation géographique et du volume des affaires. Le ressort correspond à tout ou partie de la circonscription d'un organisme de Sécurité sociale ou la circonscription de plusieurs organismes. Au 1er janvier 2015, il y a 115 tribunaux des affaires de Sécurité sociale sur le territoire, qui ont jugé 100 255 affaires nouvelles en 2014. La création de plusieurs sections au sein d'un même tribunal peut être décidée par un arrêté du garde des Sceaux, ministre de la Justice, du ministre chargé de la Sécurité sociale et du ministre chargé de l'Agriculture. Le président du tribunal des affaires de Sécurité sociale répartit les affaires entre les sections. Il peut présider l'une des sections.

Le tribunal compétent est celui dans le ressort duquel se trouve le domicile du bénéficiaire de l'employeur intéressé ou le siège de l'organisme défendeur en cas de conflit entre organismes ayant leur siège dans le ressort de juridictions différentes (certaines exceptions sont prévues, art. R. 142-12, CSS).

b) La composition

Afin que la réglementation du tribunal des affaires de Sécurité sociale corresponde aux exigences du procès équitable prévues par l'article 6 § 1 de la Convention européenne des droits de l'homme, le décret n° 2003-614 du 3 juillet 2003 a réaménagé la composition, l'organisation, le fonctionnement et la procédure de cette juridiction. La composition du tribunal est originale puisqu'elle obéit à la règle de l'échevinage, c'est-à-dire qu'elle comprend à la fois un magistrat de carrière et des assesseurs.

Il n'y a pas de représentant du Ministère public auprès des tribunaux des affaires de Sécurité sociale.

1. Le président

En effet, le tribunal des affaires de Sécurité sociale est présidé par un magistrat du siège du Tribunal de grande instance dans le ressort duquel le tribunal des affaires de Sécurité sociale a son siège ou par un magistrat du siège honoraire désigné pour trois ans par ordonnance du premier président de la cour d'appel. Le président du tribunal des affaires de Sécurité sociale exerce la juridiction des référés : il peut, dans tous les cas d'urgence, dans les limites de la compétence du tribunal, ordonner toutes les mesures qui ne se heurtent à aucune contestation sérieuse ou que justifie l'existence d'un différend ; il peut aussi dans les mêmes limites, prescrire en référer les mesures conservatoires ou de remise en état qui s'imposent, soit pour prévenir un dommage imminent, soit pour faire cesser un trouble manifestement illicite ; il peut enfin dans les cas où l'existence de l'obligation n'est pas sérieusement contestable, accorder une provision créancier.

2. Les assesseurs

Il comprend en outre un assesseur représentant les travailleurs salariés et un assesseur représentant les employeurs et les travailleurs indépendants (art. L. 142-4 et L. 142-5, CSS). Les assesseurs appartiennent soit à la profession agricole lorsque le litige intéresse un ressortissant de ces professions, soit à une profession non agricole dans le cas contraire. Les assesseurs sont nommés pour trois ans par ordonnance du premier président de la cour d'appel, prise après avis du président du tribunal des affaires de Sécurité sociale, sur une liste dressée dans le ressort de chaque tribunal par les autorités compétentes de l'État en matière de Sécurité sociale ou de mutualité sociale agricole, sur proposition des organisations patronales et ouvrières les plus représentatives, des organismes d'allocations vieillesse des non-salariés et des organismes d'assurance vieillesse agricole. Un nombre égal d'assesseurs suppléants est désigné concomitamment et dans les mêmes conditions. Pour être assesseur, il faut jouir de ses droits civils et politiques. Afin d'éviter tout soupçon de partialité, les membres des conseils d'administration des organismes de Sécurité sociale ou de mutualité sociale agricole ne peuvent être désignés en qualité d'assesseurs ou d'assesseurs suppléants du tribunal des affaires de Sécurité sociale.

Les employeurs sont tenus de laisser aux salariés de leur entreprise, membres assesseurs d'un tribunal des affaires de Sécurité sociale, le temps nécessaire pour se rendre et participer aux audiences auxquelles ils ont été convoqués. Cette convocation est faite par le secrétaire de la juridiction par lettre recommandée avec demande d'avis de réception quinze jours au moins avant la date de l'audience. Avant d'entrer en fonction, les assesseurs prêtent individuellement serment devant la cour d'appel (je jure de remplir mes devoirs avec zèle et intégrité et de garder le secret des délibérations). Les fonctions d'assesseurs sont exercées bénévolement ; la loi prévoit seulement le remboursement des frais de déplacement et de séjour, ainsi qu'une indemnité pour perte de salaire ou de gain (art. R. 142-8, CSS). L'assesseur qui, sans motif légitime, s'abstient d'assister à une audience, est déclaré démissionnaire par la cour d'appel à la demande du président du tribunal des affaires de Sécurité sociale. L'arrêt de la cour d'appel peut être frappé d'un pourvoi devant la cour de cassation. Dans le cas où tribunal des affaires de Sécurité sociale ne peut siéger avec la composition prévue par la loi, l'audience est reportée à une date ultérieure sauf accord des parties pour que le président statue seul après avoir recueilli, le cas échéant, l'avis de l'assesseur présent. L'audience ne peut être reportée plus d'une fois ; dans le cas où, à la 2e audience, le tribunal ne peut pas siéger dans sa composition normale, le président statue seul après avoir recueilli, le cas échéant, l'avis de l'assesseur présent (art. L. 141-4, CSS).

3. Le secrétariat du tribunal des affaires de Sécurité sociale

Il est assuré par un agent de la direction générale des affaires sanitaires et sociales dans la circonscription de laquelle fonctionne ledit tribunal ou un agent retraité des directions générales des affaires sanitaires et sociales. Toutefois le secrétariat du tribunal est assuré en ce qui concerne les contestations relatives aux décisions des organismes de mutualité sociale agricole, par un agent de l'État désigné en commun par le directeur régional des affaires sanitaires et sociales et par le chef du service régional de l'inspection du travail, de l'emploi et de la politique sociale agricole. Le secrétaire est désigné au début de chaque année judiciaire. Il prête serment devant le tribunal de grande instance dans le ressort duquel le tribunal a son siège. Le secrétaire assiste et tient la plume aux audiences. Ainsi, il est tenu d'inscrire sur un registre spécial, côté par première et dernière, paraphé par le président du tribunal des affaires de Sécurité sociale, de suite et sans aucun blanc, les réclamations déposées ou reçues par lettre recommandée. Il tient les rôles et le registre des délibérations du tribunal, rédige les procès-verbaux et délivre à toute personne intéressée des extraits des décisions prises par le tribunal.

c) La procédure

Les règles de droit commun du Code de procédure civile sont applicables sous réserve de règles particulières prenant en compte la spécificité des litiges en matière de Sécurité sociale. Ainsi, le rôle du secrétaire du tribunal est important. Il convoque les parties par lettre recommandée avec demande d'avis de réception ou par la remise de l'acte au destinataire contre émargement ou récépissé, quinze jours avant la date de l'audience. Les parties peuvent comparaître personnellement ou se faire représenter par un avocat, leur conjoint, un ascendant ou descendant en ligne directe, un travailleur salarié exerçant la même profession ou un représentant qualifié des organisations syndicales de salariés etc. (v. la liste limitative de l'article R. 142-20, CSS). Les parties peuvent déposer des observations sur papier libre. Le tribunal des affaires de Sécurité sociale ne statue qu'après s'être efforcé, sans résultat, de concilier les parties. Le secrétaire du tribunal notifie par lettre recommandée avec demande d'avis de réception, dans la quinzaine, les décisions à chacune des parties convoquées à l'audience. Le tribunal statue en dernier ressort jusqu'à 4 000 euros (art. R. 142-25, CSS).

3) Le contentieux technique

Les litiges portant sur des questions purement médicales, telles que l'invalidité ou l'incapacité de travail, l'octroi de prestations sociales, sont soumis à des juridictions spécialisées (art. L. 143-2 et s., CSS). Ces tribunaux ont fait l'objet de plusieurs réformes, qui ont eu pour objectif, notamment, une mise en conformité avec les exigences de l'article 6 § 1 de la Convention européenne[9] et une harmonisation avec les tribunaux des affaires de Sécurité sociale[10] (leur disparition est programmée).

a) En première instance

Dans le ressort de chaque direction régionale de Sécurité sociale, est institué un tribunal du contentieux de l'incapacité à caractère échevinal (art. L. 143-2, CSS). Le tribunal comprend trois membres. Il se compose d'un président, magistrat honoraire de l'ordre administratif ou judiciaire, de deux assesseurs représentant les travailleurs salariés et les employeurs ou travailleurs indépendants. Au 1er janvier 2014, il existe 26 tribunaux du contentieux de l'incapacité.

1. Le président

Il est désigné par trois ans renouvelables par arrêté du garde des Sceaux, ministre de la Justice, sur une liste de quatre noms dressée par le premier président de la cour d'appel dans le ressort de laquelle le tribunal a son siège. Un président suppléant est désigné dans les mêmes conditions.

2. Les assesseurs

Ils appartiennent aux professions agricoles lorsque le litige intéresse un ressortissant de ces professions et aux professions non agricoles dans le cas contraire. Ils sont désignés pour une durée de trois ans renouvelables, par le premier président de la cour d'appel dans le ressort de laquelle le tribunal a son siège, sur des listes dressées sur proposition des organisations professionnelles les plus représentatives intéressées, selon le cas, par le chef du service régional de l'inspection du travail, de l'emploi et de la politique sociale agricole ou par le directeur régional des affaires sanitaires et sociales. Des assesseurs suppléants sont désignés. Les employeurs sont tenus de laisser aux salariés de leur entreprise, assesseurs d'un tribunal, le temps nécessaire pour l'exercice de leurs fonctions. Les assesseurs doivent être de nationalité française, âgés de 23 ans au moins, avoir la capacité d'être juré de cour d'assises et n'avoir fait l'objet d'aucune condamnation prévue et réprimée par le Code de la Sécurité sociale. Avant d'entrer en fonction, ils prêtent individuellement serment devant la cour d'appel de remplir leurs fonctions avec zèle et intégrité et de garder le secret des délibérations. Afin de sauvegarder l'impartialité du tribunal, les fonctions d'assesseurs sont incompatibles avec celles de membres du conseil d'administration des organismes de Sécurité sociale ou de mutualité sociale agricole.

---

9. Ass. plén., 22 déc. 2000, *Bull.* n° 12, *JCP* 2001, p. 351, note F. Taquet, *D.* 2001, 2454, note X. Prétot, pour la non-conformité de la composition de la Cour nationale.
10. Ord. n° 2005-656 du 8 juin 2005, validée par loi n° 2007-308 du 5 mars 2007.

Les assesseurs sont soumis à des obligations déontologiques diversement sanctionnées. Ainsi, l'assesseur qui, sans motif légitime et après mise en demeure, s'abstient d'assister à une audience, peut être déclaré démissionnaire (art. L. 143-2-1, CSS) ; de même, tout manquement d'un assesseur à l'honneur, à la probité, à la dignité ou devoir de sa charge constitue une faute. Les sanctions qui peuvent être infligées à l'issue d'une procédure contradictoire sont le blâme, la suspension pour une durée de six mois maximum, la déchéance.

b) En appel

Les contestations sont jugées en appel par la ***Cour nationale de l'incapacité et de la tarification de l'assurance des accidents du travail***, dont le siège est fixé à Amiens (art. R. 143-16, CSS).

1. Le président

Cette juridiction est composée d'un président, magistrat du siège de la cour d'appel dans le ressort de laquelle la cour nationale a son siège. Ce magistrat est désigné pour trois ans dans les formes prévues pour la nomination des magistrats du siège. Le président prend par ordonnance les mesures d'administration judiciaire : il fixe le nombre, le jour et la nature des audiences, la répartition des présidents et des assesseurs dans les sections ; il désigne l'un des présidents de section pour le suppléer s'il y a lieu dans ses fonctions. Le président répartit les affaires entre les sections de la cour. Il est responsable du fonctionnement de la juridiction qu'il préside. Le secrétaire général et les secrétaires généraux adjoints sont placés pour l'exercice de leurs fonctions dans la juridiction sous l'autorité exclusive du président de la cour. La cour comprend également des présidents de section, magistrats du siège de la cour d'appel désignés pour trois ans par ordonnance du premier président prise avec leur consentement et après avis de l'assemblée générale des magistrats du siège.

2. Les assesseurs

La cour comprend également des assesseurs représentant les travailleurs salariés ainsi que les employeurs ou travailleurs indépendants. Ces assesseurs sont nommés pour trois ans renouvelables, par arrêté du garde des Sceaux, ministre de la Justice, sur une liste dressée par le premier président de la Cour de cassation sur proposition des organisations professionnelles les plus représentatives intéressées. L'assesseur doit être de nationalité française, âgé de 23 au moins, avoir la capacité d'être juré de cour d'assises et n'avoir fait l'objet d'aucune condamnation prévue et réprimée par le code de la Sécurité sociale. Avant d'entrer en fonction, l'assesseur prête serment devant la cour d'appel de remplir ses fonctions avec zèle et intégrité et de garder le secret des délibérations. Pour éviter tout soupçon de partialité, les fonctions d'assesseurs sont incompatibles avec celles de membres des conseils d'administration des organismes de Sécurité sociale ou de mutualité sociale agricole. Lorsque l'assesseur est un salarié, son employeur doit lui laisser le temps nécessaire pour l'exercice de sa fonction. L'assesseur est soumis à des obligations déontologiques particulières : il doit respecter l'exigence d'impartialité imposée par les règles de procédure civile, à défaut, il peut être récusé (art. L. 143-8, CSS) ; s'il refuse d'assister à une audience, sans motif légitime, et après mise en demeure, il peut être déclaré démissionnaire. Tout manquement à l'honneur, à la probité, à la dignité ou aux devoirs de sa charge constitue une faute. Des sanctions peuvent lui être infligées après une procédure contradictoire, qui vont du blâme à la déchéance en passant par la suspension pour une durée maximale de six mois.

3. Sections

La cour nationale comprend quatre sections. Chaque section se compose d'un président et de deux assesseurs représentant l'un les travailleurs salariés, l'autre, les employeurs ou travailleurs indépendants. Chacune des sections a une compétence prévue par la loi (art. R. 143-15, CSS).

F - Le tribunal paritaire des baux ruraux

1) La définition

Le tribunal paritaire des baux ruraux est une juridiction d'exception du premier degré, compétente pour statuer sur les litiges nés à l'occasion d'un bail rural. Le bail rural est un contrat par lequel le propriétaire d'une terre, appelé le bailleur, loue son bien à un fermier ou à un métayer, appelé le preneur. La spécificité juridique et économique de ce bail a justifié la création d'une juridiction compétente pour trancher les litiges le concernant (art. L. 491-1, C. rur.).

2) L'organisation

a) Le ressort territorial

Il existe un tribunal paritaire des baux ruraux au siège de chaque Tribunal d'instance. On dénombrait 307 tribunaux en 2014.

b) La composition

Elle est organisée selon le système de l'échevinage. Le tribunal est présidé par le juge d'instance. Ce dernier est assisté de quatre assesseurs, deux bailleurs et deux preneurs. La règle est celle d'une composition paritaire, les bailleurs et les preneurs figurant à égalité. Le recrutement des assesseurs se fait par voie d'élection, pour une durée de six ans. Pour être électeur, il faut avoir 18 ans, être français ou ressortissant de l'union européenne, et être domicilié dans le ressort du tribunal paritaire ou y avoir sa résidence. Pour être éligible, il faut remplir les mêmes conditions, mais la limite d'âge est reportée à 26 ans ; il faut en outre posséder depuis au moins cinq ans la qualité de bailleur ou de preneur et avoir fait une déclaration de candidature. Avant d'entrer en fonction, l'assesseur prête individuellement serment devant le juge d'instance : il jure de remplir ses fonctions avec zèle et intégrité et de garder le secret des délibérations.

c) Le fonctionnement

Le tribunal paritaire des baux ruraux peut être divisé en sections (art. L. 492-1, C. rur.) : l'une est compétente pour juger les baux à ferme, l'autre pour statuer sur les baux à métayage. Chaque section comprend quatre assesseurs qui représentent, à égalité, les bailleurs et les preneurs de chaque catégorie de bail. Si un tribunal paritaire ne peut pas fonctionner, il peut être supprimé par décret, et ses attributions sont exercées par le juge d'instance qui applique les règles prévues pour le tribunal paritaire. Si une section ne peut pas fonctionner, l'affaire est portée devant l'autre section. Si le tribunal ne peut pas se réunir au complet, le président peut statuer seul, après avoir pris l'avis des assesseurs présents.

Le tribunal paritaire n'est pas une juridiction permanente, contrairement aux autres juridictions civiles. En effet, il siège par sessions, dont la fréquence et la durée dépendent du nombre d'affaires à juger. Le tribunal tient des audiences publiques en principe, mais il peut siéger en chambre du conseil.

d) La compétence

D'un point de vue territorial, le tribunal compétent est celui du lieu de situation de l'immeuble objet du bail rural.

Pour la compétence d'attribution, le tribunal statue sur tous les conflits qui s'élèvent entre un propriétaire d'immeuble rural et son fermier ou son métayer, quelle que soit la nature juridique du bail (litiges sur le renouvellement du bail, le montant du fermage...). Il s'agit d'une compétence exclusive. Il est également compétent pour les contestations relatives aux contrats d'exploitation des terres pastorales (art. L. 481-1, C. rur.).

Le tribunal statue en dernier ressort jusqu'à la valeur de 4 000 euros, à charge d'appel au-delà.

Le président du tribunal exerce seul des attributions juridictionnelles. Ainsi, dans la limite de la compétence du tribunal, il peut rendre des ordonnances de référé pour prendre des mesures urgentes, des mesures conservatoires ou de remise en état, et même accorder une provision au créancier dont l'obligation n'est pas sérieusement contestable. De même, dans les cas spécifiés par la loi, il peut rendre des ordonnances sur requête.

3 • LA COUR D'APPEL, JURIDICTION DE DROIT COMMUN DU SECOND DEGRÉ

La cour d'appel est une juridiction de droit commun du second degré qui a reçu compétence pour statuer sur les affaires déjà jugées en premier ressort par toutes les juridictions du premier degré de son ressort judiciaire (art. L. 311-1 et R. 311-2 et s., C. org. jud.). C'est une juridiction hiérarchiquement supérieure, dont l'existence est la conséquence de la règle du double degré de juridiction. Ce principe fondamental offre au plaideur qui a succombé en première instance la possibilité d'obtenir un réexamen de son affaire aussi bien en fait qu'en droit. Pour cela, il faut que la valeur du litige, c'est-à-dire le montant de la demande, soit supérieure à ce que l'on nomme le « taux du ressort » (actuellement ce taux est égal à 4 000 euros pour toutes les juridictions). Parfois, la demande est indéterminée ou inchiffrable en argent, dans ce cas l'appel est toujours possible. Parfois au contraire, pour accélérer le processus juridictionnel, la loi ferme l'appel quel que soit le montant des prétentions.

Les 36 cours d'appel ont jugé 251 814 affaires nouvelles en 2014, ce qui représente une augmentation de 2,7 % depuis 2013. La durée moyenne d'une affaire est de 11,8 mois.

Mais le taux d'appel des jugements de première instance reste faible en 2014 : 20,8 % pour les TGI, 5,1 % pour les TI, 13,7 % pour les T. com. L'exception reste les conseils de prud'hommes, avec un taux de 67,7 %.

Pour aller plus loin

Malgré cela, l'encombrement des cours d'appel est réel : le décret du 9 décembre 2009 et celui du 1er octobre 2010 ont modernisé les procédures avec et sans représentation obligatoire devant la cour d'appel. Cela se traduit par des charges processuelles plus importantes pour les parties, sévèrement sanctionnées en cas de carence par la caducité de la déclaration d'appel ou l'irrecevabilité des conclusions. La représentation devant les cours d'appel a été profondément modifiée par la loi du 25 janvier 2011 qui a consacré la fusion des professions d'avoué et d'avocat : les anciens avoués (il y avait 430 avoués près les cours d'appel en 2011, qui représentaient les parties avec la qualité d'officiers ministériels) sont devenus, s'ils l'ont souhaité, des avocats, avec la spécialité « procédure d'appel », à compter du 1er janvier 2012. Depuis, devant les cours d'appel seuls les avocats peuvent représenter une partie lorsque la loi prévoit une représentation obligatoire.

Pour permettre une meilleure gestion des flux, le rapport Delmas Goyon suggère de limiter l'accès à l'appel, et de transformer ce recours en une voie de « réformation », ce qui signifie que la cour d'appel exercerait un contrôle sur le jugement (sur l'appréciation des faits et l'application du droit par les premiers juges), sans que les parties puissent soulever des prétentions ou des moyens nouveaux. Au contraire, l'appel est actuellement une voie d'achèvement du litige parce qu'il autorise les parties à présenter des demandes qui sont l'accessoire ou le complément des prétentions initiales.

A - L'organisation

1) Le ressort territorial

Il existe trente-six cours d'appel (ainsi que 2 tribunaux supérieurs d'appel dans 2 collectivités d'outre-mer). Le ressort territorial de chaque cour comprend deux à quatre départements, même si certaines englobent cinq ou six départements. Chaque cour connaît des jugements rendus par toutes les juridictions de son ressort.

Chaque cour d'appel a son siège, fixé par décret, généralement dans une grande métropole régionale. Selon la tradition historique, les cours d'appel sont principalement installées dans les locaux où siégeait un parlement sous l'Ancien régime. La cour porte le nom de la ville où elle siège (cour d'appel de Paris, cour d'appel d'Aix-en-Provence).

En raison de l'évolution des affaires et des flux judiciaires, ces ressorts territoriaux font parfois l'objet de critiques importantes : en effet, certaines cours d'appel sont très encombrées alors que d'autres ont un volume d'affaires plus restreint. Les propositions de réforme de la carte judiciaire, qui envisagent un réaménagement du territoire, se heurtent à des obstacles nombreux, tenant aux situations locales, à la tradition historique, à des considérations économiques, qui expliquent le maintien de la situation actuelle.

Certains textes regroupent le contentieux de l'appel devant la cour d'appel de Paris, qui dispose d'une compétence exclusive sur tout le territoire : ainsi, seule la cour d'appel de Paris juge les recours formés contre les décisions des autorités administratives indépendantes (Autorité des marchés financiers, Autorité de la concurrence) ou des contestations relatives à l'élection des membres de certains organismes (le Conseil national des Barreaux).

2) La composition

a) Les conseillers

La cour d'appel est composée de magistrats que l'on nomme « conseillers », en souvenir de l'époque où le roi prenait conseil de ses jurisconsultes que l'on appelait les « conseillers de robe longue ». Ces conseillers sont des magistrats d'un rang élevé, disposant d'une expérience importante dans l'exercice des fonctions de juge. Ce sont des magistrats de carrière. Il est vrai que la loi n° 95-64 du 19 janvier 1995 a décidé le recrutement temporaire, pour une durée de dix ans non renouvelable, de conseillers en service extraordinaire, recrutés parmi les personnes que leurs compétences et leurs activités qualifient particulièrement pour l'exercice de fonctions judiciaires, et qui ne sont donc pas de magistrats de carrière. Le nombre de conseillers diffère selon les dimensions de la cour et le volume des affaires qu'elle est amenée à juger (des postes de magistrats ont ainsi été créés dans certaines cours d'appel qui ont passé avec le ministère de la Justice des contrats d'objectif afin de résorber le nombre des affaires restant à juger).

b) Les chambres

Les cours d'appel sont divisées en chambres, dont le nombre varie selon l'importance de la cour, qui sont placées sous la responsabilité d'un président de chambre. Certaines chambres de la cour ont une compétence spécifique (notamment une compétence pénale comme la chambre des appels correctionnels, ou une compétence en matière de droit du travail, comme la chambre sociale). En matière civile, chaque cour d'appel doit comprendre au moins une chambre sociale spécialement constituée pour statuer sur les affaires concernant la Sécurité sociale et le droit du travail. Les conseillers qui la composent sont choisis en fonction de leurs connaissances particulières en matière sociale. Néanmoins, chaque chambre de la cour est l'organe de la cour tout entière et une chambre peut rendre une décision même dans une matière qui n'est pas celle qu'elle juge habituellement.

B - Le fonctionnement

1) Les audiences ordinaires ou solennelles

La règle de la publicité des débats est applicable aux audiences devant la cour d'appel dans les mêmes conditions et avec les mêmes limites que devant les autres juridictions de première instance et elle constitue le principe applicable à toutes les audiences. Néanmoins, il existe devant la cour d'appel une formation en chambre du conseil lorsque la loi fait exception principe de la publicité des débats : les conseillers doivent alors siéger hors la présence du public.

a) Audience ordinaire

Il s'agit de la formation de jugement habituelle, qui comporte trois magistrats, président compris. Les conseillers doivent toujours siéger en nombre impair pour qu'une majorité puisse se dégage aisément (art. L. 121-2, C. org. jud.).

b) Audience solennelle

Dans les cas prévus par la loi, notamment en cas de renvoi après cassation (lorsque la Cour de cassation « casse » et annule un arrêt rendu par une cour d'appel, elle ne peut pas trancher le fond du litige puisqu'elle ne peut pas aborder les faits : elle doit donc renvoyer l'examen de l'affaire à la même cour d'appel, dans une formation comprenant d'autres magistrats, ou à une autre cour d'appel), la cour d'appel peut siéger en audience solennelle présidée par le premier président et comprenant des conseillers appartenant à plusieurs chambres de la cour (art. L. 312-2 et R. 312-9, C. org. jud. : le nombre des assesseurs est de 4). C'est le premier président qui, d'office ou à la demande des parties, décide de renvoyer, ou non, l'affaire à l'audience solennelle après cassation, « si la nature ou la complexité » de l'affaire le justifie. Chaque conseiller est revêtu de sa toge rouge. L'audience solennelle se tient dans les locaux de la première chambre de la cour.

c) Audience en chambres réunies

Le décret n° 2014-1458 du 8 décembre 2014 prévoit la possibilité pour la cour d'appel de rendre ses arrêts par une formation de deux chambres réunies (art. R. 312-11-1, C. org. jud.) présidée par le premier président et comprenant, outre les présidents de ces chambres, deux conseillers assesseurs affectés dans chacune de ces chambres. Elle siège au nombre de 7. Cette formation peut être réunie lorsqu'une affaire est d'une particulière complexité ou est susceptible de recevoir devant les chambres des solutions divergentes.

2) L'assemblée des chambres

C'est une formation spéciale de la cour d'appel qui siège dans des cas exceptionnels prévus par la loi. Elle est constituée par des représentants des deux premières chambres de la cour, sauf à Paris où elle regroupe des représentants des trois premières chambres. Cette assemblée a des attributions spécifiques, concernant essentiellement les professions judiciaires. Ainsi, elle statue en matière disciplinaire pour les avocats, les avoués, les huissiers de justice. Elle reçoit le serment des magistrats de la cour et procède à leur installation.

3) L'Assemblée générale

De la même façon que les juridictions du premier degré, la cour d'appel peut se réunir en assemblée générale sous la présidence du premier président, pour traiter des questions de nature administrative intéressant le fonctionnement de la juridiction. On y rencontre les mêmes formations que devant le TGI, à savoir l'assemblée générale des magistrats du siège et du parquet, l'assemblée générale des magistrats du parquet, l'assemblée générale des magistrats du siège et l'assemblée plénière de tous les magistrats et fonctionnaires de la juridiction. Lorsque l'assemblée générale des magistrats du siège statue sur le projet d'ordonnance de répartition des services de la cour d'appel, préparé par le premier président, l'avis suppose que les magistrats se prononcent avec un quorum d'au moins 50 % des magistrats présents ou représentés. Si l'avis est défavorable ou si le quorum n'est pas atteint, l'assemblée est à nouveau convoquée dans un délai minimum de 8 jours ne pouvant excéder 1 mois et le projet d'ordonnance éventuellement modifié selon les observations qui auraient été formulées par l'assemblée, lui est de nouveau soumis. L'assemblée est alors réputée avoir valablement émis son avis (art. R. 312-42-1, C. org. jud., D. n° 2014-1458 du 8 déc. 2014).

Le comité de gestion est composé du premier président, du procureur général et du directeur de greffe. Il débat des questions de gestion et de fonctionnement de la juridiction et, éventuellement, d'autres questions proposées par ses membres.

La commission plénière est présidée par le premier président ; elle peut saisir le comité de gestion de toutes questions relatives à ses compétences (art. R. 312-58 et R. 312-61-1, C. org. jud.).

4) Le premier président

Il dirige la cour d'appel ; il est aussi appelé « chef de cour » (l'expression « premier président » permet de distinguer le chef de cour des autres présidents des différentes chambres composant la cour d'appel). Le premier président joue un rôle important, puisqu'il est doté d'attributions administratives et juridictionnelles.

a) Les fonctions administratives

Le premier président doit veiller à la bonne administration des services de la cour ; à ce titre, il distribue les affaires entre les chambres, veille à la discipline générale et s'assure de la bonne marche des affaires. En sa qualité de chef de cour, il doit inspecter les juridictions de première instance de son ressort. Il doit visiter les TGI et les tribunaux d'instance du ressort territorial de la cour, pour surveiller le bon fonctionnement des services judiciaires et l'expédition normale des affaires de chacune de ces juridictions. Le Code de l'organisation judiciaire lui impose de rendre compte chaque année au garde des Sceaux des constatations qu'il a faites dans le cadre de son inspection. Le premier président est également investi d'attributions importantes relatives à la notation et à l'avancement des magistrats du siège de son ressort, ainsi qu'en matière disciplinaire : depuis la loi du 25 juin 2001, le premier président de la cour d'appel peut saisir le conseil supérieur de la magistrature de faits motivant une poursuite disciplinaire (art. 50-2, Ord. du 22 déc. 1958) ; il peut aussi, en dehors de toute action disciplinaire, donner un avertissement aux magistrats placés sous son autorité (art. 44, Ord. du 22 déc. 1958).

b) Les fonctions juridictionnelles

Le premier président participe à l'activité judiciaire de la cour en siégeant au sein d'une chambre, habituellement la première chambre, qu'il préside. Il dispose également d'attributions juridictionnelles qu'il exerce en sa qualité de premier président. Ainsi, en cas d'appel, il peut rendre ***des ordonnances de référé*** afin de prescrire des mesures qui ne se heurtent à aucune contestation sérieuse ou que justifie l'existence d'un différend. Le premier président dispose également du pouvoir de rendre des ***ordonnances***

sur requête afin de prescrire toutes les mesures urgentes relatives à la sauvegarde des droits d'une partie ou d'un tiers.

Enfin, il dispose de pouvoirs importants ***en matière d'exécution provisoire***. En vertu de la loi, l'appel et le délai d'appel ont un effet suspensif sur l'exécution des jugements de première instance. Le gagnant doit donc attendre que la cour d'appel rende son arrêt pour pouvoir obtenir son dû, dans la mesure où la décision est confirmée. Ce temps d'attente est important de nos jours, en raison d'un encombrement excessif de certaines cours d'appel : pour éviter les risques d'insolvabilité du perdant, pour obtenir la consécration effective de ses droits, la partie intéressée peut demander au Tribunal de première instance qui juge son affaire d'ordonner l'exécution provisoire du jugement. Il y a donc exécution immédiate de la décision, après sa signification. Si la partie qui a succombé et qui est condamnée à exécuter immédiatement forme appel, elle peut solliciter du premier président de la cour d'arrêter cette exécution provisoire, à condition de prouver que cette exécution risque d'entraîner des conséquences manifestement excessives pour elle (mise en péril de son activité par exemple). À l'inverse, si le juge de première instance n'a pas ordonné l'exécution provisoire, la partie intéressée (c'est-à-dire le gagnant de 1re instance) peut demander au premier président de la prescrire en appel (art. 524 et s., CPC). Lorsque la décision frappée d'appel est exécutoire de droit (par ex. une ordonnance de référé, art. 489, CPC), le premier président peut arrêter cette exécution en cas de violation manifeste du principe du contradictoire, ou de l'article 12 du CPC, et lorsque l'exécution risque d'entraîner des conséquences manifestement excessives (art. 524, CPC).

CHAPITRE 3

Les juridictions pénales

L'originalité des principes d'organisation

L'organisation des juridictions répressives du premier degré comme d'appel obéit à une logique particulière tenant à la spécificité de la matière pénale. Le principe de la séparation des fonctions de poursuite, d'instruction et de jugement influence l'organisation des juridictions répressives : pour protéger les libertés individuelles, on doit multiplier les contrôles et faire intervenir des magistrats différents et spécialisés pour chaque fonction. Ainsi, le procès pénal repose sur le principe de la séparation de la poursuite et de l'instruction : la poursuite appartient au Ministère public et les magistrats instructeurs ne peuvent se saisir eux-mêmes, l'instruction appartient aux juridictions d'instruction et à elles seules (les projets actuels de suppression de juge d'instruction n'ont pas abouti, notamment celui de la Commission Léger du 1er septembre 2009[1]). La procédure pénale organise également le principe de la séparation de l'instruction et du jugement : les juridictions d'instruction interviennent pour apprécier les charges pesant sur le mis en examen ; mais il est interdit à un magistrat qui a instruit dans une affaire de participer à son jugement, à peine de nullité (art. 49, al. 2, C. pr. pén.). Enfin, le procès pénal met en œuvre la séparation de la poursuite et du jugement : cela signifie qu'en principe, les organes de poursuite ne peuvent participer au jugement au fond de l'affaire (art. 253, C. pr. pén.), et que les organes de jugement ne peuvent pas exercer la poursuite : la poursuite « est mise en mouvement et exercée par les magistrats ou par les fonctionnaires auxquels elle est confiée par la loi » (art. 1, C. pr. pén.).

La spécificité des règles de compétence

Les règles de compétence répressive ont un caractère d'ordre public, ce qui entraîne plusieurs conséquences. Ainsi, aucune prorogation de compétence au profit d'un autre juge n'est possible. De plus, le juge pénal saisi régulièrement peut statuer sur toutes exceptions proposées par le prévenu pour sa défense (art. 385, C. pr. pén.), sauf si, par exception, la loi prévoit un sursis à statuer pour question préjudicielle[2].

En principe, la détermination de la compétence d'attribution se fait selon la nature de l'infraction (contraventions jugées par le tribunal de police, délits par le tribunal

---

1. Ph. Conte, « Les propositions du pré-rapport du comité de réflexion sur la justice pénale », *Dr. pénal* juin 2009, Étude 11 ; H. Matsopoulou, « À propos du Rapport du Comité de réflexion sur la justice pénale », *JCP* 2009, n° 38, 236.
2. C'est le cas pour une question de droit réel immobilier, Crim., 8 juill. 1986, *Bull. crim.* n° 231.

correctionnel et crimes par la cour d'assises). Mais un critère tiré des caractéristiques de la personne est parfois utilisé : c'est le cas pour les juridictions pour mineurs de dix-huit ans ; des juridictions chargées de juger des militaires ; de la Cour de justice de la République jugeant les membres du gouvernement ayant commis une infraction dans l'exercice de leurs fonctions.

Pour la compétence territoriale, trois critères sont généralement retenus : le lieu de la commission de l'infraction, la résidence de la personne impliquée dans l'infraction, et le lieu de l'arrestation des personnes poursuivies. Il existe des dispositions particulières : par exemple, les juridictions parisiennes ont parfois une compétence exclusive (art. 706-1, al. 1 et 2, C pr. pén. pour la corruption active d'agents publics étrangers ; art. 706-108, C. pr. pén., pour certaines affaires de pollution maritime).

Pour les infractions « qui sont ou apparaîtraient d'une grande complexité » (art. 704, C. pr. pén.), un ou plusieurs tribunaux de grande instance par ressort de cour d'appel sont déclarés compétents. Ces juridictions régionales permettent l'instauration de pôles économiques et financiers. Certaines ***juridictions interrégionales*** couvrent plusieurs ressorts de cour d'appel, lorsque l'affaire apparaît d'une très grande complexité, en raison, notamment, du grand nombre d'auteurs, de complices, ou de victimes, ou de ressort géographique sur lequel elles s'étendent (art. 704, C. pr. pén.).

De même, depuis le décret n° 2014-1634 du 26 décembre 2014, 2 tribunaux de grande instance en France (Marseille et Paris) sont désignés comme pôle spécialisés en matière d'accidents collectifs (art. 706-176, C. pr. pén.). Ils sont compétents pour l'enquête, la poursuite, l'instruction et le jugement des délits d'homicide ou de blessures involontaires dans les affaires qui comportent une pluralité de victimes et apparaissent d'une grande complexité.

Ces différentes règles reçoivent parfois exception. Ainsi, aux termes de l'article 203 du Code de procédure pénale, lorsque des infractions sont connexes (ont été commises en même temps par plusieurs personnes réunies, ou par différentes personnes, même en différents temps et lieux, mais par suite d'un concert formé à l'avance entre elles), les procédures sont jointes devant la juridiction de droit commun compétente pour connaître de l'infraction la plus grave.

Les particularités de la composition des juridictions

Les juridictions répressives sont composées en principe de juges de carrière. Parfois, des juges citoyens peuvent participer à la justice pénale (par ex., les jurés d'assises, les assesseurs du tribunal pour enfants).

Pour aller plus loin

C'est ainsi que la loi du 10 août 2011 a créé ***le tribunal correctionnel pour mineurs*** qui inclut la participation ***de citoyens à côté des magistrats de carrière***. Ce tribunal était compétent pour juger les délits commis par les mineurs âgés de 16 ou 17 ans ou en état de récidive, et pour lesquels la peine encourue est d'au moins 3 ans. Ce tribunal devait être présidé par le juge des enfants, assisté de deux autres juges, sauf dans sa formation citoyenne, dans laquelle 2 assesseurs civils étaient compétents[3]. Dans sa formation citoyenne, le tribunal jugeait les vols avec violence pour lesquels la peine encourue était d'au moins 7 ans, des atteintes aux

3. Circulaire du 8 décembre 2011, *BOML* du 30 déc. 2011, n° 2011-12.

personnes pour lesquelles la peine encourue était d'au moins 5 ans ; des destructions, dégradations ou détériorations dangereuses pour les personnes pour lesquelles la peine encourue était d'au moins 5 ans. Seules les régions de Dijon et de Toulouse connaissaient à titre expérimental ces tribunaux dans leur forme citoyenne.

Mais une nouvelle loi devrait être envisagée pour supprimer ces juridictions avant même leur entrée en vigueur sur tout le territoire (prévue initialement au 1er janvier 2013) ; en effet, le ministre de la Justice a annoncé le 21 mai 2012 la volonté gouvernementale de supprimer le tribunal correctionnel pour mineurs, cette suppression faisant partie de l'engagement électoral du président de la République. Le rapport Salvat-Boccon-Gibod du 28 février 2013 démontre que la formation des « juges-citoyens » est coûteuse et que leur intervention ralentit le cours de la justice. La proposition de loi n° 217 a été présentée à l'Assemblée nationale le 26 septembre 2012 visant à supprimer le tribunal correctionnel pour mineurs ; elle a été renvoyée à la commission des lois. Un amendement au projet de loi sur l'efficacité des sanctions pénales (n° 596) du 16 juin 2014 propose de supprimer ces tribunaux. La loi n° 2014-896 du 15 août 2014 relative à l'individualisation des peines et renforçant l'efficacité des sanctions pénales ne contient pas leur abrogation.

De plus, les juridictions pénales ne sont pas composées de magistrats spécialisés : selon le principe d'unité des justices civile et pénale, les magistrats peuvent par roulement passer d'une juridiction civile à une juridiction pénale ou inversement. Cela ne répond pas toujours à la réalité criminologique qui impose parfois une spécialisation des magistrats (ex. pour les infractions économiques, financières et techniques, pour le terrorisme et d'une manière générale, pour la criminalité dite « organisée », v. art. 706-73, C. pr. pén.). C'est pourquoi la tendance contemporaine est à ***la création de pôles spécialisés***, de juridictions dont la compétence territoriale peut être étendue aux ressorts de plusieurs cours d'appel : c'est le cas des JIRS (juridictions interrégionales spécialisées, crées par la loi du 9 mars 2004, compétentes en matière de lutte contre la criminalité organisée et la délinquance financière (8 juridictions sur le territoire français, art. 704, 706-73 et 706-74, C. pr. pén.). Ces JIRS ont traité 2857 dossiers entre le 1er oct. 2004 et le 31 déc. 2013. C'est le cas des JIRS spécialisées en matière d'accidents collectifs (TGI de Marseille et de Paris, D. 2014-1634 du 26 déc. 2014, pris en application de l'art. 706-176, C. pr. pén.). De plus, les magistrats qui prennent des fonctions pénales reçoivent une formation particulière sous forme de sessions spécifiques.

Enfin, les juridictions répressives statuent en principe en formation collégiale et en nombre impair. Cette règle n'est pas absolue : la Cour d'assises est composée de douze membres, le juge des enfants statue à juge unique, comme le juge de l'application des peines, et le tribunal correctionnel, statuant à juge unique pour certains délits.

L'ensemble des juridictions pénales a jugé en 2014, un total de 1 203 339 affaires. À cela, il faut ajouter, notamment, 11 424 492 amendes forfaitaires majorées, et 4 366 266 affaires traitées par les parquets !

1 • LES JURIDICTIONS D'INSTRUCTION

Pour aller plus loin

L'instruction a fait l'objet de plusieurs réformes. Les dysfonctionnements constatés lors de l'affaire dite « d'Outreau » ont conduit à une remise en cause du système de l'instruction et, plus particulièrement, à la solitude du juge d'instruction. La loi n° 2007-91 du 5 mars 2007, sur l'équilibre de la procédure pénale, constitue le dernier état des modifications de l'instruction. Le législateur a prévu, dans un premier temps, la création de pôles de l'instruction, puis dans un second temps, l'instauration d'une juridiction collégiale de l'instruction au 1er degré. Jusqu'au 1er janvier 2015, date à laquelle ces dispositions devraient entrer en vigueur, l'information judiciaire est conduite soit en juge unique, soit (si l'affaire concerne la matière criminelle, ou un délit grave ou complexe) par plusieurs magistrats co-saisis, appartenant au pôle de l'instruction. ***Le collège de l'instruction est prévu pour entrer en vigueur le 1er janvier 2015*** *(art. 129 de la loi n° 2013-1278 du 29 décembre 2013 portant loi de finances pour 2014).* Pour chaque instruction, 3 juges seront désignés, l'un d'entre eux étant juge coordonnateur. Les décisions les plus graves seront prises en collégialité (mise en examen, statut de témoin assisté, ordonnances de mise en liberté, de non-lieu...). Les autres pourront être déléguées à l'un des juges du collège.

A - Du premier degré

L'instruction se déroule en principe devant un juge d'instruction. Devant certaines juridictions pénales, l'instruction obéit à des règles particulières. Ainsi, s'agissant des mineurs, il est prévu que chaque TGI doit comporter un tribunal pour enfants doté d'un ou de plusieurs juges d'instruction chargés des affaires relatives aux mineurs (avec une compétence exclusive pour les crimes commis par les mineurs). Le juge des enfants (magistrat du tribunal pour enfants) est la juridiction d'instruction pour les contraventions de 5e classe et les délits commis par les mineurs. Il saisit le juge des libertés et de la détention d'une demande de mise en détention provisoire du mineur, qui est soumise à des conditions restrictives (art. 11, Ord. 2 févr. 1945). La chambre de l'instruction, saisie d'un recours, doit être composée avec le conseiller délégué à la protection de l'enfance.

Des particularités doivent être observées en ce qui concerne l'instruction devant la Cour de justice de la République et les juridictions chargées des infractions militaires.

1) Le juge d'instruction

a) L'organisation

Le juge d'instruction, magistrat professionnel, est juge du siège du TGI. Nommé pour trois ans par décret du président de la République, il peut être renouvelé dans ses fonctions sans limitation, mais, depuis la loi organique du 25 juin 2001, il ne peut pas exercer les fonctions de juge d'instruction dans le même tribunal plus de 10 ans. Il existe un juge d'instruction dans chaque TGI, et il y en a plusieurs dans les tribunaux importants, qui sont regroupés au sein de pôles de l'instruction. Dans ce cas, le président du TGI répartit les affaires entre les magistrats instructeurs ; selon la gravité ou la complexité de l'affaire, il peut adjoindre au juge d'instruction chargé de l'affaire un ou plusieurs autres juges qu'il désigne (art. 83, C. pr. pén.) soit à l'ouverture de l'information, soit à tout moment de la procédure à la demande du juge chargé de l'information.

La loi du 5 mars 2007 a créé des pôles de l'instruction dans les tribunaux de grande instance. Ces pôles regroupent tous les juges d'instruction du tribunal (art. 52-1, C. pr. pén.), depuis le 1er mars 2008. Dans certaines juridictions interrégionales spécialisées (JIRS), les magistrats instructeurs ont une compétence sur une région (8 en France) en matière de criminalité organisée et de délinquance financière, dans des affaires présentant une grande complexité ; d'autres sans pôle, qui ne disposent que d'un seul juge d'instruction et ne sont compétents que pour les affaires délictuelles n'ayant pas fait l'objet d'une cosaisine.

À partir du 1er janvier 2017 (si la réforme entre bien en vigueur), toute instruction sera assurée par une structure collégiale. L'article 83 nouveau du Code de procédure pénale précise que le président du tribunal désignera pour chaque information une formation collégiale de trois juges d'instruction. Ce collège exercera les prérogatives confiées au juge d'instruction. Certaines décisions devront être prises de manière collégiale (mise en examen, octroi de statut de témoin assisté à une personne mise en examen, placement sous contrôle judiciaire, saisine du juge des libertés et de la détention et de mise en liberté d'office, avis de fin d'information, ordonnances de règlement et de non-lieu). Les autres actes pourront être délégués à l'un des juges d'instruction composant le collège.

b) La saisine

La saisine du juge d'instruction est obligatoire en cas de crime. Pour les délits l'instruction est facultative : elle est réservée aux affaires complexes, les affaires simples ou dont les preuves sont établies étant traduites directement devant le Tribunal correctionnel ; de toute façon, à l'audience, il est procédé à une instruction du dossier. En matière de contravention, sauf exception, il n'y a pas d'instruction, le Tribunal de police juge selon des procédures rapides spécifiques.

Le juge d'instruction ne peut agir d'office : il doit être saisi par un réquisitoire à fin d'informer émanant du Parquet qui met en mouvement l'action publique (art. 80, C. pr. pén.), par une constitution de partie civile émanant de la victime ou de ses ayants droit victimes d'un crime ou d'un délit (art. 85, C. pr. pén.), par une ordonnance de dessaisissement rendue par un de ses collègues, par un « règlement de juges » (art. 658 et 659, C. pr. pén.), ou par ordonnance du juge des enfants (art. 8, Ord. 2 févr. 1945).

Une fois saisi, le juge d'instruction doit procéder à un premier examen de l'affaire. Il peut rendre une ordonnance d'incompétence (art. 90, C. pr. pén.) s'il estime qu'il n'est pas compétent *rationae loci* ou personae (l'appel est ouvert contre cette ordonnance au Parquet, à l'individu poursuivi, à la partie civile). Il peut rendre une ordonnance de refus d'informer (art. 86, C. pr. pén.) s'il estime que les faits dont il est saisi sont insusceptibles de poursuite (par ex., en cas de prescription, d'amnistie, d'immunité diplomatique...) ; s'il estime que l'action publique est recevable, il instruira sans avoir à rendre une ordonnance de saisine.

Le juge d'instruction est saisi ***in rem***, c'est-à-dire du fait matériel visé à l'acte de saisine. Il ne peut étendre son information à des faits nouveaux qu'il découvrirait : il doit les communiquer immédiatement au procureur de la République et il ne pourra instruire sur ces faits nouveaux que si le Parquet lui délivre un « réquisitoire supplétif ». Cela signifie aussi que le juge d'instruction n'est pas lié par les personnes visées dans l'acte de saisine : l'information peut être ouverte contre X ou contre personne dénommée ; depuis le 1er janvier 2001, le juge d'instruction ne peut mettre en examen que les personnes à l'encontre desquelles il existe des indices graves et concordants rendant vraisemblable leur participation à la commission d'une infraction.

Le dessaisissement du juge d'instruction s'opère, en principe, par une ordonnance de règlement de l'instruction rendue au terme des investigations.

Il peut aussi être dessaisi avant d'avoir commencé son information.

C'est le cas lorsqu'une même affaire se trouve attribuée à deux juges différents saisis régulièrement en application des règles de compétence territoriale.

Le Parquet peut requérir l'un des juges à se dessaisir au profit de l'autre. Le juge invité rend, s'il l'accepte, une ordonnance de dessaisissement susceptible d'appel ; si le juge refuse, il y a un conflit de compétence qui peut se résoudre par un dessaisissement imposé au juge.

Le dessaisissement peut être imposé au juge d'instruction dans le cadre de la procédure spéciale « de règlement de juges » (art. 658 et s., C. pr. pén.). Il peut aussi être ordonné par le président du tribunal dans l'intérêt d'une bonne administration de la justice et sur requête motivée du Parquet agissant spontanément ou sur demande du mis en examen ou de la partie civile (art. 84, C. pr. pén.), et cette ordonnance est insusceptible de recours. Ce dessaisissement peut être ordonné par la Cour de cassation dans l'intérêt d'une bonne justice ou pour cause de suspicion légitime ou de sûreté publique. Enfin, le juge d'instruction peut se voir retirer son dossier par la Chambre de l'instruction qui annule tout ou partie de la procédure.

En 2014, il y a eu 18 588 affaires nouvelles devant les juges d'instruction. La durée moyenne d'une instruction a été, en 2014, de 26,2 mois pour les crimes, et de de 27,4 mois pour les délits.

c) Le rôle du juge d'instruction

1. Le rassemblement des preuves

Le rassemblement des preuves est essentiel. Le juge d'instruction « instruit à charge et à décharge », doit procéder « conformément à la loi à tous les actes d'information qu'il juge utiles à la manifestation de la vérité » (art. 81, C. pr. pén.). Il doit en particulier rechercher les preuves de l'infraction, la personnalité des responsables, procéder à des interrogatoires, à des descentes sur les lieux, des perquisitions (des règles spéciales concernent les perquisitions dans les cabinets d'avocats, art. 56-1, C. pr. pén.), des saisies, des expertises (la loi du 5 mars 2007 a développé le caractère contradictoire, art. 161-1, C. pr. pén.), des auditions de témoins, des constatations matérielles... Il y procède lui-même ou par des commissions rogatoires. Il peut également faire procéder à des écoutes téléphoniques (art. 100 à 100-7, C. pr. pén.).

Selon la loi n° 2014-372 du 28 mars 2014 relative à la géolocalisation (suite à l'arrêt de la CEDH, *Uzun c. Allemagne* du 2 septembre 2010 et aux arrêts de la chambre criminelle de la Cour de cassation du 22 octobre 2013, qui considèrent que la mesure de géolocalisation d'un téléphone portable en temps réel constitue une ingérence dans la vie privée dont la gravité nécessite qu'elle soit exécutée sous le contrôle d'un juge), le juge d'instruction peut autoriser tous moyens techniques destinés à la localisation en temps réel d'une personne à l'insu de celle-ci, d'un véhicule ou de tout autre objet sans le consentement de son propriétaire ou de son possesseur pour une durée maximum de quatre mois, renouvelable. La décision du juge d'instruction est écrite elle n'a pas de caractère juridictionnel et n'est susceptible d'aucun recours. Le juge d'instruction peut également, aux seules fins de mettre en place ou de retirer le moyen technique de géolocalisation, autoriser par décision écrite l'introduction dans des lieux privés destinés ou utilisés à l'entrepôt de véhicules, fonds, valeurs, marchandises matérielles ou dans un véhicule situé sur la voie publique, à l'insu ou sans le consentement du propriétaire ou de l'occupant des lieux ou du véhicule ou de toute personne titulaire d'un droit sur celui-ci. Si ce lieu est un lieu d'habitation cette autorisation est délivrée par décision écrite du juge des libertés et de la détention saisi au cours de l'instruction par le juge d'instruction (art. 230-32 et s., C. pr. pén.)[4].

2. La mise en examen

Elle peut être prononcée par le juge uniquement contre « les personnes à l'encontre desquelles il existe des indices graves ou concordants rendant vraisemblable qu'elles aient pu participer, comme auteur ou comme complice, à la commission des infractions dont il est saisi », et à la condition de ne pas pouvoir recourir à la procédure de témoin assisté (art. 80-1, C. pr. pén.). Le mis en examen a droit à un avocat, a le droit de prendre connaissance du dossier dans les conditions prévues par la loi, d'intervenir à l'instruction en proposant au juge des observations, en lui demandant l'accomplissement de diligences judiciaires.

En contrepartie le juge avait le pouvoir d'incarcérer le mis en examen dans une maison d'arrêt pendant tout ou partie de la durée de l'instruction : c'est la détention provisoire. Mais, depuis janvier 2001, en application de la loi du 15 juin 2000, le juge d'instruction prend l'initiative du placement en détention provisoire et saisit par ordonnance motivée le « juge des libertés et de la détention » pour que ce dernier se prononce sur la détention. Cette mesure grave ne peut intervenir que dans des cas limités (art. 144, C. pr. pén., modifié par la loi du 24 nov. 2009), fondés sur les nécessités de l'instruction, la protection de la personne mise en examen, ou pour mettre fin à un trouble persistant et exceptionnel à l'ordre public, et si les mesures de placement sous contrôle judiciaire ou d'assignation à résidence avec surveillance électronique paraissent insuffisantes au juge. Une procédure de « référé-liberté » a été mise en place : en cas d'appel d'une ordonnance de placement en détention, le président de la chambre de l'instruction peut examiner le recours immédiatement, sans attendre l'audience devant la chambre ; s'il estime l'appel recevable, la personne est remise en liberté (art. 187-1, C. pr. pén.).

3. Le contrôle judiciaire

Le juge d'instruction (ou le JLD si la personne mise en examen encourt une peine d'emprisonnement correctionnel ou une peine plus grave, art. 138, C. pr. pén., mod. loi 4 août 2014), peut ordonner le contrôle judiciaire. Il astreint l'intéressé à des obligations énumérées par la loi (afin de garantir le maintien de l'intéressé à la disposition de la

---

4. Circulaire du 1er avril 2014 de présentation de la loi, *BOMJ* du 14 avril 2014, JUSD1407842C. – *La géolocalisation peut être utilisée en dehors d'une instruction.*

justice, ou bien à titre de mesures de sûreté au bénéfice de la victime ou de l'intéressé). Si la personne se soustrait volontairement aux obligations du contrôle judiciaire, le juge d'instruction peut décerner à son encontre un mandat d'arrêt ou d'amener, et saisir le JLD aux fins de placement en détention provisoire (art. 141-2, C. pr. pén.).

4. Les ordres du juge

Ils se traduisent par des mandats et des ordonnances

D'abord, le juge d'instruction dispose des mandats pour s'assurer du mis en examen : il peut décerner un mandat variable en fonction des circonstances et des besoins, c'est-à-dire d'ordres exécutoires sur tout le territoire de la République :

- ***mandat de recherche*** : il a pour objet de demander à la force publique de rechercher une personne, soupçonnée d'avoir commis une infraction, pour qu'elle soit placée en garde à vue (art. 122, C. pr. pén.) ;
- ***mandat de comparution*** : c'est une invitation à comparaître, solennelle mais sans contrainte, adressée par un agent de la force publique ou de la police judiciaire, d'avoir à se présenter devant le juge d'instruction au jour et à l'heure indiqués ;
- ***mandat d'amener*** : c'est un ordre donné par le juge d'instruction à la force publique de conduire le mis en examen devant lui, lorsqu'il n'a pas déféré à un précédent mandat de comparution.

Ensuite le juge d'instruction dispose des « ordonnances », c'est-à-dire d'un pouvoir juridictionnel qui s'exerce aux différentes phases de la procédure :

- ***à l'ouverture de l'instruction***, il peut s'agir de l'ordonnance de refus d'informer, d'incompétence ;
- ***en cours d'instruction***, il peut s'agir, notamment, des ordonnances de soit-communiqué transmettant les pièces au Parquet, de désignation d'experts, de refus d'une demande... ;
- ***à la fin de l'instruction***, le juge d'instruction rend une ordonnance de règlement : soit de non-lieu, soit de renvoi à la juridiction de jugement, tribunal correctionnel, tribunal pour enfants... Lorsque les faits peuvent être qualifiés de crime, le juge d'instruction rend une ordonnance de mise en accusation devant la cour d'assises (art. 181, C. pr. pén.), ou la cour d'assises des mineurs (art. 9, Ord. 2 févr. 1945).

2) Le juge des libertés et de la détention

a) Organisation

Le juge des libertés et de la détention (JLD) est une création de la loi du 15 juin 2000. C'est un magistrat du siège ayant rang de président, de premier vice-président ou de vice-président, désigné par le président du TGI (art. 137-1, C. pr. pén.). Il existe au moins un JLD par TGI, assisté d'un greffier. Le JLD ne peut participer au jugement de l'affaire qu'il a connue comme JLD, ce qui permet de sauvegarder l'impartialité de la juridiction de jugement. Le projet de loi organique sur l'indépendance et l'impartialité des magistrats présenté au Sénat le 31 juillet 2015 prévoit que le JLD sera nommé par décret et pour une durée limitée, comme les autres magistrats exerçant des fonctions spécialisées.

b) Fonctionnement

Le JLD dispose de pouvoirs en matière de détention provisoire et de contrôle judiciaire. Il peut être saisi par le juge d'instruction ou le procureur de la République, soit pour une détention initiale, soit après prolongation, ou après soustraction aux obligations de contrôle judiciaire ou encore en cas de mandat de dépôt que le JLD délivre.

Il intervient également :

- pour juger de la légalité en matière de délinquance et de criminalité organisées (prolongement de la garde à vue, autorisation des perquisitions, des saisies, écoutes téléphoniques) ;
- dans les enquêtes préliminaires et de flagrance pour autoriser les perquisitions, visites domiciliaires et saisies.

En matière de criminalité organisée, le JLD peut donner l'autorisation au procureur de la République de procéder à des écoutes téléphoniques.

Le JLD dispose d'autres attributions mises en œuvre lorsqu'il s'agit de protéger les libertés individuelles des personnes : par exemple, il autorise les perquisitions (art. 706-24, C. pr. pén.), les visites domiciliaires en matière fiscale (art. L. 16-B II, C. pr. fisc.)... Avec la loi relative à la géolocalisation, le juge des libertés et de la détention dispose de pouvoirs importants, pour les nécessités de l'enquête relative à un délit puni d'une peine d'emprisonnement d'une durée égale ou supérieure à trois ans. Dans le cadre d'une enquête de flagrance, d'une enquête préliminaire ou d'une procédure prévue par les articles 74 et suivants du Code de procédure pénale, le procureur de la République autorise la géolocalisation en temps réel d'une personne, d'un véhicule ou de tout autre objet pour une durée maximum de 15 jours. À l'issue de ce délai de 15 jours, ces opérations sont autorisées par le juge des libertés de la détention à la requête du procureur de la République, pour une durée maximum d'un mois renouvelable dans les mêmes conditions de forme et de durée. La décision du juge des libertés et de la détention est écrite, et n'est susceptible d'aucun recours. Lorsque les nécessités de l'enquête ou de l'information l'exigent il est possible de mettre en place une mesure de géolocalisation même en un lieu d'habitation à condition que l'autorisation soit délivrée par décision écrite du juge des libertés de la détention saisie à cette fin par le procureur de la République. En cas d'urgence résultant d'un risque imminent de dépérissement des preuves ou d'atteinte grave aux personnes ou aux biens, les opérations de géolocalisation peuvent être mises en place ou prescrites par un officier de police judiciaire après accord préalable donné par tout moyen par le juge des libertés et de la détention. Le magistrat dispose d'un délai de 48 heures pour prescrire par décision écrite la poursuite des opérations ; à défaut d'une telle autorisation dans ce délai, il est mis fin à la géolocalisation. Les demandes de géolocalisation en temps réel d'un téléphone portable (bornage) ou d'un véhicule automobile (GPS ou radio) approcheraient le chiffre de 20 000 en 2013, dans 70 % en enquêtes préliminaires, pour un coût qui dépasserait les 10 millions d'euros.

B - Du second degré : la chambre de l'instruction

Avant la loi du 1er janvier 2001, cette formation était dénommée « chambre d'accusation », mais ces termes étaient trop restrictifs pour couvrir les différentes attributions qui lui sont dévolues. En 2014, les chambres ont rendu 42 577 décisions (+ 8,3 % d'augmentation par rapport à 2013).

1) L'organisation

Cette juridiction est une section particulière de la cour d'appel, composée de 3 magistrats : un président de chambre exclusivement attaché à ce service et de deux conseillers qui peuvent, en cas de besoin, assurer le service des autres chambres de la cour (art. 191, C. pr. pén.).

Les fonctions de Ministère public sont exercées par le procureur général ou par ses substituts ou avocats généraux. Celles du greffe sont exercées par un greffier de la cour d'appel.

La chambre de l'instruction se réunit au moins une fois par semaine et, sur convocation de son président ou à la demande du procureur général, toutes les fois qu'il est nécessaire.

2) Le rôle

La chambre de l'instruction est dotée de pouvoirs spéciaux diversifiés : elle examine les demandes d'extradition émanant des États étrangers et, sans son avis favorable, l'extradition est impossible. Elle est compétente pour accorder éventuellement la réhabilitation judiciaire dans les conditions du Code pénal. Elle examine le contentieux de l'amnistie, le règlement de juges lorsqu'un conflit de juridiction oppose deux juges d'instruction ou deux tribunaux correctionnels de son ressort. Elle est aussi compétente pour les recours en matière d'ordonnance de taxe dans le domaine des frais de justice.

La chambre de l'instruction exerce le contrôle de l'activité des officiers et des agents de police judiciaire, fonctionnaires civils et des militaires, officiers et agents de police judiciaire pris en cette qualité (art. 224, C. pr. pén.). La chambre agit après avoir été saisie par le procureur général ou par son président ; elle peut se saisir d'office à l'occasion de l'examen de la procédure. Une fois saisie, la chambre fait procéder à une enquête ; elle entend le procureur général et l'officier ou l'agent de police judiciaire concerné, qui peuvent prendre connaissance du dossier tenu au parquet général de la cour d'appel, et se faire assister par un avocat.

La chambre peut, sans préjudice des sanctions disciplinaires éventuelles, adresser à l'officier ou à l'agent en cause des observations, ou décider qu'il ne pourra, temporairement ou définitivement, exercer ses fonctions dans le territoire national, ou dans le ressort de la cour d'appel (art. 227, C. pr. pén., cette décision prend effet immédiatement). Si la chambre estime que l'officier ou l'agent a commis une infraction à la loi pénale, elle ordonne en outre la transmission du dossier au procureur général à toutes fins qu'il appartiendra. Les décisions de la chambre de l'instruction sont notifiées aux supérieurs hiérarchiques dont dépendent les officiers ou les agents de police judiciaire concernés.

Sa fonction la plus importante reste ***l'appel des ordonnances du juge d'instruction et du juge des libertés et de la détention***. Les ordonnances du juge d'instruction comme celles du JLD sont soumises à l'appel devant la chambre de l'instruction. L'appel est ouvert, selon le type d'ordonnance, au Ministère public, à la partie civile, à la personne mise en examen ou en détention provisoire (art. 207, C. pr. pén.). La chambre de l'instruction peut évoquer l'affaire lorsqu'elle infirme la décision du juge d'instruction, ce qui lui permet d'exercer un pouvoir de révision ou renvoyer le dossier au juge d'instruction (art. 207, C. pr. pén.). Elle peut aussi effectuer une cosaisine de plusieurs juges d'instruction et dessaisir le juge d'instruction en charge de l'affaire (art. 221-3, C. pr. pén.).

La chambre de l'instruction examine la régularité des procédures qui lui sont soumises : si elle découvre une cause de nullité, elle ***prononce la nullité*** de l'acte qui en est entaché et, le cas échéant, de tout ou partie de la procédure ultérieure (art. 206, C. pr. pén.). Elle peut alors soit évoquer l'affaire, soit renvoyer le dossier au même juge d'instruction.

En conclusion, il faut aussi mentionner les ***pouvoirs propres du président*** de la chambre de l'instruction. Il s'assure du bon fonctionnement des cabinets d'instruction du ressort de la cour d'appel ; il vérifie notamment le cours des instructions, peut convoquer les juges d'instruction, visiter les cabinets, prendre connaissance des dossiers. Il doit s'employer à ce que les procédures ne « subissent aucun retard injustifié » (art. 220, C. pr. pén.). À cette fin, chaque trimestre, est établi dans chaque cabinet d'instruction un état des affaires en cours et la date du dernier acte d'information exécuté, et ces états sont adressés au président de la chambre ainsi qu'au procureur général dans les trois premiers jours de chaque trimestre. De plus, le président de la chambre, chaque fois qu'il l'estime nécessaire, et au moins une fois par trimestre, doit visiter les maisons d'arrêt du ressort de la cour d'appel et y vérifier la situation des mis en examen en état de détention provisoire (art. 222, C. pr. pén.). Enfin, il peut saisir la chambre de l'instruction pour qu'elle statue sur le maintien en détention d'un mis en examen déjà détenu (art. 223, C. pr. pén.). Depuis la loi du 5 mars 2007, le président exerce des attributions dans le domaine du contrôle de la détention provisoire : aux termes de l'article 221-3 du Code de procédure pénale, il peut, d'office, ou à la demande du Ministère public ou de la personne mise en examen, décider de saisir la chambre de l'instruction, si un délai de trois mois s'est écoulé depuis le placement en détention de la personne mise en examen, si la détention est toujours en cours et que l'avis de fin d'information prévu par l'article 175 n'a pas été délivré (art. 221-3, al. 1er, C. pr. pén.). Six mois après la décision définitive de la chambre de l'instruction, si la détention est toujours en cours, le président peut à nouveau saisir la chambre de l'instruction si l'avis de fin d'information n'a toujours pas été délivré.

2 • LES JURIDICTIONS DE JUGEMENT

L'organisation des juridictions de jugement est fondée sur plusieurs principes qui peuvent utilement guider leur étude : ***le principe du double degré de juridiction***, (le Protocole n° 7 à la Convention européenne des droits de l'homme prévoit dans son article 2 le droit de toute personne déclarée coupable d'une infraction pénale de faire examiner par une juridiction supérieure la déclaration de culpabilité ou la condamnation) puisqu'il existe des tribunaux du premier degré et des juridictions d'appel ; ***la division tripartite des infractions*** définies à l'article 111-1 du Code pénal, qui permet de distinguer au premier degré, le tribunal de police qui juge les contraventions, le tribunal correctionnel qui juge les délits et la Cour d'assises qui juge les crimes. À cela, il faut ajouter que des juridictions de droit commun ont compétence pour statuer sur toutes les infractions et toutes les personnes concernées, sauf lorsqu'une loi prend en considération la nature de l'infraction ou la qualité de la personne jugée, pour conférer compétence à une juridiction pénale spéciale.

A - Les juridictions du premier degré

1) Les juridictions de droit commun

a) Le tribunal de police

L'organisation du tribunal de police est celle du tribunal d'instance statuant en matière contraventionnelle : il y en a au moins un par arrondissement. Exceptionnellement, certains tribunaux d'instance peuvent avoir une compétence exclusive en matière pénale (Lyon, Marseille et Paris). Le tribunal statue à juge unique, ce juge étant le juge d'instance ; s'il y a plusieurs juges d'instance dans un même tribunal, un d'eux est désigné pour répartir les affaires. Ce tribunal peut tenir des audiences foraines en dehors de son siège, dans les villes de son ressort.

Le Ministère public est représenté devant cette juridiction par le procureur de la République près le TGI pour les contraventions de 5e classe ; pour les autres contraventions, le procureur peut intervenir, mais, le plus souvent un commissaire de police désigné par le procureur tient les fonctions de Ministère public. En cas de nécessité absolue, pour la tenue de l'audience, le juge peut appeler le maire du lieu ou l'un de ses adjoints pour y remplir cette fonction (art. 46, C. pr. pén.). Pour les infractions forestières, cette fonction est remplie par un ingénieur, un chef de district ou un agent technique des Eaux et Forêts.

Le Greffe est tenu par le greffier du tribunal d'instance.

La saisine du tribunal de police, pour les contraventions de sa compétence, résulte soit du renvoi qui lui en fait par la juridiction d'instruction, soit de la comparution volontaire des parties, soit de la citation délivrée directement au prévenu et à la personne civilement responsable de l'infraction (art. 531, C. pr. pén.). Le Ministère public peut aussi délivrer un « avertissement », dispensant de citation s'il est suivi de la comparution volontaire de la personne à laquelle il a été adressé (art. 532, C. pr. pén.).

La compétence du tribunal de police est, territorialement, liée au ressort dans lequel la contravention a été commise ou constatée. Est aussi compétent le tribunal de police du lieu de la résidence du prévenu (art. 522, al. 1er, C. pr. pén.). En 2014, les tribunaux de police ont rendu 48 155 décisions.

Sur le plan de la compétence d'attribution, il est compétent pour les contraventions (infractions encourant une amende n'excédant pas 3 000 euros, art. 521, C. pr. pén., contraventions de 5e classe et contraventions de 4e classe commises concomitamment à une contravention de 5e classe) commises par un majeur (avec des exceptions, comme les contraventions de 5e classe commises par des mineurs, les contraventions justiciables de l'amende forfaire et acquittées avant poursuite...).

Université de Lorraine
Bibliothèque
I.U.T. Nancy-Charlemagne

La procédure est simple devant le tribunal de police : elle obéit aux principes d'oralité, de publicité et de contradiction, et elle est souvent rapide (la comparution n'est d'ailleurs pas indispensable).

À côté de cette procédure traditionnelle, existe une procédure simplifiée dite « ***de l'ordonnance pénale*** » (art. 524 et s., C. pr. pén.), applicable aux contraventions commises par des majeurs, sauf en droit pénal du travail. Elle est toujours facultative tant pour le Parquet que pour le juge. Elle est écrite et non contradictoire (il s'agit de remplir les blancs d'un document pré-imprimé notamment en indiquant la peine). Mais, le parquet peut faire opposition dans les dix jours ; à défaut, l'ordonnance est notifiée au prévenu par lettre recommandée avec avis de réception. Le prévenu peut s'acquitter de l'amende dans les trente jours, ce qui éteint l'action publique ; à défaut de paiement, il pourra faire opposition et l'affaire sera alors rejugée selon la procédure traditionnelle. La victime est elle aussi protégée puisqu'elle peut obtenir un débat contradictoire.

b) La juridiction de proximité

Le juge de proximité est issu de la société civile et siège à juge unique (art. L. 331-7, C. org. jud. ; la juridiction devrait être supprimée le 1er janvier 2017). Lorsqu'il statue en matière pénale, les fonctions du Ministère public sont tenues par un officier du Ministère public, conformément aux dispositions des articles 45 à 48 (art. 523-1, C. pr. pén.).

La compétence du juge de proximité est strictement définie : il juge les contraventions des 4 premières classes (art. 521, C. pr. pén.) commises par les majeurs et les mineurs (art. 21, Ord. 2 fév. 1945), sous réserve d'exceptions. Le juge de proximité peut également valider les mesures de composition pénale, lorsqu'il est désigné à cet effet par le président du tribunal (art. 41-2, C. pr. pén.), ou lorsqu'il s'agit d'une mesure de composition pénale contraventionnelle (art. 41-3, C. pr. pén.). Le projet de réforme accroît les compétences pénales du juge de proximité. En 2012, les juges de proximité ont rendu 360 023 décisions en matière pénale.

La procédure est celle que suit le tribunal de police (art. 521 à 529, C. pr. pén. ; pour les mineurs, la procédure est organisée par l'art. 21, Ord. 2 févr. 1945). Les juges de proximité ont rendu 377 396 décisions en 2014.

c) Le tribunal correctionnel

L'organisation est celle du TGI statuant en matière pénale. Le plus souvent, dans les TGI, il n'y a qu'une chambre statuant soit au civil soit au pénal ; dans les tribunaux importants, certaines chambres peuvent être affectées au Tribunal correctionnel. En 2014, les tribunaux ont rendu 608 514 décisions.

Ce tribunal, ou chaque chambre correctionnelle du TGI, comprend en ***principe trois magistrats***, un président et deux juges. Si un procès paraît entraîner de longs débats, le président du TGI peut décider qu'un ou plusieurs magistrats du siège supplémentaires assisteront aux débats (art. 398, al. 2, C. pr. pén.) et remplaceront le ou les magistrats empêchés.

Exceptionnellement, le tribunal siège ***à juge unique*** : pour certains délits spécifiques (délits routiers, abandon de famille).

Avec la loi du 10 août 2011, le juge du tribunal correctionnel pouvait siéger avec ***deux jurés citoyens*** pour certaines infractions seulement (comme les atteintes aux personnes, vols avec violence, destructions et dégradations dangereuses pour les personnes, dans les cas prévus aux articles 399-2, C. pr. pén.). Pourtant, la présence de citoyens a pu être critiquée[5]. Un arrêté du 1er juillet 2012 du garde des Sceaux a précisé que l'expérimentation ne sera pas étendue aux autres cours d'appel (Toulouse et Dijon avaient été choisies) ; un autre ***arrêté du garde des Sceaux du 18 mars 2013*** a définitivement mis fin à l'expérience à partir du 30 avril 2013.

L'article L. 231-6 du Code de l'organisation judiciaire renvoie au Code de procédure pénale pour définir l'intervention du juge de proximité devant le tribunal correctionnel : le ***juge de proximité*** peut en effet être désigné par le président du TGI pour siéger en qualité d'assesseur aux audiences correctionnelles collégiales (infractions routières, violences légères, dégradations).

Le Ministère public est assuré par le procureur de la République et ses substituts. Un secrétariat-greffe est tenu par le greffier du TGI (art. 398-3, C. pr. pén.).

Les formations traditionnelles coexistent avec des formations spécialisées :

- ***les formations ordinaires*** du tribunal correctionnel jugent en principe en collégialité, mais le plus souvent à juge unique (art. 398, al. 2, C. pr. pén.) par exemple en matière de chèques et cartes de paiement, de circulation routière, de coordination des transports, de santé, de délits en matière de chasse ou de pêche et la plupart des violences, menaces, les vols ordinaires, l'usage de stupéfiants. La liste est fréquemment allongée... Le président du tribunal statue comme juge unique ***dans la procédure d'ordonnance pénale***, applicable dans de nombreux délits : il faut que les faits reprochés au prévenu soient simples et établis, que les renseignements concernant la personnalité, les charges et les ressources de celui-ci soient suffisants pour permettre la détermination de la peine ; il faut également que, compte tenu de la faible gravité des faits, il ne soit pas nécessaire de prononcer un emprisonnement ou une lourde peine d'amende (moins de 5 000 €) ; la procédure ne doit pas porter atteinte aux droits de la victime et elle est exclue pour les mineurs, si la victime a déjà fait citer le prévenu devant le tribunal ou si les faits sont commis en état de récidive. Le président, saisi par le parquet, reste libre de renvoyer le dossier au Ministère public s'il estime opportun que l'individu soit jugé dans le cadre d'une audience de droit commun. Sinon, il statue par ordonnance motivée. Il peut relaxer ou condamner le prévenu ainsi que statuer sur les intérêts civils si une demande de dommages-intérêts a été formée par la victime. Les parties peuvent former opposition contre cette décision ;
- ***des formations spécialisées*** existent ***en matière économique et financière***. Le législateur a créé en 1975, dans certains TGI, des chambres spécialisées, composées de magistrats affectés à une chambre économique et financière. Cette chambre connaît notamment des infractions économiques (prix, concurrence...), fraudes, publicité mensongère, infractions aux codes des Douanes, de l'urbanisme, de la consommation, de la construction, des impôts, infractions de change, de banque

---

5. Selon Herbert Spencer, philosophe et sociologue anglais (1820-1903), « un jury est un groupe de douze personnes d'ignorance moyenne, réunies par tirage au sort pour décider qui, de l'accusé ou de la victime, a le meilleur avocat »...

ou de bourse, à la loi sur les sociétés commerciales, escroquerie, abus de confiance, corruption... (art. 704, C. pr. pén.). Les affaires doivent être ou apparaître d'une grande complexité pour relever de cette formation spécialisée ;

- pour les délits militaires, il est prévu, dans le ressort de chaque cour d'appel, un TGI compétent pour le ***jugement d'infractions militaires***. Ce tribunal siège dans une formation de jugement spécialisée à laquelle des magistrats sont affectés, après avis de l'assemblée générale (art. 697, C. pr. pén., mod. loi 18 déc. 2013). Dans le même ressort, une cour d'assises est compétente pour le jugement des crimes. Cela concerne les délits prévus au livre III du Code de justice militaire (ex. insoumission, désertion, destruction art. 429, outrage au drapeau art. 440, rébellion art. 445, refus d'obéissance art. 447, voies de fait à un subordonné art. 460, abus du droit de réquisition art. 463), et les délits de droit commun commis par les militaires dans l'exécution du service (art. 697-1, al. 1, C. pr. pén.). Ce même tribunal est compétent pour les délits contre les intérêts fondamentaux de la nation en temps de paix (art. 702, C. pr. pén.) : par exemple entretenir des intelligences avec l'étranger (art. 411-4, C. pén.), livrer des informations à l'étranger (art 411-7-8, C. pén.), fournir de fausses informations (art. 411-10, C. pén.), nuire à la défense nationale en provoquant à la désobéissance (art. 413-3, C. pén.)...

La compétence territoriale relève du droit commun : lieu du délit, ou lieu de résidence du prévenu, ou lieu d'arrestation (sauf dérogations pour les infractions économiques et financières). Le tribunal correctionnel de Paris a une compétence concurrente avec les tribunaux correctionnels de province, en cas d'infractions en matière de terrorisme (art. 706-17, C. pr. pén.).

La compétence d'attribution comprend tous les délits (infractions punies d'une peine d'emprisonnement ou d'une amende supérieure ou égale à 3 750 euros) et les contraventions connexes aux délits. Échappent à sa compétence traditionnelle les délits jugés par les tribunaux d'exception, par exemple les juridictions pour mineurs. Le tribunal correctionnel est également compétent pour statuer sur l'action civile exercée par la victime (art. 464, C. pr. pén.), le cas échéant sur renvoi à une audience ultérieure afin de permettre à la partie civile d'apporter les justificatifs de sa demande.

La saisine du tribunal correctionnel s'opère soit par la comparution volontaire des parties, soit par citation directe à la requête du Parquet ou de la victime, soit par la convocation par procès-verbal, soit par la comparution immédiate, soit enfin par le renvoi ordonné par la juridiction d'instruction (art. 388, C. pr. pén.).

d) La cour d'assises

Cette juridiction est particulière dans l'organisation des juridictions répressives ; cela se vérifie dans l'étude de son ressort, de sa composition, de son fonctionnement et de sa compétence. En 2014, les cours d'assises ont statué sur 3 032 affaires.

1. Le ressort

Le ressort de la Cour d'assises est, en dehors de Paris, celui d'un département (art. 232, C. pr. pén.) ; la Cour d'assises est désignée par le nom du département où elle siège.

2. La composition

La composition est originale : en plus du Ministère public, et du greffe, la cour d'assises comprend à la fois la Cour et le Jury.

- Le Ministère public

Le Ministère public est représenté par un membre du parquet de la cour d'appel si la cour siège au lieu de la cour d'appel, et par un membre du parquet du tribunal de grande instance si la cour d'assises siège dans la ville de ce tribunal.

- Le greffe

La fonction de greffe est assurée par le greffe de la cour d'appel ou du tribunal de grande instance dans les mêmes conditions que pour le Ministère public.

- La Cour

La Cour proprement dite comprend :

- un président désigné par le Premier président de la cour d'appel pour chaque session : il s'agit souvent d'un président de chambre de la cour d'appel ou d'un conseiller ; le Premier président de la cour d'appel peut exercer cette fonction « chaque fois qu'il le juge convenable » (art. 247, C. pr. pén.) ;
- les deux assesseurs désignés par le Premier président parmi les juges de la cour d'appel ou du TGI. Il est même prévu des assesseurs supplémentaires qui assistent aux débats mais non aux délibérations, et qui peuvent faire face à l'empêchement d'un assesseur titulaire.

Des formations spécialisées concernent le jugement des crimes terroristes, la Cour d'assises compétente est alors composée d'un président et de six assesseurs (8 si elle statue en appel) : pour des raisons de sécurité et afin d'éviter pressions et représailles, il n'y a pas de jurés (art. 706-25 et 698-6, C. pr. pén.). Il en est de même pour juger les crimes en matière de trafic de stupéfiants (art. 706-26 et s., C. pr. pén.), les crimes commis en temps de paix contre les intérêts fondamentaux de la nation (art. 702, C. pr. pén.), et pour les crimes en matière militaire en temps de paix (ex. complot – art. 424, C. just. mil., pillages – art. 427, C. just. mil., violences à main armée contre une sentinelle – art. 456, C. just. mil.) à l'exception des militaires de la gendarmerie.

- Le jury

Le jury, qui date d'une loi des 16-26 septembre 1791, est la traduction d'une justice populaire parfois contestée et sa composition résulte de modalités complexes :

- ***les conditions préalables pour être juré*** : il doit s'agir de français d'au moins 23 ans, sachant lire et écrire en français, et ayant leur pleine capacité juridique (ni mineur, ni incapable en tutelle, curatelle...).
  Il doit présenter des garanties de bonne moralité : ne pas avoir été condamné pour crime ou délit à une peine égale ou supérieure à 6 mois d'emprisonnement (art. 256, C. pr. pén., loi du 15 juin 2000) ; ne pas avoir été un fonctionnaire révoqué, un failli non réhabilité, un officier ministériel destitué.
  Il doit présenter des qualités d'indépendance (art. 257, C. pr. pén.) : ne pas être titulaire de fonctions publiques, magistrat, haut représentant de l'exécutif (préfet, recteur), fonctionnaire de police ou militaire en activité... Il existe aussi des incompatibilités tenant à l'insuffisance de liberté d'esprit du juré : les conjoints, parents ou

alliés jusqu'au degré d'oncle ou de neveu de l'accusé ou de son conseil, ou de la partie civile, d'un témoin, d'un interprète, d'un expert... Ces incompatibilités sont édictées à peine de nullité du verdict ;

– ***la désignation des neuf jurés***, qui composent la cour d'assises dans une affaire donnée (12 jurés lorsque la cour d'assises statue en appel, art. 296, C. pr. pén.), résulte de trois opérations successives :
  - il faut d'abord *établir une liste annuelle préparatoire* comprenant 1 juré pour 1 300 habitants avec un minimum de 200 noms (1 800 pour Paris), élaborée par tirage au sort sur les listes électorales des mairies. Le maire, en public, tire un nombre triple de celui prévu. Cette liste est communiquée au greffier de la juridiction où siège la Cour d'assises ; le maire informe alors tous ceux dont le nom a été tiré au sort pour leur permettre de présenter une éventuelle demande de dispense. Le maire informe ensuite le greffier compétent des causes d'inaptitude légale concernant certains des jurés désignés,
  - une *liste annuelle définitive* est alors établie par une Commission siégeant au chef-lieu de la cour d'assises, composée de 4 magistrats, du bâtonnier et de 5 conseillers généraux. Cette commission exclut de la liste les personnes inaptes qui lui ont été signalées et qui ont demandé à être omises. Puis, la commission établit par tirage au sort, parmi les noms restant, la liste départementale, ainsi qu'une liste de suppléants résidant dans la ville où siège la Cour d'assises (de 50 à 700 jurés selon les départements),
  - *une liste de session* est établie 30 jours au moins avant l'ouverture des assises, comprenant 40 jurés titulaires et 12 suppléants. Ils sont tirés au sort par le Premier président de la cour d'appel ou par le président du TGI en audience publique. Chacun sera informé officiellement.

Lorsque ces trois opérations sont effectuées, le jour de l'ouverture de la session des assises, la liste de la session est définitivement arrêtée et communiquée à chaque accusé concerné (art. 292, C. pr. pén.). Pour composer la liste de jugement, le président de la cour d'assises tirera le nom des jurés titulaires et d'un ou plusieurs jurés suppléants ; le Ministère public et l'accusé ou son conseil disposent ***d'un droit de récusation non motivé***, qui a été modifié par la loi du 10 août 2011. L'accusé ne peut pas récuser plus de 4 jurés, et le Ministère public 3 (en appel, l'accusé peut récuser 5 jurés, le parquet 4, la partie civile ne peut pas récuser de juré).

Le fonctionnement de la Cour d'assises est non permanent : elle siège par session trimestrielle dont la durée varie selon l'importance et le nombre des affaires, et ne peut excéder 15 jours (en dehors de sessions supplémentaires).

Les jurés, placés à côté de la cour dans la mesure du possible, doivent être attentifs aux débats et ne pas manifester prématurément leur opinion. Ils peuvent poser des questions aux témoins et à l'accusé, avec l'autorisation et par l'intermédiaire du président de la Cour. Ce président dispose d'un pouvoir discrétionnaire pendant la durée des débats (art. 310, C. pr. pén.), lui permettant notamment d'ordonner tous actes ayant pour but de faciliter la preuve et d'aider à la découverte de la vérité.

La cour et le jury se retirent après la clôture des débats pour délibérer. Depuis 1941 le jury est associé à la cour pour délibérer sur les questions de fait et de droit (culpabilité et peine) à l'exception de l'action civile. Toute décision défavorable à l'accusé exige la majorité de 8 voix sur 12 (et 10 voix sur 15 en appel, art. 359, C. pr. pén.).

La décision doit être motivée (art. 365-1, C. pr. pén., modifié par loi du 10 août 2011). Le président ou l'un des magistrats assesseurs désigné par lui rédige la motivation. En cas de condamnation, la motivation consiste dans l'énoncé des principaux éléments à charge qui, pour chacun des faits reprochés à l'accusé, ont convaincu la cour d'assises. La motivation figure sur un document annexé à la feuille de questions appelée feuille de motivation, qui est signée.

Des formations spécialisées sont compétentes pour les ***crimes terroristes***, le trafic de stupéfiants, les crimes contre les intérêts fondamentaux de la Nation, la Cour d'assises est alors composée ***d'un président et de six assesseurs*** (8, si elle statue en appel) ; pour des raisons de sécurité et afin d'éviter pressions et représailles, ***il n'y a pas de jurés***.

3. La compétence

La compétence de la Cour d'assises concerne les crimes qui lui sont renvoyés par la chambre de l'instruction. En vertu de sa plénitude de juridiction (art. 231, C. pr. pén.), la cour d'assises peut juger de délits ou de contraventions connexes ou indivisibles avec les crimes.

Sa compétence territoriale obéit aux règles du droit commun : le crime doit avoir été commis dans le ressort de la Cour, ou cette cour doit avoir son ressort au lieu de résidence de l'accusé ou de l'arrestation.

Pour aller plus loin

Les arrêts de cour d'assises peuvent faire ***l'objet d'un appel*** depuis le 1er janvier 2001 (loi du 15 juin 2000, art. 380-1 à 380-15, C. pr. pén.). Cet ***appel « circulaire »*** est porté devant une autre cour d'assises désignée par la chambre criminelle de la Cour de cassation, qui comportera trois jurés supplémentaires (le nombre de jurés est porté à 9).

Pour certaines infractions commises en bande organisée, lorsque l'affaire apparaît d'une grande complexité, la compétence d'une cour d'assises peut être étendue au ressort de plusieurs cours d'appel (8 cours d'assises spécialisées sont prévues, art. D. 47-8, C. pr. pén.).

2) Les juridictions pénales spécialisées

a) Les juridictions pour mineurs

La nécessité d'adapter le droit pénal et le système juridictionnel aux besoins des mineurs (qui n'ont pas atteint l'âge de 18 ans), a depuis longtemps conduit à l'édiction de règles spéciales. L'évolution contemporaine de la délinquance des mineurs a même amené le législateur à réviser la conception de la responsabilité pénale des mineurs (loi du 9 septembre 2002). L'article 122-8 du Code pénal pose le principe de la responsabilité des mineurs capables de discernement. Des sanctions éducatives peuvent être prononcées contre les mineurs de 10 ans au moins et 18 ans au plus, inscrites au casier judiciaire. D'une façon générale, les peines font l'objet de dispositions particulières : en principe, la peine à laquelle un mineur de 13 à 18 ans peut être condamné, est diminuée de moitié par rapport à celle prononcée contre un majeur (la loi du 5 mars 2007 donne aux juridictions le pouvoir de rejeter cette diminution en cas d'atteinte volontaire à la vie ou à l'intégrité physique ou psychique de la personne commise en état de récidive légale, art. 20-2, Ord. 2 fév. 1945).

Des juridictions spécialisées appliquent ces mesures : l'Ordonnance du 21 février 1945 a créé le tribunal des enfants, composé de magistrats non professionnels, et le juge des enfants ; la loi du 24 mai 1951 a parachevé cette œuvre avec la création de la Cour d'assises des mineurs. Ces dispositions devaient faire l'objet de réformes à la suite du rapport de la Commission Varinard[6].

La loi du 10 août 2011 avait créé ***le tribunal correctionnel pour mineurs***, avec participation des citoyens, pour juger les mineurs les plus difficiles, récidivistes d'au moins 16 ans au moment des faits et qui encourent une peine d'au moins 3 ans d'emprisonnement, avec 3 magistrats et, pour certains délits, 2 assesseurs citoyens. Mais le Ministre de la Justice a annoncé la fin de cette expérience.

1. Le juge d'instruction

Tout TGI qui comporte un pôle de l'instruction doit avoir un ou plusieurs juges d'instruction spécialisés dans les affaires de mineurs. Ce magistrat instructeur est un juge du siège qui obéit au statut général des juges d'instruction.

Ce juge d'instruction spécialisé est seul compétent pour les crimes commis par des mineurs ; pour les délits et les contraventions de 5e classe, il partage cette compétence avec le juge des enfants (l'instruction est obligatoire pour les crimes, pour les délits et les contraventions de 5e classe). Si des mineurs seuls sont en cause, le procureur choisit entre ces deux magistrats, et si des majeurs sont coauteurs ou complices de mineurs le juge d'instruction reste seul compétent.

La compétence territoriale obéit aux règles du droit commun, comme le rôle du juge dans la recherche des preuves. Mais, sur ce dernier point il existe aussi des règles spécifiques :

- un avocat défenseur est obligatoirement désigné par le bâtonnier ou par le juge d'instruction, à défaut de choix par le mineur ou ses représentants ;
- l'enquête de personnalité est le principe, sauf ordonnance contraire motivée du juge d'instruction ;
- le juge d'instruction doit toujours aviser les parents, tuteur ou gardien de l'enfant que des poursuites sont engagées contre ce mineur... ;
- pendant l'instruction, le juge d'instruction doit statuer sur la garde de l'enfant et rendre exceptionnelle la détention provisoire en raison de l'effet corrupteur et criminogène de la prison. Cette détention ne peut être prononcée pour le mineur de moins de 13 ans. Mais en matière correctionnelle, la détention provisoire ne peut concerner qu'un mineur de plus de seize ans, pour un mois, avec prolongation exceptionnelle d'un mois maximum si la peine encourue est égale ou inférieure à sept ans d'emprisonnement, et d'un an maximum si la peine est supérieure à ce taux. En matière criminelle, la détention provisoire est possible pour les mineurs de 13 à 16 ans et ne peut excéder en principe six mois ; de 16 à 18 ans, c'est le droit commun des majeurs qui trouve application. En toutes hypothèses, la détention

6. Réforme de la justice des mineurs, 3 déc. 2008 ; Ph. Bonfils, « Présentation des préconisations de la Commission Varinard », *AJ pénal* 2009, p. 9.

provisoire est prononcée par le président du TGI, sur saisine du juge d'instruction, et après débat contradictoire, et le mineur sera retenu dans un quartier spécial ou dans un local spécial, et soumis autant que possible à l'isolement de nuit (art. 11, al. 1, Ord. 2 fév. 1945).

L'issue de l'instruction obéit aux règles du droit commun.

2. Le juge des enfants

C'est un magistrat du siège du TGI (art. L. 252-1, C. org. jud.), nommé par décret du président de la République après avis du Conseil supérieur de la magistrature. Il est désigné pour trois ans, renouvelables, en raison des aptitudes et des intérêts qu'il manifeste à l'égard des problèmes des mineurs. La loi du 25 juin 2001 a limité à 10 ans l'exercice des fonctions de juge des enfants dans un même tribunal (art. 28-3, Ord. 22 déc. 1958).

Ce magistrat, en tant que magistrat instructeur, a une compétence limitée aux seules contraventions de 5e classe et aux délits commis par les mineurs, mais cette compétence est partagée avec le juge d'instruction.

Le juge des enfants est saisi par le Parquet par voie de simple requête et dispose des pouvoirs traditionnels des juges d'instruction (ordres, ordonnances...).

À l'issue de son instruction, le juge des enfants peut se dessaisir du dossier et le confier au juge d'instruction, parce qu'il a constaté son incompétence ou parce qu'il estime que la gravité de l'affaire suppose une information ordinaire. Il peut aussi renvoyer le mineur devant une juridiction de jugement, tribunal pour enfants ou tribunal de police pour les contraventions des 4 premières classes.

Les décisions du juge des enfants sont susceptibles d'appel devant la chambre de l'instruction (art. 24, Ord. 2 févr. 1945).

Contrairement au principe de séparation de l'organe d'instruction et de l'organe de jugement, le juge des enfants peut instruire et juger lui-même le mineur et rendre un jugement de relaxe, une mesure éducative ou une dispense de peine. Dans les autres cas, il renvoie l'affaire devant le tribunal pour enfants qui prononce une peine. Les décisions du juge des enfants sont susceptibles d'appel devant la chambre de l'instruction. Des difficultés sont apparues lorsque le juge des enfants après avoir instruit, siège dans le tribunal pour enfants qui prononce une peine. Un tel cumul de fonctions a été remis en cause par la Cour européenne des droits de l'homme qui estime que le principe d'impartialité du juge n'est pas respecté lorsque le juge instruit une affaire contre un mineur, puis renvoie ce mineur devant le tribunal pour enfants qu'il préside lui-même aux côtés de deux assesseurs non professionnels[7].

Pour aller plus loin

Le Conseil constitutionnel a déclaré inconstitutionnel le cumul de fonctions d'instruction et de jugement du juge des enfants, dès lors qu'il préside le tribunal pour enfants, juridiction habilitée à prononcer des peines (8 juill. 2011, QPC n° 2011-147). Depuis la loi du 26 décembre 2011, l'article L. 251-3 du Code de l'organisation judiciaire précise que le tribunal pour

7. 2 mars 2010, n° 54729/00, *Adamkiewicz c. Pologne*.

enfants est présidé par un juge des enfants, qui ne peut pas être celui qui a renvoyé le mineur devant le tribunal pour enfants. Si le tribunal ne comporte qu'un seul juge pour enfants, il est présidé par un juge des enfants d'un autre tribunal pour enfants situé dans le ressort de la cour d'appel et désigné par ordonnance du premier président.

3. Le tribunal pour enfants

Il en existe en général un par département siégeant au TGI du chef-lieu, mais il peut exister plusieurs tribunaux pour enfants auprès d'un même TGI. Il est compétent en fonction du lieu de l'infraction, de la résidence du mineur, de l'arrestation, ou du placement du mineur. Le décret n° 2008-235 du 6 mars 2008 fixe le siège et le ressort des tribunaux pour enfants depuis le 1er janvier 2011.

Un tribunal pour enfants au moins siège par département. Sa compétence territoriale est fonction du lieu de l'infraction, de la résidence du mineur, de l'arrestation, ou du placement du mineur. La compétence d'attribution concerne les contraventions de 5e classe, les délits pour lesquels le juge des enfants a renvoyé l'affaire devant lui, ainsi que les crimes commis par les mineurs de moins de 16 ans.

L'ordonnance de 1945 précise que les mesures d'assistance éducative doivent être privilégiées. Si les circonstances et la personnalité du mineur l'imposent, le tribunal peut prononcer des sanctions : il tient compte de l'atténuation de la responsabilité pénale prévue par l'ordonnance (qui conduit à une diminution de la peine de moitié). Le tribunal peut prononcer plusieurs catégories de décisions : il peut prononcer une des mesures d'éducation ou d'assistance énumérées par les articles 15 et 16 de l'ordonnance du 2 février 1945, ou encore à titre principal la mise sous protection judiciaire pour une durée n'excédant pas cinq ans, ou proposer au mineur une mesure d'aide ou de réparation à l'égard de la victime ou dans l'intérêt de la collectivité, ou encore prononcé de nouvelles mesures appelées sanctions éducatives si une prévention d'infractions est établie pour les mineurs de 10 ans révolus. Si le mineur est âgé de plus de 13 ans, le tribunal peut aussi prononcer une véritable peine si la personnalité du mineur ainsi que les circonstances le permettent. Le tribunal peut utiliser les procédures de dispense ou d'ajournement des sanctions.

Le tribunal est composé du juge des enfants (président), de deux assesseurs titulaires et deux assesseurs suppléants choisis parmi les personnes âgées de plus de 30 ans qui se sont signalées par l'intérêt qu'elles portent aux questions de l'enfance. Le Ministère public est assuré par un membre du parquet du TGI.

4. La cour d'assises des mineurs

Calquée sur la cour d'assises des majeurs, cette juridiction connaît néanmoins quelques règles particulières : la publicité des débats est nécessairement écartée, et deux questions supplémentaires sont posées au jury (Y a-t-il lieu d'appliquer à l'accusé une condamnation pénale ? Y a-t-il lieu d'exclure l'accusé du bénéfice de l'excuse atténuante de minorité ?).

Le ressort territorial est celui du département.

Cette juridiction est composée de la Cour (3 magistrats désignés par le Premier président de la Cour d'appel, un président et deux assesseurs choisis parmi les juges des enfants), et du jury (6 jurés tirés au sort sur la liste des jurés de la Cour d'assises des majeurs et 9 jurés lorsque la Cour statue en appel).

Le Ministère public est assuré par le procureur général près la cour d'appel ou par un magistrat du parquet chargé des affaires des mineurs. Le greffier est celui de la cour d'assises des majeurs.

La cour d'assises des mineurs connaît des crimes commis par les mineurs de 16 à 18 ans au moment des faits et des infractions connexes. Elle peut aussi juger des majeurs complices ou coauteurs des mineurs s'ils n'ont pas été renvoyés devant la cour d'assises des majeurs.

La disposition de l'ordonnance du 2 février 1945 prévoyant que la peine est divisée par moitié s'applique aussi à la cour d'assise des mineurs.

b) Les juridictions pour certains hommes politiques

1. La Haute Cour

Prévue par les articles 67 et 68 de la Constitution du 4 octobre 1958, la Haute cour ne dépend d'aucun ordre de juridiction. Cette juridiction succède à la Haute Cour de justice qui avait été créée par une ordonnance du 2 janvier 1959. Avec la révision constitutionnelle du 23 février 2007 le régime de responsabilité du président de la République a été modifié : l'article 67 prévoit qu'il n'est pas responsable des actes accomplis en cette qualité sous réserve des dispositions des articles 53-2 (hypothèse de compétence de la Cour pénale internationale) et 68 (compétences de la Haute cour). Le président de la République ne peut durant son mandat et devant aucune juridiction ou autorité administrative française, être requis de témoigner non plus que faire l'objet d'une action, d'un acte d'information, d'instruction ou de poursuite. Tout délai de prescription ou de forclusion est suspendu. Les instances et procédures auxquelles il est ainsi fait obstacle peuvent être reprises ou engagées contre lui à l'expiration d'un délai d'un mois suivant la cessation des fonctions du président de la République.

L'article 68 de la Constitution du 4 octobre 1958 prévoit une procédure originale de destitution du président de la République en cas de manquement à ses devoirs, manifestement incompatible avec l'exercice de son mandat. La destitution est alors prononcée par le Parlement constitué en Haute cour, instance qui remplace la Haute Cour de justice.

La procédure est définie pour l'essentiel par article 68 de la Constitution. La proposition de réunion de la Haute cour est adoptée par une des assemblées du Parlement et est aussitôt transmise à l'autre qui se prononce dans les 15 jours, à la majorité des deux tiers des membres composant l'assemblée concernée. La Haute cour est présidée par le président de l'Assemblée nationale. Elle statue dans un délai d'un mois sur la destitution, et prend sa décision à bulletins secret, à la majorité des deux tiers des membres composant la Haute cour. Toute délégation de vote est interdite et seules sont recensés les votes favorables à la destitution.

Sa décision a un effet immédiat.

2. La Cour de justice de la République

Prévue par les articles 68-1 et 68-2 de la Constitution de 1958, la Cour de justice de la République a été créée par la loi constitutionnelle du 27 juillet 1993 afin de pallier les carences antérieures dues à l'extrême lourdeur de la procédure devant la Haute cour aboutissant en pratique à une immunité pénale en faveur des membres du gouvernement, ce qui a choqué profondément l'opinion en particulier lors de l'affaire du sang contaminé.

Cette cour est composée de 15 juges : 12 parlementaires élus en leur sein et en nombre égal par l'Assemblée nationale et le Sénat après chaque renouvellement de ces assemblées, et 3 magistrats du siège à la Cour de cassation, dont l'un préside la Cour de justice de la République. Le greffier en chef de la Cour de cassation est greffier de la Cour de justice. Le procureur général près la Cour de cassation exerce les fonctions de parquetier. Il est assisté du 1er avocat général et de 2 avocats généraux.

Toute personne se prétendant lésée peut porter plainte à l'encontre de membres du gouvernement (premier ministre, ministres et secrétaires d'état) pénalement responsables des actes accomplis dans l'exercice de leurs fonctions et qualifiés crimes ou délits au moment où ils ont été commis. La cour est liée par la définition des infractions et des peines prévues par la loi pénale, mais, par dérogation au principe de non-rétroactivité des lois, la responsabilité peut concerner « des faits commis avant l'entrée en vigueur » de la Cour de justice de la République.

La plainte, examinée par une Commission des requêtes, peut être classée ou transmise au procureur général de la Cour de cassation aux fins de saisine de la cour. La cour peut aussi être saisie d'office par le procureur général sur avis la commission des requêtes. Il appartient ensuite à la Commission d'instruction d'instruire l'affaire et de décider d'un non-lieu ou d'un renvoi devant la Cour de justice de la République. La décision de la Cour de justice de la République est susceptible d'un pourvoi devant l'assemblée plénière de la Cour de cassation.

Cette cour a déjà siégé 4 fois depuis sa création, et sa composition comme son fonctionnement sont critiqués, à tel point que sa suppression a été envisagée.

c) Les tribunaux maritimes

Initialement, les tribunaux maritimes « commerciaux » étaient présidés par un magistrat du siège du TGI de leur ressort, complétés par 4 juges (des professionnels de la navigation maritime) mais une décision du Conseil constitutionnel du 2 juillet 2010[8] a décidé que l'article 90 du code disciplinaire et pénal de la marine marchande est contraire l'exigence d'indépendance des juridictions issue de la Constitution, parce que certains membres sont des fonctionnaires soumis à l'autorité hiérarchique du Gouvernement.

L'ordonnance n° 2012-1218 du 2 novembre 2012 porte réforme pénale en matière maritime : elle crée les tribunaux maritimes au lieu et place des tribunaux maritimes commerciaux et définit les délits maritimes relevant de la compétence de ces tribunaux (art. 2 et s. loi 17 déc. 1926 modifiés). Le tribunal est composé de 3 magistrats dont le président, désignés pas le président du TGI auprès duquel il est institué, et de deux assesseurs maritimes (choisis parmi les personnes âgées de plus de 30 ans, de nationalité française, jouissant de leurs droits civils, civiques et de famille. Ils sont inscrits sur une liste des assesseurs maritimes pour une durée de 5 ans non renouvelable. L'assesseur marin peut être récusé en cas de soupçon légitime de partialité (art. 10, loi 17 déc.

8. QPC n° 2010-10 du 2 juillet 2010.

1926 mod). L'ordonnance précise la compétence et la procédure pénale applicable (art. L. 5111-4, C. transports et titre II loi 17 déc. 1926 modifié).

Le décret n° 2014-1581 du 23 décembre 2014 fixe la liste, le siège et le ressort des 6 tribunaux maritimes créés.

B - Les juridictions du second degré

1) La chambre des appels correctionnels

La chambre est composée d'un président de chambre et de deux conseillers. Le Ministère public est représenté par un avocat général ou un substitut général. Et comme toute autre chambre de la cour d'appel, elle peut être présidée par le Premier président. Un greffier assiste les magistrats.

Pour les délits, l'appel est toujours ouvert (art. 496, C. pr. pén.) et la chambre statue en formation collégiale. Pour les contraventions l'appel n'est ouvert que si le jugement concerne une amende encourue pour une contravention de 5e classe, ou une amende prononcée supérieure au maximum de l'amende encourue pour une contravention de 2e classe (art. 546, C. pr. pén.), et la chambre statue à juge unique. La chambre des appels correctionnels statue aussi sur appel de certaines décisions du juge de l'application des peines (art. 722, CPC).

Pour les appels portant sur des infractions prévues aux articles 399-2 ou 399-3 du Code de procédure pénale, l'article 510-1 du même code précise que la chambre des appels correctionnels est composée, outre de son président et de deux conseillers, de ***deux citoyens assesseurs*** désignés conformément aux articles 10-1 et suivants du code.

Peuvent faire appel :

- le prévenu seul, et son sort ne peut être alors aggravé, la chambre des appels correctionnels ne peut ni élever la peine, ni augmenter les dommages et intérêts, selon le principe de la prohibition de la « réformation *in pejus* » ;
- le civilement responsable pour ce qui le concerne ;
- la partie civile pour ses intérêts civils ;
- le procureur de la République (et en cas d'appel a minima la peine déjà prononcée pourra être aggravée) ;
- le procureur général (sauf en matière de contravention, L. 23 juin 1999) ;
- certaines administrations publiques exerçant l'action publique (ex. le fisc).

Le délai pour faire appel est en principe de 10 jours à compter du prononcé du jugement contradictoire (art. 498, C. pr. pén.), et de 10 jours à compter de la signification du jugement non contradictoire ou par défaut ou par « itératif défaut » (art. 499, C. pr. pén.). Si l'appel est interjeté par une des parties dans ces délais, les autres parties ont 5 jours de plus pour interjeter appel à leur tour.

L'appel doit être formé par déclaration au greffe de la juridiction ; si l'appelant est détenu, il remet une déclaration au chef de l'établissement pénitentiaire. Une requête contenant les moyens d'appel peut être remise dans les délais prévus au greffe du tribunal. Si l'appelant est le procureur général, l'appel est formé par simple signification au prévenu ou au civilement responsable de l'infraction dans les deux mois à compter du jugement.

L'appel est suspensif de l'exécution du jugement rendu, sauf à pourvoir par provision aux intérêts de la partie civile (art. 506, C. pr. pén.).

Les chambres des appels correctionnels ont jugé 47 052 affaires en 2013.

2) La chambre spéciale des appels concernant les mineurs

Il existe une formation de la cour d'appel chargée de connaître en appel des affaires et des décisions prises par le tribunal de police, le Juge des enfants, le tribunal pour enfants, ou le juge de proximité. Elle peut même connaître en appel des décisions prises par le juge d'instruction ou par le Juge des enfants lors de l'instruction. Elle comprend le conseiller délégué à la protection de l'enfance (magistrat de la cour d'appel désigné à cette fonction pour 3 ans par le garde des Sceaux).

Lorsque l'appel porte sur des infractions relevant des articles 399-2 ou 399-3, la chambre des appels correctionnels comprend, outre le président et 2 conseillers, deux citoyens assesseurs désignés conformément aux articles 10-1 à 10-13 du Code de procédure pénale.

3) La cour d'assises d'appel

La loi du 15 juin 2000, entrée en vigueur le 1er janvier 2001, a institué un appel circulaire (ou encore « tournant ») en matière criminelle, devant une autre cour d'assises que celle qui a rendu la décision attaquée. Mais le nombre de jurés est augmenté pour atteindre neuf (l'accusé peut en récuser 4 et le parquet 3). La décision se prend à la majorité qualifiée de 8 voix (art. 359, C. pr. pén.).

La cour d'assises habilitée à statuer est désignée par la chambre criminelle de la Cour de cassation : dès que l'appel est enregistré, le Parquet l'adresse au greffe de la chambre criminelle, laquelle dispose d'un mois pour procéder à cette désignation, après avoir recueilli les observations du parquet et des parties ou de leurs avocats.

La faculté d'appel appartient à l'accusé, au Ministère public, au civilement responsable et à la partie civile pour ses intérêts civils, dans les dix jours à compter du prononcé de l'arrêt, en principe. La déclaration d'appel est faite au greffe de la cour d'assises qui a rendu la décision attaquée et, si l'appelant est détenu, l'appel s'effectue au moyen d'une déclaration auprès du chef de l'établissement pénitentiaire.

L'appel entraîne le réexamen de l'affaire. Il a un effet suspensif, mais, si la personne a été condamnée à une peine privative de liberté, l'ordonnance de prise de corps produit toujours ses effets.

L'article 380-6 du Code de procédure pénale précise que la cour d'assises statuant en appel sur l'action civile, sur le seul appel de l'accusé, du civilement responsable ou de la partie civile, ne peut aggraver le sort de l'appelant.

3 • LES JURIDICTIONS DE L'APPLICATION DES PEINES

L'exécution des peines s'effectue sur décision et sous le contrôle des autorités judiciaires (art. 707, C. pr. pén.). Les juges compétents sont, au 1er degré, le juge de l'application des peines, et le tribunal de l'application des peines (art. 712-1, C. pr. pén.), puis, au 2nd degré, sur appel, la chambre de l'application des peines. La mise en œuvre des peines a fait l'objet de modifications par la loi du 15 août 2014 : notamment, ***un bureau d'aide aux victimes*** est institué dans chaque tribunal de grande instance (art. 706-15-4, C. pr. pén.). Le décret n° 2014-1582 du 23 décembre 2014 relatif à l'exécution des peines précise la composition de ce bureau (art. D. 47-6-15, C. pr. pén.), ainsi que la composition du ***bureau d'exécution des peines***, chargé de recevoir le prévenu qui n'est pas incarcéré et de lui expliquer la décision et de lui remettre un relevé de condamnation (art. D. 48-2 et 709-1, C. pr. pén.).

A - Le juge de l'application des peines (JAP)

C'est un magistrat du siège du TGI, désigné par décret du président de la République après avis du Conseil supérieur de la magistrature (art. 712-2, C. pr. pén.). Auprès de chaque TGI, il existe un ou plusieurs juges de l'application des peines. Le JAP est assisté d'un greffe (assuré par le greffier du TGI).

Le JAP fixe les principales modalités de l'exécution des sentences pénales, des peines privatives de liberté et de certaines peines restrictives de liberté, en orientant et en contrôlant leur application. Ainsi, il détermine pour chaque condamné les modalités du traitement pénitentiaire. Les ordonnances qu'il rend pour les réductions de peine, les autorisations de sortie sous escorte ou les permissions de sortir sont prises après avis de la commission de l'application des peines (art. 712-5, C. pr. pén.). Des procédures particulières sont prévues selon le type de décision, qui organisent un débat contradictoire (art. 712-6 et 712-7, C. pr. pén.). Le JAP est assisté par une commission d'application des peines qu'il préside ; il peut mandater des travailleurs sociaux pour contrôler le respect des obligations imposées aux condamnés. Il peut procéder ou faire procéder à tous examens, enquêtes, auditions, expertises, réquisitions ou autres mesures utiles. Il peut interdire à la personne d'entrer en relation avec la victime ou de paraître à proximité de sa résidence de son lieu de travail. Il peut délivrer un mandat d'amener contre un condamné placé sous son contrôle qui ne respecte pas les obligations qui lui sont imposées et même décerner un mandat d'arrêt si le condamné est en fuite à l'étranger. Il peut aussi ordonner, après avis du procureur de la République, la suspension de certaines mesures lorsque le condamné méconnaît les obligations qui lui incombent en matière de semi-liberté, de placement à l'extérieur ou de placement sous surveillance électronique. Ces exemples démontrent que le JAP dispose de pouvoirs très importants et diversifiés dans le cadre de l'exécution des sanctions.

La loi n° 2014-896 du 15 août 2014 relative à l'individualisation des peines et renforçant l'efficacité des sanctions pénales a eu pour objectif d'améliorer la sécurité des Français, de diminuer le nombre de victimes, tout en garantissant la réinsertion des personnes condamnées. Il s'agit notamment de faire reculer le prononcé des peines privatives de liberté, spécialement les courtes peines d'emprisonnement jugées contre-productives et de mettre en place une peine principale alternative, la contrainte pénale ayant vocation à être prononcé en lieu et place de l'emprisonnement lorsqu'elle paraît plus adaptée à la personnalité de la personne condamnée. Différents modes de personnalisation de la peine sont mis en place, ainsi ***qu'une justice « restaurative »*** (mesure permettant à la victime ainsi qu'à l'auteur d'une infraction de participer activement à la résolution des difficultés résultant de l'infraction, et notamment à la réparation des préjudices de toute nature résultant de sa commission. La loi établit la contrainte pénale (obligation pour le condamné de se soumettre sous le contrôle du juge de l'application des peines, à des mesures de contrôle et d'assistance et des obligations et interdictions particulières destinées à prévenir la récidive en favorisant son insertion ou sa réinsertion au sein de la société).

B - Le tribunal de l'application des peines

Les tribunaux de l'application des peines sont institués dans le ressort de chaque cour d'appel. Ils sont composés d'un président et de deux assesseurs désignés par le premier président de la cour d'appel parmi les JAP du ressort de la cour. Le décret n° 2008-236 du 9 mars 2008 modifie le siège et le ressort des tribunaux de l'application des peines à compter du 1er janvier 2011.

Le Ministère public est assuré par le procureur de la République du TGI dans le ressort duquel siège le tribunal.

Un ou plusieurs greffiers du TGI du ressort de la cour d'appel où siège le tribunal tiennent le greffe.

Le tribunal de l'application des peines est compétent pour : le relèvement de la période de sûreté, la libération conditionnelle et la suspension de peine (peines prononcées supérieures à 10 ans ou durée de la détention restant à courir supérieure à 3 ans, art. 720-1-1 et 732, C. pr. pén.).

Dans ces cas, le tribunal dispose des mêmes pouvoirs que le JAP, et statue par jugement motivé.

C - La chambre de l'application des peines

Elle est composée de 3 magistrats, désignés par le premier président de la cour d'appel (le président, l'un ou plusieurs des assesseurs sont conseillers chargés de l'application des peines). Un responsable d'une association de réinsertion des condamnés et un responsable d'une association d'aide aux victimes siègent lorsque la chambre statue en appel des décisions du tribunal de l'application des peines.

Le président de la chambre examine seul les appels des ordonnances du JAP prises dans le cadre des articles 712-5 et 712-8 du Code de procédure pénale ; ainsi que les appels des ordonnances prises pour homologuer les mesures proposées par le directeur du SPIP pour l'aménagement des fins de peines (art. 732-22, C. pr. pén.).

La chambre statue sur les appels des décisions prises sous forme de jugement après un débat contradictoire, soit par le JAP, soit par le tribunal de l'application des peines. Le délai d'appel est de 10 jours. Les décisions de la chambre sont susceptibles d'un pourvoi en cassation non suspensif (art. 712-15, C. pr. pén.).

D - Les juridictions de la rétention de sûreté

La loi du 25 février 2008 a institué une rétention de sûreté destinée, à la fois, à éloigner provisoirement la personne de la société en la plaçant dans un centre médical judiciaire de sûreté pour éviter une récidive, et à la soigner, parce qu'elle présente une dangerosité caractérisée par une probabilité élevée de récidive, en raison des troubles graves de la personnalité dont elle souffre (décret 2008-1129 et 2008-1130 du 4 nov. 2008 et circulaire du 17 déc. 2008, CRIM 08-17/E8).

L'article 706-53-13 du Code de procédure pénale précise qu'il existe plusieurs ***juridictions régionales*** (8) composées de 3 magistrats de la cour d'appel concernée, désignés pour 3 ans par le premier président. Le Ministère public est assuré par le parquet général de la cour d'appel. Ces juridictions sont compétentes pour décider d'une rétention de sûreté des personnes condamnées à une réclusion criminelle égale ou supérieure à 15 ans pour des faits particulièrement graves (art. 756-53-13, C. pr. pén.). La décision est prise pour un an, renouvelable.

La juridiction peut aussi décider d'une « surveillance de sûreté », en cas d'arrêt de la rétention de sûreté.

La juridiction nationale de rétention de sûreté est composée de 3 conseillers à la Cour de cassation désignés pour 3 ans par le premier président. C'est la juridiction d'appel des décisions des juridictions régionales.

CHAPITRE 4

La Cour de cassation

La Cour de cassation est la plus haute juridiction de l'ordre judiciaire. Elle est unique en France et siège à Paris. Elle est compétente pour juger les pourvois formés contre toutes les décisions émanant de toutes les juridictions du fond, tribunaux civils ou pénaux, situées sur le territoire français (art. L. 111-1 et R. 121-1 et s., C. org. jud.). Cette juridiction, que l'on nomme parfois la Cour suprême, a pour origine le conseil des parties, section du conseil du Roi, qui avait reçu compétence dans l'ancien régime pour examiner les recours formés contre les arrêts des parlements.

1 • LES RÔLES DE LA COUR DE CASSATION

A - Le rôle juridictionnel

La Cour de cassation n'est pas un troisième degré de juridiction, elle n'examine pas les circonstances de fait ayant donné lieu au litige, elle est uniquement juge du droit, un juge de cassation.

En cette qualité, la cour de cassation a pour mission de vérifier si les juges, dont la décision est attaquée, ont fait une bonne application du droit, si le jugement est conforme aux règles de droit (règles de procédure et règles du fond du droit). Elle n'a pas le pouvoir d'examiner les faits que les juges du fond ont souverainement appréciés ; ces faits sont tenus pour définitivement établis et constants (il en va différemment pour les « juges du fond », c'est-à-dire les tribunaux de 1re instance et les cours d'appel, qui examinent l'affaire dans les faits et en droit). Ce contrôle ne s'opère que si certaines conditions sont remplies. Notamment, le pourvoi en cassation ne peut critiquer qu'une décision rendue en dernier ressort (il s'agit d'un jugement d'un tribunal portant sur un litige inférieur à 4 000 euros, ou d'un arrêt rendu par une cour d'appel) ; de plus, le pourvoi cassation doit être fondé sur la violation d'une règle de droit (toutes les règles de droit sont concernées, peu importe qu'il s'agisse d'une de loi de forme ou d'une loi de fond). Des réflexions sont en cours en vue d'améliorer le traitement des pourvois par la Cour de cassation (faut-il créer un filtrage des pourvois pour ne retenir que les questions importantes portant sur l'application ou l'interprétation du droit ? Faut-il diversifier les procédures ? Faut-il améliorer la motivation des arrêts de la Cour ?).

Son rôle est donc ***d'uniformiser l'application du droit sur tout le territoire*** : les juridictions sont très nombreuses, les juges ne donnent pas aux mêmes textes les mêmes interprétations, ce qui crée nécessairement des divergences de jurisprudence. Cette situation n'est pas critiquable en soi : il est logique et souhaitable que les juges disposent pour statuer d'un pouvoir souverain d'appréciation. Mais, ce pouvoir est susceptible d'entraîner des situations contraires au principe de sécurité juridique et de prévisibilité du droit : le justiciable jugé à Nice doit pouvoir raisonnablement compter sur le fait que la loi soit interprétée de la même façon que s'il était jugé à Boulogne-sur-Mer. La Cour de cassation veille à ce que les notions juridiques aient le même sens pour tous, elle contribue à cet égard à l'égalité des citoyens devant la justice. Certes, les décisions de la Cour de cassation ne s'imposent pas aux juges du fond qui conservent leur pouvoir d'appréciation : mais l'autorité morale de la Cour de cassation, le souci éthique qui anime les juges de respecter l'unité du droit et l'égalité des citoyens, font que les interprétations qu'elle donne des normes sont appliquées.

Depuis la mise en œuvre de la ***question prioritaire de constitutionnalité***, la Cour de cassation décide s'il y a lieu, ou non, de transmettre au Conseil constitutionnel une question qui lui est transmise par une juridiction du fond[1] ou qui est soulevée à l'occasion d'un pourvoi en cassation. La Cour de cassation examine si la disposition contestée est applicable au litige, si elle n'a pas déjà été déclarée conforme à la Constitution par le Conseil constitutionnel, et si la question est nouvelle ou présente un caractère sérieux.

Avec la ratification du Protocole n° 16 à la Convention européenne des droits de l'homme, la Cour de cassation pourra saisir la Cour européenne d'une ***demande d'avis sur l'interprétation de la Convention***.

B - Le rôle non juridictionnel

Depuis une loi de 1991, un mécanisme de ***saisine de la Cour de cassation pour avis*** peut être utilisé par les juridictions de l'ordre judiciaire. En effet, avant de statuer sur une demande soulevant une question de droit nouvelle, présentant une difficulté sérieuse et susceptible de s'appliquer à de nombreux litiges, une juridiction de l'ordre judiciaire peut solliciter l'avis de la Cour de cassation. Une telle demande d'avis n'appartient pas aux parties, mais seulement au juge qui est confronté à une question de droit nouvelle posant une difficulté importante.

Une formation spéciale de la Cour de cassation se prononce : elle est présidée par le premier président de la Cour de cassation et comprend les présidents de chambre et deux conseillers désignés par chaque chambre spécialement concernée. En matière pénale, la formation comprend le premier président ainsi que le président de la chambre criminelle, un président de chambre désigné par le premier président, quatre conseillers de la chambre criminelle et deux conseillers appartenant à une autre chambre. Elle dispose d'un délai de trois mois pour se prononcer afin de ne pas retarder excessivement le jugement de l'affaire, et fournit un avis théorique sur l'application ou l'interprétation de cette nouvelle question de droit. Le jugement qui sollicite l'avis suspend l'instance au fond. L'avis donné par la Cour de cassation fait l'objet de diverses publicités ; il est adressé au juge qu'il l'a demandé, communiqué au Ministère public de

---

1. Constitution, art. 61-1 ; loi organique n° 2009-1523 du 10 déc. 2009 ; D. n° 2010-148 du 16 févr. 2010.

la juridiction, au premier président et au procureur général de la cour d'appel. Il peut être publié au journal officiel. L'avis ne lie pas le juge qui est libre de s'y conformer ou non.

Cette innovation a conforté le rôle essentiel de la Cour de cassation qui est d'uniformiser l'interprétation des règles de droit par toutes les juridictions de l'ordre judiciaire, tous les juges concernés étant informés de la réponse donnée. Elle permet aussi de gérer les flux de pourvois : connaissant déjà l'interprétation de la Cour de cassation, les plaideurs ne se hasarderont pas à critiquer la décision d'un juge du fond qui a adopté cette interprétation.

En marge de cette procédure, on doit noter l'existence des avis que donne le SDE (service de documentation et d'études de la Cour de cassation) aux juges qui le sollicitent, lorsqu'ils sont confrontés à la mise en œuvre d'une réforme : dès lors que la loi ou le décret présente une ambiguïté, que leur interprétation est sujette à discussion, le SDE donne une « consultation » au juge qui l'interroge. Cet avis non juridictionnel (publié sur le site de la Cour de cassation) n'engage pas la Cour de cassation, et ne lie pas les juges ; il les aide à décider !

2 • L'ORGANISATION ET LE FONCTIONNEMENT

Le Code de l'organisation judiciaire (art. L. 411-1) rappelle qu'il n'y a qu'une seule Cour de cassation pour toute la République. Cette juridiction a son siège à Paris, au Palais de justice. La Cour de cassation publie un rapport annuel qui contient tous les éléments chiffrés concernant son activité, ainsi que des propositions de réformes législatives, lorsque des difficultés récurrentes lui sont apparues au cours de l'année judiciaire écoulée. En 2013, la Cour a enregistré 19 658 affaires nouvelles et jugé 20 049 dossiers[2]. La procédure devant la Cour de cassation est entièrement dématérialisée, et la représentation par avocat spécialisé est obligatoire (sauf devant la chambre criminelle). L'arrêté du 18 octobre 2013 relatif à la signature électronique des décisions de justice rendues en matière civile par la Cour de cassation a permis de compléter la mise en place des nouvelles technologies : le 3 décembre 2013, le premier président de la Cour de cassation a reçu la carte électronique permettant aux magistrats de signer leurs arrêts par voie numérique.

A - La composition

L'effectif de la Cour de cassation est fixé par décret. Il comprend : le premier président, six présidents de chambre, des conseillers, des conseillers référendaires. Il faut ajouter un procureur général, un premier avocat général, et des avocats généraux. Le site de la Cour de cassation indique qu'il y a 33 avocats généraux, 5 avocats généraux référendaires, 120 conseillers et 70 conseillers référendaires.

2. Voir le Rapport 2014 sur le site de la Cour de cassation.

1) *Le premier président*

La Cour de cassation est placée sous l'autorité du premier président qui occupe le rang plus élevé dans la hiérarchie judiciaire française. Il exerce des attributions importantes : il participe à l'activité juridictionnelle, préside les débats de l'une des chambres de la cour, de la chambre mixte, de l'assemblée plénière et de la formation spéciale pour avis.

Il est doté de pouvoirs administratifs étendus puisqu'il veille au bon fonctionnement de la cour, répartit les conseillers entre les différentes chambres, fixe les attributions de chacune d'elles et décide du renvoi des affaires en chambre mixte ou en assemblée plénière. Il prend la décision de retirer l'affaire du rôle de la Cour si le demandeur n'a pas exécuté en totalité la décision attaquée.

Pour aller plus loin

Le premier président préside le conseil supérieur de la magistrature, notamment lorsque celui-ci siège à l'occasion de poursuites disciplinaires engagées contre un magistrat du siège. Il préside aussi la formation plénière du CSM qui se réunit pour répondre aux demandes d'avis formulées par le président de la République ou sur la déontologie des magistrats.

2) *Les présidents de chambre*

Chacune des six chambres de la cour de cassation est placée sous la responsabilité d'un président. Ce dernier participe à l'activité juridictionnelle de la chambre et dirige les débats. Il a également la charge de répartir les dossiers entre les conseillers. Il fait partie du bureau de la cour de cassation et siège de plein droit aux assemblées plénières.

3) *Les conseillers*

Ce sont les magistrats du siège qui jugent les pourvois en cassation. Il s'agit de magistrats de carrière occupant un rang très élevé dans la hiérarchie judiciaire. On les nomme « hauts conseillers ».

Depuis la loi n° 92-189 du 25 février 1992, il existe à la cour de cassation des conseillers en service extraordinaire, nommés à titre temporaire pour une durée de cinq ans non renouvelable. Pour être nommé conseiller en service extraordinaire, l'intéressé doit remplir les conditions requises pour être magistrat, justifier de 25 années au moins d'activité professionnelle, et prouver que sa compétence et son activité le qualifient particulièrement pour l'exercice de fonctions judiciaires à la cour de cassation. Ces conseillers ont le même statut et les mêmes attributions que les magistrats de carrière.

4) *Les conseillers référendaires*

Ils ont été institués par la loi du 3 juillet 1967 : l'idée était de recourir à des magistrats qui joueraient le rôle d'assistants des hauts conseillers en élaborant un rapport sur les affaires et en préparant une note ou un projet d'arrêt. Mais leur rôle s'est accru puisque, actuellement, ils participent aux débats avec voix délibérative, pour le jugement des affaires qu'ils sont chargés de rapporter ; ils peuvent même être appelés à compléter les effectifs d'une chambre pour y siéger avec voix délibérative si le quorum requis n'est pas atteint.

5) *Les auditeurs à la Cour de cassation*

Le décret n° 84-134 du 20 février 1984 a institué les auditeurs, dont le rôle essentiel est d'exercer des attributions administratives auprès de la cour de cassation. Il s'agit de jeunes magistrats de carrière d'un rang moins élevé que les conseillers référendaires, qui exercent des missions administratives dans des services tels que celui de la documentation et des études ou encore celui de recherche informatique. Néanmoins, leurs fonctions peuvent être plus importantes puisque les textes visés prévoient qu'ils participent aux travaux d'aide à la décision, tels que définis par le premier président, et qu'ils peuvent assister aux audiences des chambres.

6) *Le parquet*

Devant la Cour de cassation, ce sont des magistrats de carrière qui constituent un parquet ou Ministère public, dans la fonction essentielle est de porter la parole au nom de la loi. À sa tête se trouve le procureur général qui est le chef du parquet. Il peut prendre la parole devant n'importe laquelle des chambres de la cour de cassation et dispose de pouvoirs administratifs importants. Des réformes pourraient lui conférer un rôle original de « fenêtre ouverte » sur la société civile : le Ministère public pourrait, notamment, recueillir les avis de personnalités compétentes pour aider les conseillers à interpréter la loi dans un sens conforme aux besoins du corps social.

Le procureur général est assisté par des avocats généraux qui sont répartis entre les différentes chambres de la Cour de cassation. Il a un collaborateur direct que l'on nomme le premier avocat général. Depuis la loi du 25 février 1992, des avocats généraux en service extraordinaire peuvent être recrutés dans les mêmes conditions que les conseillers en service extraordinaire.

Pour aller plus loin

Le Procureur général près la Cour de cassation préside la formation du CSM compétente à l'égard des magistrats du Parquet.

7) *Le greffe*

La Cour de cassation dispose d'un greffe qui emploie plus de 200 personnes sous l'autorité d'un greffier en chef. Chaque chambre dispose d'un greffier de chambre. Son rôle est analogue à celui qu'exercent les greffes des juridictions du fond ; mais, compte tenu du caractère essentiellement écrit et dématérialisé de la procédure, le greffe de la Cour de cassation joue un grand rôle (enregistrement des pourvois, dépôt des mémoires, mise en forme des arrêts, conservation des décisions...).

B - Les différentes formations de la Cour de cassation

1) Les structures juridictionnelles

a) Les commissions juridictionnelles

On doit d'abord noter l'existence de commissions juridictionnelles établies auprès de la Cour de cassation qui prennent de véritables décisions juridictionnelles. Ainsi, la Commission nationale de réparation des détentions (art. 149-3, C. pr. pén.) est une juridiction civile qui statue sur les demandes d'indemnisation à la suite d'une détention provisoire suivie d'une déclaration de non-lieu, de relaxe ou d'acquittement, ou à la demande d'une personne condamnée puis reconnue innocente (art. 626, C. pr. pén.).

b) Les formations juridictionnelles

Les formations juridictionnelles de la Cour de cassation prennent plusieurs formes : la chambre ordinaire, la chambre mixte ou l'assemblée plénière.

Elles ont chacune des compétences spécifiques, déterminées par une ordonnance du premier président après avis du procureur général. Il existe six chambres civiles : trois chambres civiles qui statuent sur les différentes matières de droit privé, une chambre commerciale compétente en matière de droit commercial et de droit de la concurrence, une chambre sociale qui intervient en matière de droit du travail et de Sécurité sociale. La chambre criminelle juge les pourvois en matière pénale déterminés par les articles 567 et suivants du Code de procédure pénale. Dans chaque chambre, le doyen est le plus ancien des conseillers (art. R. 421-6, C. org. jud.).

1. Formation restreinte

Après le dépôt des mémoires, les affaires soumises à une chambre civile sont examinées par une formation de trois magistrats de la chambre à laquelle elles ont été distribuées (art. L. 431-1, C. org. jud.). Cette composition allégée permet une meilleure organisation du travail et une efficacité accrue de la Cour de cassation. La formation restreinte est dotée de pouvoirs importants : elle peut déclarer non-admis les pourvois irrecevables (formés après l'expiration du délai de 2 mois à compter de la signification du jugement attaqué, par exemple) ou non fondés sur un moyen sérieux de cassation ; elle statue également lorsque la solution du pourvoi s'impose. Devant la chambre criminelle, le premier président de la Cour de cassation ou le président de la chambre criminelle peut décider de faire juger l'affaire par une formation restreinte de trois magistrats lorsque la solution d'une affaire paraît s'imposer ; cette formation peut aussi déclarer non-admis les pourvois irrecevables ou non fondés sur un moyen sérieux.

Mais dans tous les cas, le pourvoi peut être renvoyé à la chambre qui siégera en formation ordinaire, c'est-à-dire à cinq conseillers.

2. Formation ordinaire

La chambre de la Cour de cassation statue en formation ordinaire avec au moins cinq conseillers ayant voix délibérative (art. R. 431-5, C. org. jud.). Cette formation est saisie sur renvoi ordonné par le premier président ou le président de la chambre concernée, d'office ou à la demande du procureur général ou de l'une des parties. En matière pénale, ce renvoi peut être ordonné à la demande de l'une des parties ; il est de droit si l'un des magistrats composant la formation restreinte le demande.

3. Chambre mixte

Le renvoi du pourvoi cassation devant une chambre mixte peut être ordonné dans deux séries de cas :

- ***le renvoi est facultatif*** lorsque l'affaire pose une question relevant normalement des attributions de plusieurs chambres, ou lorsque la question a reçu ou susceptible de recevoir devant les chambres des solutions divergentes. Il est réalisé avant l'ouverture des débats par le premier président, d'office ou sur proposition du président de la chambre normalement compétente ; après l'ouverture du débat, il est décidé par un arrêt non motivé de la chambre saisie. La chambre mixte règle ainsi les divergences de jurisprudence « internes » à la Cour de cassation ;
- ***le renvoi est obligatoire*** en cas de partage égal des voix devant une formation de la Cour de cassation, ou lorsque le procureur général le demande avant l'ouverture des débats.

La chambre mixte comprend le premier président de la Cour de cassation qui la préside, les présidents et doyens des chambres qui la composent, deux conseillers de chacune de ces chambres (la chambre mixte comprend des magistrats appartenant à trois chambres au moins de la cour de cassation, art. L. 421-4, C. org. jud.).

4. Assemblée plénière

La loi du 3 juillet 1967 a supprimé les « chambres réunies » et les a remplacées par l'assemblée plénière.

Le renvoi de l'affaire devant l'assemblée plénière est obligatoire en cas de deuxième pourvoi cassation fondé sur les mêmes moyens qu'un premier pourvoi déjà jugé. Le renvoi est facultatif lorsque l'affaire pose une question de principe, notamment s'il existe des solutions divergentes, soit entre les juges du fond, soit entre les juges du fond et la cour de cassation. L'assemblée plénière tranche ainsi les divergences de jurisprudence entre la Cour de cassation et les autres juges du fond.

Les modalités de saisine de l'assemblée plénière sont les mêmes que celles de la chambre mixte. L'assemblée plénière est composée du premier président de la Cour de cassation, des six présidents et des six doyens de chambre, ainsi que d'un conseiller de chacune des six chambres (dix-neuf membres au total). L'assemblée ne peut siéger que si tous les membres sont présents ; néanmoins, une procédure de remplacement est prévue en cas d'empêchement d'un conseiller.

c) La cour de révision et de réexamen

La cour de révision et de réexamen est composée de dix-huit magistrats de la Cour de cassation, dont le président de la chambre criminelle, qui la préside. Les dix-sept autres magistrats sont désignés, par l'assemblée générale de la Cour de cassation, pour une durée de trois ans, renouvelable une fois. Chacune des chambres de la Cour de cassation y est représentée par trois de ses membres. Dix-sept magistrats suppléants sont désignés dans les mêmes conditions. Le conseiller de la chambre criminelle dont le rang est le plus élevé est désigné suppléant du président de la chambre criminelle (art. 623, C. pr. pén.). Ne peuvent siéger au sein de la commission d'instruction et de la formation de jugement ou y exercer les fonctions du Ministère public les magistrats qui, dans l'affaire soumise à la cour de révision et de réexamen, ont, au sein d'autres juridictions, soit fait un acte de poursuite ou d'instruction, soit participé à une décision sur le fond relative à la culpabilité du requérant.

La formation de jugement de la cour de révision et de réexamen rejette la demande si elle l'estime mal fondée. Si elle estime la demande fondée, elle annule la condamnation prononcée, sauf lorsqu'il est fait droit à une demande en réexamen du pourvoi du condamné. S'il est possible de procéder à de nouveaux débats contradictoires, la formation de jugement de la cour de révision et de réexamen renvoie le requérant devant une juridiction de même ordre et de même degré, mais autre que celle dont émane la décision annulée. Toutefois, en cas de demande en réexamen et si le réexamen du pourvoi du condamné, dans des conditions conformes à la convention européenne de sauvegarde des droits de l'homme et des libertés fondamentales, est de nature à remédier à la violation constatée par la Cour européenne des droits de l'homme, elle renvoie le requérant devant l'assemblée plénière de la Cour de cassation. S'il y a impossibilité de procéder à de nouveaux débats, notamment en cas d'amnistie, de décès, de contumace ou de défaut d'un ou de plusieurs condamnés, d'irresponsabilité pénale, en cas de prescription de l'action ou de la peine, la formation de jugement de la cour de révision et de réexamen, après l'avoir expressément constatée, statue au fond en présence des parties civiles, s'il y en a au procès, et des curateurs nommés par elle à la mémoire de chacun des morts ; dans ce cas, elle annule seulement celles des condamnations qui lui paraissent non justifiées et décharge, s'il y a lieu, la mémoire des morts. Si l'impossibilité de procéder à de nouveaux débats ne se révèle qu'après l'arrêt de la cour de révision et de réexamen annulant l'arrêt ou le jugement de condamnation et prononçant le renvoi, la cour, sur la réquisition du Ministère public, rapporte la désignation par elle faite de la juridiction de renvoi et statue comme il est dit au troisième alinéa.

L'annulation de la condamnation entraîne la suppression de la fiche du casier judiciaire. La cour de révision et de réexamen peut également ordonner la suppression des mentions figurant dans les fichiers de police judiciaire, dans le fichier automatisé des empreintes digitales, dans le fichier national automatisé des empreintes génétiques et dans le fichier judiciaire national automatisé des auteurs d'infractions sexuelles ou violentes si, compte tenu de la finalité de ces fichiers, la conservation de ces données n'apparaît plus nécessaire. Dans le cas prévu à l'avant-dernier alinéa, la suppression de ces mentions est obligatoirement ordonnée (art. 624-7, C. pr. pén.).

2) *Les formations non juridictionnelles*

a) *Les formations spéciales*

Une formation particulière est prévue pour les avis : elle comprend le premier président, les six présidents de chambre et deux conseillers désignés par chacune des chambres intéressées par la question posée. Le procureur général peut y prendre la parole. La présence de conseillers de chaque chambre intéressée par la question permet d'éviter des solutions divergentes de la part de la Cour de cassation saisie d'un éventuel pourvoi contre la décision du juge qui a sollicité l'avis sur la question juridique. La formation ne peut se prononcer que si tous les membres sont présents.

Une autre formation était organisée par l'article 23-6 de l'ordonnance du 7 novembre 1958 portant loi organique pour le Conseil constitutionnel, en ce qui concerne ***la question prioritaire de constitutionnalité*** (loi du 10 déc. 2009) : elle était présidée par le premier président et composée des présidents des chambres et de deux conseillers appartenant à chaque chambre spécialement concernée. Mais la loi organique n° 2010-830 du 22 juillet 2010 abroge l'article 23-6 de l'ordonnance de 1958, pour supprimer cette formation spéciale et laisser aux formations de droit commun de la Cour de cassation le pouvoir de statuer sur la transmission de la QPC au Conseil constitutionnel[3].

b) L'assemblée générale de la Cour de cassation

Elle réunit tous les membres de la Cour de cassation et est présidée par le premier président. Ses attributions sont de nature exclusivement administrative et concernent le fonctionnement de la Cour de cassation.

c) Le bureau

Il est composé du premier président, des présidents de chambre, du procureur général et du premier avocat général. Il siège avec l'assistance du greffier en chef et sa fonction est d'assister le premier président dans l'administration de la cour, d'élaborer le règlement intérieur, de fixer notamment le nombre et la durée des audiences. Il dresse également la liste nationale des experts.

d) Le service de documentation et d'études

Il s'agit d'un service administratif important, placé sous l'autorité du premier président de la Cour et assuré par des auditeurs à la Cour de cassation, sous la responsabilité d'un conseiller, dont les missions sont de rassembler les éléments d'information utiles aux travaux de la Cour et de procéder aux recherches nécessaires. Ce service établit un classement méthodique de tous les pourvois cassation et détient le fichier central. Ce dernier comprend les sommaires de toutes les décisions de la Cour de cassation ainsi que les sommaires des décisions les plus importantes rendues par les autres juridictions. Le service de documentation est également responsable de l'édition du Bulletin des arrêts de la Cour de cassation (bulletin civil et bulletin criminel) où sont publiés arrêts les plus intéressants rendus par la Cour, sur proposition du président de la chambre qui les a rendus, ainsi que les avis de la Cour de cassation dont la publication est décidée par le premier président. Enfin, ce service met en mémoire informatique les moyens de cassation pour faciliter les rapprochements entre les affaires en cours et les études des dossiers ; il participe à la conception des applications informatiques à la Cour de cassation et administre les moyens mis en œuvre à cet effet.

---

3. Loi n° 2010-830, *JORF* 23 juill. 2010, p. 13562, art. 12 ; Cons. const., DC 2010-611 du 19 juill. 2010, *JORF* 23 juill. 2010, p. 13583.

3) Le mécanisme du pourvoi en cassation

a) Le mécanisme de droit commun d'un pourvoi en cassation

On suppose qu'une juridiction du premier ou du second degré a rendu une décision en dernier ressort (c'est-à-dire, essentiellement, sans appel possible : un jugement rendu dans une affaire inférieure à 4 000 euros, ou un arrêt de cour d'appel). Le pourvoi est formé, selon la matière, devant la chambre compétente de la Cour de cassation.

1. La formation restreinte

La formation restreinte qui examine le pourvoi en premier lieu, peut le déclarer non admis si elle l'estime irrecevable ou non fondé sur un moyen sérieux de cassation. Dans ce cas, il y a plus lieu à aucun jugement, et la décision attaquée retrouve toute son autorité. Les actes d'exécution qui avaient été effectués sont définitivement confirmés. La formation restreinte peut aussi statuer lorsque la solution du pourvoi s'impose.

Si la formation restreinte de la chambre ne juge pas le pourvoi, parce que la solution ne semble pas s'imposer, c'est la chambre en formation ordinaire qui juge, ce qui correspond à plus de la moitié des situations. Elle dispose de plusieurs options : rejet, cassation avec renvoi devant une juridiction du fond, ou cassation sans renvoi dans les conditions légales. La procédure devant la Cour a été modifiée par un décret n° 2014-1338 du 6 novembre 2014.

2. Les issues du pourvoi

La Cour de cassation peut ***rejeter le pourvoi***, notamment lorsque le moyen n'était pas fondé, le jugement attaqué ayant respecté les règles de droit. L'affaire est alors terminée, la partie qui avait formé le pourvoi n'étant plus recevable devant la Cour de cassation. La décision attaquée devient irrévocable, les actes d'exécution sont confirmés.

Elle peut ***casser la décision***, si elle estime qu'il existe une violation de la règle de droit. Elle renvoie l'affaire devant une juridiction du même ordre, du même degré et de même nature. Par exemple, si elle casse un arrêt rendu par la cour d'appel d'Aix-en-Provence, elle peut renvoyer l'affaire devant la même cour d'appel, devant une chambre composée d'autres magistrats, ou devant une cour d'appel limitrophe, par exemple, la cour d'appel de Nîmes. L'arrêt de cassation remet les parties dans l'état où elles étaient avant la décision cassée. La cassation est le plus souvent totale, c'est-à-dire qu'elle anéantit l'ensemble des chefs de la décision attaquée. Néanmoins, elle peut être partielle, ce qui signifie que certains chefs de la décision attaquée conservent leurs effets dans les rapports entre les parties, alors que d'autres sont anéantis et seront rejugés par la juridiction de renvoi. C'est le dispositif de l'arrêt de cassation qui détermine la portée de la cassation (art. 624, CPC, mod. D. 2014-1338 du 6 nov. 2014), mais la cassation s'étend aussi à l'ensemble des dispositions du jugement cassé ayant un lien d'indivisibilité ou de dépendance nécessaire.

Elle peut exceptionnellement ***casser la décision sans renvoi***, dans les cas limitativement énumérés par la loi. Il en est ainsi lorsque la cassation n'implique pas qu'il soit nouveau statué sur le fond (par exemple, en cas de contrariété de jugements, la Cour de cassation annule un jugement et maintient l'effectivité de l'autre jugement : il est inutile de rejuger l'affaire). De même, la Cour de cassation peut mettre fin au litige lorsque les faits, tels qu'ils ont été souverainement constatés et appréciés par les juges du fond, lui permettent d'appliquer la règle de droit appropriée. Dans ces deux hypothèses, la Cour de cassation se prononce sur la charge des dépens afférents aux instances devant les juges du fond. L'arrêt emporte exécution forcée. Il n'est pas susceptible de recours.

Dans l'hypothèse d'un renvoi après cassation, les parties sont tenues de ***saisir la juridiction de renvoi*** désignée par l'arrêt.

Celle-ci examine, en droit comme en fait, les questions qui ont fait l'objet de la cassation. Elle possède une totale liberté de jugement, c'est-à-dire qu'elle peut s'incliner et adopter la décision de la Cour de cassation : en ce cas, l'affaire est terminée et la décision de la juridiction de renvoi ne pourra plus faire objet d'un pourvoi en cassation fondé sur le même moyen de droit. La juridiction de renvoi peut aussi refuser de se rallier à la décision de la Cour de cassation : en ce cas, le plaideur intéressé peut former un deuxième pourvoi en cassation fondé sur le même moyen. Ce second pourvoi est obligatoirement porté devant l'assemblée plénière. Cette assemblée dispose des mêmes pouvoirs que la chambre ordinaire : elle peut donc rejeter le pourvoi (l'affaire sera terminée et la décision de la juridiction de renvoi deviendra définitive) ; elle peut casser la décision de la juridiction de renvoi sans renvoyer l'affaire, dans les mêmes conditions que la chambre ordinaire (l'arrêt de cassation sans renvoi met fin au litige) ; elle peut enfin casser et renvoyer l'affaire devant une troisième juridiction du même ordre, de même degré, de même nature que les deux premières juridictions du fond. Cette dernière juridiction de renvoi est tenue de s'incliner face à la décision de l'assemblée plénière de la Cour de cassation. Un troisième pourvoi en cassation fondé sur le même moyen de droit n'est donc pas possible (sauf si, par extraordinaire, la juridiction de renvoi refusait de s'incliner, ce qui constituerait un excès de pouvoir justifiant un troisième pourvoi, mais cette hypothèse reste théorique). En revanche, un pourvoi en cassation fondé sur un autre moyen de droit qui n'a pas encore été discuté reste possible.

b) Les mécanismes particuliers de pourvoi en cassation

1. Le renvoi devant la chambre mixte

Le pourvoi en cassation peut être jugé par la chambre mixte qui règle les conflits de jurisprudence entre plusieurs chambres de la Cour de cassation. La chambre mixte peut, comme les autres formations juridictionnelles de la Cour de cassation, soit rejeter le pourvoi, ce qui met définitivement fin au procès, soit casser sans renvoi dans les mêmes conditions que la chambre en formation ordinaire, soit casser et renvoyer l'affaire devant une juridiction de renvoi. Dans ce dernier cas, on doit suivre les mêmes règles que dans l'hypothèse d'un renvoi par une chambre de la Cour de cassation en formation ordinaire.

2. Le renvoi devant l'assemblée plénière

Le pourvoi en cassation qui soulève une question de principe peut être jugé par l'assemblée plénière sur premier pourvoi ; sur deuxième pourvoi cassation l'assemblée plénière est obligatoirement saisie. L'assemblée plénière dispose des mêmes attributions que les autres formations juridictionnelles de la Cour de cassation. Elle peut donc rejeter le pourvoi, ou casser sans renvoi, ou casser et renvoyer l'affaire devant la juridiction de renvoi. La particularité de ce renvoi est que la décision de ***l'assemblée plénière lie le juge*** sur les points de droit qui ont été tranchés (art. L. 431-4, C. org. jud.).

3. Le pourvoi du procureur général près la Cour de cassation

Le décret n° 2014-1338 du 6 novembre 2014 précise les deux pourvois résultant des articles 17 et 18 de la loi n° 67-523 du 3 juillet 1967.

L'article 639-1 du Code de procédure civile précise que le pourvoi prévu à l'article 17 dans l'intérêt de la loi est formé contre une décision ayant acquis force de chose jugée, à compter du jour où la décision n'est plus susceptible d'aucun recours par les parties ou du jour où celles-ci l'ont acceptée ou exécutée. Ce pourvoi tend à sanctionner « pour le principe » un jugement qui méconnaît la loi, mais contre lequel les parties n'ont pas formé de recours. Il ne peut être exercé au-delà d'un délai de 5 ans à compter du prononcé de la décision (auparavant, il n'y avait aucun délai). Le pourvoi est formé contre le dispositif ou les motifs de la décision. Le jugement attaqué conserve tous ses effets entre les parties, même sur les chefs annulés.

L'article 639-3 du Code de procédure civile indique que le pourvoi prévu à l'article 18 est formé contre un acte par lequel un juge excède ses pouvoirs, par requête motivée du procureur général et qu'il est dirigé contre l'acte judiciaire joint à la requête. Il peut être exercé à tout moment et dans un délai de 5 ans à compter de l'établissement de l'acte attaqué. Il n'a aucun effet suspensif. L'annulation pour excès de pouvoir vaut à l'égard de tous, et la décision d'annulation n'est susceptible d'aucun recours.

4) Le particularisme du pourvoi devant la chambre criminelle

a) Le pourvoi dans l'intérêt des parties

Seules les parties à l'instance peuvent se pourvoir en cassation si la décision leur fait grief. Ainsi, le parquet peut se pourvoir sur l'action publique, la partie civile sur ses intérêts civils, le mis en examen ou l'accusé ou le condamné sur l'action publique et sur l'action civile. En application de la théorie de la peine justifiée, si, en cas d'erreur dans la citation du texte de loi, la peine prononcée est la même que celle portée par la loi qui s'applique à l'infraction, nul ne peut demander l'annulation de l'arrêt (le pourvoi en cassation est impossible, art. 598, C. pr. pén.). La Cour de cassation redresse l'erreur mais ne casse pas la décision.

1. Les décisions concernées

Peuvent être annulées en cas de violation de la loi, sur pourvoi en cassation, les arrêts de la chambre de l'instruction et les arrêts et jugements rendus en dernier ressort en matière criminelle, correctionnelle et de police. Seule la partie à laquelle il est fait grief peut attaquer ces décisions devant la chambre criminelle de la Cour de cassation (art. 567, C. pr. pén.). En revanche, les parties ne peuvent pas attaquer par un pourvoi cassation les arrêts d'acquittement prononcés par la cour d'assises (art. 572, C. pr. pén.). Si le président de la chambre criminelle constate qu'il a été formé un pourvoi contre une décision qui n'est pas susceptible de voies de recours, il rend une ordonnance de non-admission du pourvoi insusceptible de recours.

Peuvent également donner lieu à recours en cassation de la part des parties auquel ils font grief les arrêts prononcés par la cour d'assises soit après acquittement par les conditions prévues par l'article 371 du Code de procédure pénale, soit après acquittement ou exemption de peine dans les conditions prévues par l'article 372. L'arrêt de la chambre de l'instruction portant renvoi du prévenu devant le tribunal correctionnel ou de police ne peut être attaqué devant la Cour de cassation que lorsqu'il statue, d'office ou sur déclinatoire des parties, sur la compétence ou qu'il présente des dispositions définitives que le tribunal, saisi de la prévention, n'a pas le pouvoir de modifier (art. 574, C. pr. pén.).

2. Les cas d'ouverture sont limitativement prévus

Il s'agit, notamment, de la violation de la loi, c'est-à-dire de la violation des règles de fond : fausse qualification, peine non prévue, méconnaissance des éléments de l'infraction, de la constitution irrégulière de la juridiction ; du défaut, insuffisance ou contradiction de motifs, mettant ainsi la Cour de cassation dans l'impossibilité d'effectuer son contrôle du droit ; de l'inobservation des formes imposées à peine de nullité (ex. publicité des débats, omission de statuer sur un chef d'inculpation...) à la condition que les nullités aient été commises en première instance et aient été opposées devant la cour d'appel ; de l'excès de pouvoir de la juridiction.

3. Les délais sont brefs

Les parties et le Ministère public ont un délai de cinq jours francs après le jour où la décision attaquée a été prononcée, pour se pourvoir en cassation. Parfois, le point de départ du délai de cinq jours est constitué par le jour de la signification de la décision, quel qu'en soit le mode : c'est le cas pour la partie qui, après un débat contradictoire, n'était pas présente ou représentée à l'audience l'arrêt a été prononcé, pour le prévenu qui a demandé à être jugé en son absence, pour le prévenu qui a été jugé par itératif défaut... (art. 568, C. pr. pén.).

Si la chambre criminelle est saisie d'un pourvoi formé contre un arrêt de la chambre de l'instruction rendue en matière de détention provisoire, des règles spéciales sont prévues. Le demandeur en cassation ou son avocat doit en effet, à peine de déchéance, déposer son mémoire exposant les moyens de cassation dans le délai d'un mois à compter de la réception du dossier, sauf décision du président de la chambre criminelle prolongeant à titre exceptionnel le délai pour une durée de huit jours. Après l'expiration de ce délai, aucun moyen au fond ne peut être soulevé par lui et il ne peut plus être déposé de mémoire. Dès le dépôt du mémoire, le président de la chambre criminelle fixe la date de l'audience. La chambre doit statuer dans les trois mois qui suivent la réception du dossier à la cour de cassation, faute de quoi l'inculpé est mis d'office en liberté.

4. Les effets du pourvoi

Pendant les délais du recours en cassation et, s'il y a eu un recours, jusqu'au prononcé de l'arrêt de la Cour de cassation, il est sursis à l'exécution de l'arrêt de la cour d'appel, sauf en ce qui concerne les condamnations civiles, et à moins que la cour d'appel ne confirme le mandat de dépôt décerné par le tribunal ou qu'elle ne décerne elle-même un mandat sous les mêmes conditions et selon les mêmes règles.

Le contrôle judiciaire prend fin, sauf si la cour d'appel en décide autrement, lorsqu'elle prononce une condamnation à un emprisonnement sans sursis ou assorti du sursis avec mise à l'épreuve. Le prévenu détenu est nonobstant pourvoi, mis en liberté immédiatement après l'arrêt, en cas d'acquittement, d'exemption de peine, ou de condamnation soit à l'emprisonnement assorti du sursis simple ou du sursis avec mise à l'épreuve, soit à l'amende. Il en va de même en cas de condamnation à une peine d'emprisonnement, lorsque la détention provisoire a été ordonnée ou maintenue par les conditions prévues par l'alinéa 1er de l'article 569 du Code de procédure pénale, aussitôt que la durée de la détention aura atteint celle de la peine prononcée.

b) Les pourvois spéciaux dans l'intérêt de la société

1. Le pourvoi du procureur général de la Cour de cassation dans l'intérêt de la loi

Ce pourvoi est ouvert à l'encontre d'une décision rendue par une cour d'appel ou d'assises, un tribunal correctionnel ou de police, en dernier ressort : la décision est sujette à cassation, mais aucune des parties ne s'est pourvue dans les délais légaux. Le procureur général de la Cour de cassation peut d'office intenter un pourvoi dans l'intérêt de la loi, sans qu'il soit soumis à un quelconque délai (art. 621, C. pr. pén.).

La Cour de cassation se prononcera sur la recevabilité et sur le bien fondé de ce pourvoi. S'il est accueilli, la cassation est prononcée sans que les parties puissent s'en prévaloir et s'opposer à l'exécution de la décision annulée. Autrement dit, la cassation a une portée théorique : elle n'affectera pas la situation des parties, qui demeure régie par l'arrêt attaqué. L'intérêt d'un tel pourvoi est surtout pédagogique, il répond au souci d'éviter que d'autres juridictions statuent dans un sens erroné.

2. Le pourvoi du procureur général sur l'ordre formel du garde des Sceaux

Le procureur général peut dénoncer à la chambre criminelle des actes judiciaires, arrêts ou jugements contraires à la loi (art. 620, C. pr. pén.). Ces actes, arrêts ou jugements peuvent alors être annulés par la Cour de cassation.

5) La Cour de révision et de réexamen

La révision d'une décision pénale définitive peut être demandée au bénéfice de toute personne reconnue coupable d'un crime ou d'un délit, dans les conditions prévues à l'article 622 du Code de procédure pénale (loi n° 2014-640 du 20 juin 2014). Par exemple, lorsqu'après une condamnation pour homicide, des pièces sont présentées tendant à établir que la victime est toujours en vie ; ou lorsqu'après la condamnation, un témoin entendu dans une affaire est condamné pour faux témoignage contre le condamné ; ou encore lorsque vient à se produire ou à se révéler un fait nouveau ou un élément inconnu de la juridiction au jour du procès, de nature à faire naître un doute sur la culpabilité du condamné.

La révision peut être demandée par le ministre de la Justice, le procureur général près la Cour de cassation, le condamné ou après sa mort, par ses héritiers, son conjoint, le partenaire d'un PACS, le concubin.

La loi n° 2014-640 du 20 juin 2014 a modifié la procédure devant la Cour (art. 624 et s., C. pr. pén.).

Afin d'assurer une réelle effectivité des décisions de condamnation de la France prononcées par la Cour européenne des droits de l'homme, la loi n° 2000-516 du 15 juin 2000 a organisé ***une procédure de réexamen des décisions pénales définitives*** au bénéfice de toute personne reconnue coupable d'une infraction. Lorsqu'il résulte ***d'un arrêt de la Cour européenne*** que la condamnation a été prononcée en violation des dispositions de la convention de sauvegarde des droits de l'homme et des libertés fondamentales, le ministre de la Justice, le procureur général près la Cour de cassation, le condamné ou ses ayants droit en cas de décès, peuvent former une demande de réexamen (art. 622-1 et s., C. pr. pén.). Pour cela, il faut que la violation constatée, par sa nature et sa gravité, entraîne pour le condamné des conséquences dommageables auxquelles la satisfaction équitable accordée par la Cour européenne (il s'agit d'une somme d'argent que l'État français doit verser au requérant) ne pourrait mettre un terme (par exemple, une personne a été condamnée sans avoir pu s'expliquer ou faire entendre son avocat, en méconnaissance de ses droits de la défense).

La demande est adressée à la Cour de révision et de réexamen (modifiée par la loi du 20 juin 2014). Une commission d'instruction des demandes se prononce sur la recevabilité et statue par une décision motivée non susceptible de recours. La formation de jugement de la Cour statue au fond.

6) La Commission nationale de réparation des détentions

Elle est compétente pour juger l'appel formé contre les décisions prises par le premier président de la cour d'appel en matière de réparation des préjudices causés par les détentions injustifiées (art. 149, C. pr. pén.). Elle est réglementée par le décret n° 2001-709 du 31 juillet 2001, et est composée du premier président de la Cour de cassation, de 2 magistrats du siège de la Cour ayant le grade de président de chambre, de conseiller ou de conseiller référendaire. Le parquet général de la Cour de cassation assume les fonctions de Ministère public.

La procédure se déroule en audience publique, sauf opposition du demandeur. L'assistance d'un avocat est facultative. Les décisions rendues ne sont susceptibles d'aucun recours.

7) La Commission juridictionnelle de suspension ou de retrait d'habilitation des officiers de police judiciaire

Trois magistrats du siège ayant rang de président ou de conseiller constituent une commission pour statuer sur les recours formés par les officiers de police judiciaire qui ont été sanctionnés par une décision de suspension ou de retrait d'habilitation (art. 16-3, C. pr. pén.).

CHAPITRE 5

Les juridictions administratives

La loi des 16-24 août 1790 interdit au juge judiciaire de juger l'administration, en conséquence du principe de la séparation des pouvoirs. Ce principe a conduit à la constitution d'un véritable ordre administratif soumettant progressivement l'administration à un contrôle juridictionnel. Néanmoins, le Conseil d'État ne fut érigé en juridiction administrative autonome que par la loi du 24 mai 1872 (c'est la justice déléguée aux tribunaux, par opposition au système antérieur de justice retenue, selon lequel l'Administration se jugeait elle-même) ; il est situé au sommet de la pyramide des juridictions administratives, et a les compétences d'un juge de cassation. L'ordre administratif comprend des juridictions de droit commun et de nombreuses juridictions d'exception.

1 • LES JURIDICTIONS DE DROIT COMMUN

Depuis les réformes de 1953 et de 1987, il existe trois catégories de juridictions de droit commun dans l'ordre administratif : les tribunaux administratifs, les Cours administratives d'appel et le Conseil d'État (art. L. 1, C. just. adm.). Toutes ces juridictions ont intégré les nouvelles technologies : l'arrêté du 12 mars 2013 relatif à l'application permettant la communication électronique devant les juridictions administratives, dénommée « Télérecours », organise les relations entre les juridictions, les avocats et les administrations, et ouvre la voie aux échanges dématérialisés. Le décret n° 2012-1437 du 21 décembre 2012 relatif à la communication par voie électronique devant le Conseil d'État, les cours administratives d'appel et les tribunaux administratifs avait généralisé la possibilité de transmettre des écritures et des pièces de la procédure contentieuse par voie électronique, à tous les stades de la procédure contentieuse administrative, utilisée par les avocats, les avocats au Conseil d'État et à la Cour de cassation, aux administrations de l'État, aux personnes morales de droit public et aux organismes de droit privé chargés de la gestion d'un service public.

Le bilan d'activité 2014 (voir le site internet du Conseil d'État, www. *conseil-etat. fr*) ***révèle*** que :

- le Conseil d'État a jugé 12 252 affaires, en une durée moyenne de 8 mois ;
- les tribunaux administratifs 188 295 affaires, d'une durée moyenne de 10 mois et 1 jour ;

– les cours administratives d'appel 29 930 affaires, en 11 mois et 1 jour en moyenne ;
– la Cour nationale du droit d'asile a statué sur 39 162 affaires, en 6 mois et 4 jours.

L'activité consultative du Conseil d'État est importante : il a rendu un avis sur 96 projets de lois, 1 proposition de loi d'origine parlementaire, 54 projets d'ordonnances, 756 projets de décrets et 27 avis (*voir le bilan d'activité 2014 du Conseil d'État, www.conseil-etat.fr*).

A - Les tribunaux administratifs

Créés par décret du 30 septembre 1953, ils font suite aux Conseils départementaux de préfecture présidés par le préfet, créés en l'An VIII, devenus Conseils interdépartementaux en 1926. Les tribunaux administratifs, désignés par le nom de la ville où ils siègent, sont au nombre de 42. Leur ressort s'étend d'un département à une ou plusieurs Régions : il est déterminé par l'article R. 221-3 du Code de justice administrative.

1) Le fonctionnement

a) La formation collégiale

En règle générale, les jugements des tribunaux administratifs sont rendus par une formation de 3 membres (art. R. 222-18, C. just. adm.). Dans les tribunaux comportant plus de deux chambres, à l'exception du tribunal de Paris, les jugements peuvent être rendus par une formation composée de la chambre à laquelle appartient le rapporteur de l'affaire et à laquelle s'adjoignent les vice-présidents du tribunal ; cette formation est présidée par le président le tribunal (art. R. 222-20, C. just. adm.).

Le tribunal administratif de Paris, en raison du nombre important d'affaires, comprend 17 chambres regroupées en sections (art. R. 221-6, C. just. adm.) : il peut se prononcer en section (5 membres), ou dans une formation de 9 membres (le président, le vice-président du tribunal, les présidents et vice-présidents de trois sections et le rapporteur, art. R. 222-21, C. just. adm.). La formation plénière comprend le président du tribunal, le vice-président, les présidents de section et le rapporteur, et ne peut statuer que si sept de ses membres ou leurs suppléants sont présents.

b) La formation à juge unique

Il existe aussi au tribunal administratif une formation à juge unique (art. R. 222-18, C. just. adm.). Le président du tribunal, ou un magistrat qu'il désigne à cette fin, exerce un pouvoir juridictionnel notamment dans les procédures d'urgence (référé, art. L. 521-1 et s., C. just. adm.). Enfin, il statue à juge unique, en audience publique et après audition du rapporteur public sur un nombre important de catégories de litiges : notamment, sur les litiges relatifs aux déclarations de travaux exemptés de permis de construire, à la situation individuelle des agents publics, en matière de pensions, d'aide au logement, de communication de documents administratifs, de service national, de redevance audiovisuelle, de taxes syndicales et d'impôts locaux autres que la taxe professionnelle, sur la mise en œuvre de la responsabilité de l'État pour refus opposé à une demande de concours de la force publique pour exécuter une décision de justice, pour les litiges relatifs aux bâtiments menaçant ruine, les litiges relatifs au permis de conduire...

(art. R. 222-13, C. just. adm.). Le juge unique est le président du TA, ou le magistrat qu'il désigne à cette fin.

Le décret n° 2013-730 du 13 août 2013 portant modification du Code de la justice administrative à compter du 1er janvier 2014 accroît notablement le domaine des procédures sur lesquelles il est statué à juge unique, qui concernent le contentieux social (l'essentiel du contentieux de la situation individuelle des agents publics relève toujours de la formation collégiale). Le juge unique intervient notamment pour les litiges relatifs aux prestations, allocations ou droits attribués au titre de l'aide de l'action sociale, sur les litiges relatifs à la notation ou à l'évaluation professionnelle des fonctionnaires ou agents publics ainsi qu'aux sanctions disciplinaires prononcées à leur encontre, sur les litiges en matière de pensions, en matière de consultation et de communication de documents administratifs ou d'archives publiques, sur les litiges relatifs aux impôts locaux et à la contribution à l'audiovisuel public, sur les litiges relatifs au refus de concours de la force publique pour exécuter une décision de justice, sur les litiges relatifs au permis de conduire, etc. (art. R. 222-13, C. just. adm.).

c) La formation plénière

Chaque tribunal peut, à titre exceptionnel, se réunir en formation plénière respectant la règle de l'imparité (art. R. 222-20, C. just. adm.). Si les membres présents sont en nombre pair, le dernier conseiller dans l'ordre du tableau ne siège pas.

d) Le président

Le président a d'importantes fonctions administratives. Il affecte les juges dans les différentes formations, dirige les services du tribunal, formule un avis pris en compte pour l'avancement des conseillers administratifs. Il exerce également des fonctions juridictionnelles. Ainsi, il statue en référé (art. L. 511-2, C. just. adm.), décide de la dispense d'instruction de l'affaire s'il lui apparaît que la solution de l'affaire est d'ores et déjà certaine (art. R. 611-8, C. just. adm.), prend des décisions par ordonnance dans certaines situations (art. R. 222-1, C. just. adm., par ex. donner acte d'un désistement, rejeter des conclusions manifestement irrecevables...).

e) Le rapporteur public

Dans chaque tribunal administratif, selon ses besoins, un ou plusieurs conseillers sont chargés, par décret, d'exercer les fonctions de Rapporteur public (ancien « Commissaire du gouvernement ») : ils ont pour mission d'exposer « publiquement, en toute indépendance, leur opinion sur les questions que présentent à juger les requêtes et sur les solutions qu'elles appellent » (art. L. 7, C. just. adm.). Tout Rapporteur public absent ou empêché est suppléé de droit par un autre. Le Rapporteur public est un membre de la juridiction, totalement indépendant du pouvoir exécutif. Il contribue au jugement des affaires en éclairant la juridiction sur les questions juridiques, mais son intervention n'est pas obligatoire dans toutes les affaires. La procédure administrative a donné à la Cour européenne des droits de l'homme l'occasion de sanctionner la France à plusieurs reprises, pour non-respect du procès équitable : en effet, les conclusions du Rapporteur public n'étaient pas communiquées avant l'audience aux parties (elles peuvent n'être qu'orales), ce qui, selon la Cour européenne, méconnaissait le principe de la contradiction[1]. Depuis le décret n° 2009-14 du 7 janvier 2009, l'avis d'audience « mentionne les modalités selon lesquelles les parties ou leurs mandataires peuvent prendre connaissance du sens des conclusions du rapporteur public » (art. R. 711-2, C. just. adm.) sur l'affaire qui les concerne (art. R. 711-3, C. just. adm.). Les parties ou leurs mandataires sont mises en mesure de connaître, avant la tenue de l'audience, le sens de ces conclusions. Dans le prolongement, postérieurement au prononcé des conclusions du rapporteur public à l'audience, toute partie à l'instance peut adresser au président de la formation de jugement une note en délibéré, en vue d'y répondre (art. R. 731-3, C. just. adm.).

Le décret n° 2013-730 du 13 août 2013 portant modification du Code de la justice administrative à compter du 1er janvier 2014 accroît le domaine des procédures comportant une dispense des conclusions du rapporteur public, afin d'alléger les procédures. Le contentieux social relève du juge unique dans son ensemble et fait partie des contentieux susceptibles d'être dispensés des conclusions du rapporteur public (art. R. 222-13 et R. 732-1-1, C. just. adm.).

f) Le greffe

Le greffe comprend un greffier en chef et s'il y a lieu un ou plusieurs greffiers : ils sont choisis parmi les fonctionnaires des corps des personnels de préfecture, par le président le tribunal. Ils sont placés sous l'autorité exclusive du président qui dispose à leur égard du pouvoir de notation.

2) La compétence

a) La compétence d'attribution

En raison de la matière, les tribunaux administratifs « sont, en premier ressort, et sous réserve des compétences attribuées au Conseil d'État, juges de droit commun du ***contentieux administratif*** » (art. L. 211-1 et L. 311-1, C. just. adm.).

Mais, les tribunaux administratifs ont également des ***attributions administratives***, ils donnent leur avis sur certaines questions qui leur sont soumises par les Préfets (art. L. 212-1 et R. 212-1, C. just. adm.). Ainsi, les TA se prononcent sur l'exercice par les contribuables, des actions appartenant à certaines collectivités territoriales et à leurs établissements publics.

Le projet de loi sur l'action de groupe et l'organisation judiciaire adopté par le Sénat le 5 novembre 2015 permet aux juridictions administratives de concilier les parties, ou de les renvoyer devant un médiateur judiciaire (art. L. 211-4 et L. 771-3 nouveaux du C. just. adm.).

b) La compétence territoriale

Le tribunal territorialement compétent est, en principe, celui dans le ressort duquel a légalement son siège l'autorité qui, soit en vertu de son pouvoir propre, soit par délégation, a pris la décision attaquée ou a signé le contrat litigieux (art. R. 312-1, C. just.

---

1. V. notamment, CEDH, 7 juin 2001, *Kress c/France, D.* 2001, p. 2619.

adm.) ; cette compétence concerne la demande principale et s'étend aux demandes accessoires, incidentes et reconventionnelles. Sauf en matière de marchés, contrats ou concessions, la compétence territoriale ne peut faire l'objet de dérogations, même par voie d'élection de domicile ou d'accord entre les parties (art. R. 312-2, C. just. adm.).

Il existe de nombreuses exceptions à ces principes (art. R. 312-6 et s., C. just. adm.). Ainsi, le tribunal administratif compétent sera celui du bénéficiaire ou du candidat au bénéfice d'une qualité de combattant, celui du lieu de situation de l'immeuble en litige, celui du lieu de l'acte générateur de responsabilité et subsidiairement du lieu de résidence du demandeur ; les litiges individuels relatifs à des agents publics seront soumis au tribunal du lieu d'affectation, et pour les marchés, contrats, on prend en considération le lieu d'exécution...

B - Les Cours administratives d'appel

Afin de désengorger le Conseil d'État en le déchargeant de sa compétence d'appel, la loi du 31 décembre 1987 a créé les Cours Administratives d'appel. L'article R. 221-7 du Code de justice administrative fixe à 8 le nombre de Cours avec des ressorts particulièrement variés :

- Bordeaux : ressort des tribunaux administratifs de Bordeaux, Limoges, Pau, Poitiers, Toulouse, Basse-Terre, Cayenne, Fort-de-France, Saint-Denis de la Réunion, Saint-Pierre et Miquelon, Mamoudzou ;
- Douai : Amiens, Lille et Rouen ;
- Lyon : Clermont-Ferrand, Dijon, Grenoble, Lyon ;
- Marseille : Bastia, Marseille, Montpellier, Nice ;
- Nancy : Besançon, Châlons-en-Champagne, Nancy, Strasbourg ;
- Nantes : Caen, Nantes, Orléans, Rennes ;
- Paris : Melun, Paris, Versailles, Nouvelle-Calédonie, Papeete.
- Versailles : Cergy Pontoise et Versailles.

Chaque Cour comporte des chambres (art. L. 221-3, C. just. adm.), présidées par un Conseiller d'État en service ordinaire, affecté par décret.

1) Le fonctionnement

Les affaires sont jugées soit en formation ordinaire par une chambre, soit par la Cour en formation plénière, ces formations délibérant en nombre impair (art. R. 222-25, C. just. adm.).

La chambre siège en formation de jugement, sous la présidence de son président, ou d'un magistrat désigné à cet effet en cas d'absence ou d'empêchement ; elle comprend en outre, deux magistrats affectés à la chambre, un magistrat affecté à une autre chambre et le magistrat rapporteur. La Cour en formation restreinte est présidée par le président de la Cour ou le président de chambre le plus ancien ; elle comprend en outre le magistrat rapporteur et cinq autres membres, dont les présidents de chambre.

Les règles concernant le Rapporteur public et le greffe prévues pour les tribunaux administratifs s'appliquent aux Cours administratives d'appel.

2) *La compétence*

En raison de la matière, les Cours administratives d'appel connaissent des jugements rendus en premier ressort par les tribunaux administratifs (art. L. 211-2, C. just. adm.), sous réserve des compétences que l'intérêt d'une bonne administration de la justice conduit à attribuer au Conseil d'État en qualité de juge d'appel, et des attributions résultant des articles L. 552-1 et L. 552-2 du Code de la justice administrative (référé en matière fiscale).

La compétence territoriale des Cours administratives d'appel est d'ordre public (art. R. 322-2, C. just. adm.). Pour sauvegarder l'impartialité de la juridiction, si le président constate qu'un des membres de la cour est en cause ou s'il estime qu'il existe une autre raison objective de mettre en cause l'impartialité de la cour. Il transmet le dossier au président de la section du contentieux du Conseil d'État qui en attribue le jugement à la juridiction qu'il désigne (art. R. 322-3, C. just. adm.).

Afin de désengorger les cours d'appel administratives, le décret n° 2013-730 du 13 août 2013 portant modification du code de la justice administrative à compter du 1er janvier 2014 supprime la voie d'appel pour l'ensemble des contentieux sociaux ainsi que pour le contentieux du permis de conduire. En revanche la voie d'appel est rétablie pour le contentieux de la fonction publique dans son ensemble.

Ce même décret du 13 août 2013 précise les compétences de la cour administrative d'appel de Paris, statuant en premier et dernier ressort. Il s'agit de l'appel des décisions prises par la commission nationale d'aménagement commercial (art. L. 752-17, C. com.) et des décisions prises par le conseil supérieur de l'audiovisuel en application de la loi n° 86-1067 du 30 septembre 1986 relative à la liberté de communication, à l'exception des décisions concernant les services de télévision à vocation nationale.

C - Le Conseil d'État

Plus haute juridiction de l'ordre administratif, il est issu du Conseil du Roi chargé, dès le XIIIe siècle, de conseiller le Roi sur les affaires administratives et judiciaires. Aménagé en l'An VIII, il continua sa fonction de conseiller de l'exécutif et fut chargé de fonctions contentieuses en instruisant les litiges et en préparant des projets de solution pour le chef de l'État. Cette fonction évolua avec la loi du 24 mai 1872 qui transforma le Conseil d'État en juge administratif de droit commun : « le Conseil d'État est la juridiction administrative suprême » (art. L. 111-1, C. just. adm.). Le statut de cette juridiction est défini par une ordonnance n° 45-1708 du 31 juillet 1945, suivie d'un décret du 30 juillet 1963 (63-766) et de la loi n° 87-1127 du 31 décembre 1987, textes qui ont été modifiés à plusieurs reprises, notamment pour tenir compte de la jurisprudence de la Cour européenne des droits de l'homme.

1) *La composition*

La présidence du Conseil est assurée par le « vice-président », qui a le pouvoir de prononcer, sans consultation de la Commission consultative, un avertissement ou un blâme à titre disciplinaire contre un membre du Conseil d'État (art. L. 136-2, C. just. adm.).

L'Assemblée générale du Conseil peut être présidée par le Premier ministre et en son absence par le garde des Sceaux (art. L. 121-1, C. just. adm.). Le Conseil comprend aussi des présidents de section, des Conseillers d'État en service ordinaire ou extraordinaire, des Maîtres des requêtes, des auditeurs.

Les Conseillers en service extraordinaire sont nommés par décret pris en conseil des ministres, sur proposition du garde des Sceaux, parmi les personnalités qualifiées « dans différents domaines de l'activité nationale » (art. L. 121-4 al., C. just. adm.) ; nommés pour 4 ans non renouvelables avant l'expiration d'un délai de 2 ans, ils ne peuvent pas être affectés à la section du contentieux.

Les Conseillers en service ordinaire sont affectés soit à la section du contentieux soit à une section administrative, soit aux deux, soit à la section du Rapport, soit même à trois sections.

Les Maîtres des requêtes et auditeurs sont affectés à la fois à une section administrative et à la section du contentieux.

Un secrétaire général, nommé par décret du président de la République, dirige les services du Conseil : il est choisi parmi les conseillers d'État et les Maîtres des requêtes.

Des assistants de justice peuvent être nommés au Conseil d'État pour une durée de 2 ans renouvelable 2 fois (art. L. 122-2, C. just. adm.).

Auprès des formations contentieuses, il existe des « rapporteurs publics » qui ont succédé aux commissaires du Gouvernement depuis le décret du 7 janvier 2009. Ce sont des membres de la juridiction (et non des parquetiers) qui présentent en toute indépendance la solution qui leur paraît juridiquement applicable au litige.

2) Les formations

Le Conseil d'État est composé d'une section du contentieux et de sections administratives (art. L. 121-3, C. just. adm.).

a) Les formations de jugement

La section du contentieux est juge de toutes les affaires relevant de la juridiction du Conseil d'État. Divisée en sous-sections participant à l'instruction et au jugement des affaires, elle comprend un président et 3 présidents adjoints (chaque sous-section comprend 3 conseillers en service ordinaire, le président et deux assesseurs), des conseillers, des maîtres des requêtes et des auditeurs chargés des fonctions de rapporteur ou de rapporteur public. Les assistants de justice aident les conseillers dans leurs travaux préparatoires.

Les formations de jugement de la section du contentieux sont variées :

- le jugement est confié à une sous-section qui a instruit l'affaire, qui doit comprendre au moins trois membres ayant voix délibérative (art. R. 122-14, C. just. adm.) ;
- le jugement peut être confié à deux sous-sections réunies, qui ne peuvent statuer qu'en nombre impair et que si 5 membres au moins sont présents (art. R. 122-16, C. just. adm.). Les affaires les plus complexes sont confiées à la Section du contentieux en formation de jugement, qui comprend le président de la section, les trois présidents adjoints, les présidents de sous-section, le rapporteur et deux conseillers représentant les sections administratives ; la section ne peut siéger que si 9 au moins de ses membres sont présents ;

– ces affaires peuvent aussi être confiées à l'Assemblée du Contentieux qui comporte au moins 9 membres : le vice-président du Conseil d'État, les présidents de section, les trois présidents adjoints de la section du contentieux, le président de la sous-section d'instruction, les 4 présidents de sous-section les plus anciens dans leurs fonctions et le rapporteur (art. R. 122-20, C. just. adm.).

b) Les formations administratives et législatives

Le Conseil d'État délibère soit en section, soit en sections réunies, soit en commission où les différentes sections sont représentées, soit en Assemblée générale.

Les sections administratives sont au nombre de 6 : intérieur, finances, travaux publics, sociale, de l'administration et du rapport et des études. Les affaires ressortissant aux différents départements ministériels sont réparties entre les quatre premières sections selon un arrêté du Premier ministre et du garde des Sceaux. La section du rapport élabore les propositions du Conseil d'État aux Pouvoirs Publics, prépare un rapport d'activité annuel remis au président de la République sur l'action du Conseil d'État. Le décret du 6 mars 2008 crée la section « de l'administration » compétente, notamment, en matière de fonction publique, de relations entre l'administration et les usagers, de procédure administrative non contentieuse.

Pour aller plus loin

> ***L'Assemblée générale du Conseil d'État*** se réunit en formation plénière ou en formation ordinaire (art. R. 123-14 et s., C. just. adm.). Son rôle est extrêmement important pour l'élaboration des normes (art. R. 123-20, C. just. adm.). En effet, elle est saisie pour avis sur les ***projets et propositions de lois*** et ***projets d'ordonnances***, ainsi que sur les ***projets de décrets pris sur le fondement de l'article 37 de la Constitution du 4 octobre 1958*** (on parle de décrets pris après avis du Conseil d'État, ou décrets en Conseil d'État, que l'on nommait avant la loi n° 80-514 du 7 juill. 1980 des « règlements d'administration publique », termes remplacés par décrets en Conseil d'État).

En cas d'urgence, une Commission permanente est chargée *de **l'examen des projets de loi et d'ordonnance*** : ***l'urgence*** doit être signalée par le ministre compétent et constatée par décision spéciale du Premier ministre (art. R. 123-21 et s., C. just. adm.).

Pour sauvegarder l'impartialité des juges, les membres du Conseil d'État ne peuvent pas participer au jugement des recours dirigés contre les actes pris après avis du Conseil d'État, s'ils ont pris part à la délibération de cet avis (par ex. un conseiller ne peut pas juger un recours pour excès de pouvoir formé contre un décret autonome s'il a délibéré dans l'assemblée générale pour émettre un avis sur ce décret, art. R. 122-1-1, C. just. adm.).

3) Les attributions

a) Les attributions contentieuses

Le Conseil d'État « statue souverainement sur les recours en cassation dirigés contre les décisions rendues en dernier ressort par les diverses juridictions administratives, ainsi que sur ceux dont il est saisi en qualité de juge de premier ressort ou de juge d'appel » (art. L. 111-1, C. just. adm.).

En effet, le Conseil d'État a conservé une ***compétence exceptionnelle en premier et dernier ressort*** (art. L. 311-2 à 311-5 et R. 311-1, C. just. adm.).

Cette compétence concerne

- d'abord des recours de pleine juridiction en vertu de certains textes (art. L. 311-4, C. just. adm.) : par exemple des textes du Code des assurances, de l'urbanisme, de la Sécurité sociale, des postes... ;
- mais aussi le contentieux des protestations dirigées contre les élections des représentants à certaines institutions : au Parlement européen, aux conseils régionaux et à l'assemblée de Corse, aux instances de territoires d'outre mer... (art. L. 311-3, C. just. adm.) ;
- et, enfin les recours dirigés contre les décrets ou ordonnances du président de la République, les actes réglementaires des ministres ou leurs décisions en matière de contrôle des concentrations économiques, les actes administratifs dont le champ d'application s'étend au-delà du ressort d'un seul tribunal administratif (par ex., liste de médicaments remboursables par la Sécurité sociale...), les décisions administratives des organismes collégiaux à compétence nationale, en matière de litiges relatifs à la situation individuelle des fonctionnaires nommés par décret du président de la République (art. R. 311-1, C. just. adm.).

La compétence d'appel est accordée au Conseil d'État dans les cas où la loi n'en dispose pas autrement. Il « connaît des appels formés contre les décisions rendues en premier ressort par les autres juridictions administratives » (art. L. 321-2, C. just. adm.). En effet, s'agissant des décisions rendues par les tribunaux administratifs, l'appel relève en principe de la cour d'appel (art. L. 321-1, C. just. adm.).

Le Conseil d'État peut aussi statuer sur les appels formés contre les jugements des tribunaux administratifs rendus sur renvoi de l'autorité judiciaire et sur les litiges relatifs aux élections municipales et cantonales (art. R. 321-1, C. just. adm.).

La compétence de cassation est accordée au Conseil d'État, « seul compétent pour statuer sur les recours en cassation dirigés contre les décisions rendues en dernier ressort par toutes les juridictions administratives » (art. L. 331-1 et L. 821-1, C. just. adm.). Le délai de recours en cassation, sauf disposition contraire de la loi, est de 2 mois ; le ministère d'un avocat au Conseil d'État et à la Cour de cassation est en principe obligatoire.

S'il prononce l'annulation d'une décision d'une juridiction administrative, le Conseil d'État peut renvoyer l'affaire devant la même juridiction statuant dans une autre formation, soit la renvoyer devant une autre juridiction de même nature, soit régler l'affaire au fond « si l'intérêt d'une bonne administration d'une bonne justice le justifie » (art. L. 821-2, C. just. adm.). Lorsque l'affaire fait l'objet d'un second pourvoi en cassation, le Conseil d'État statue définitivement sur cette affaire.

Pour aller plus loin

Un mécanisme de filtre des recours a été mis en place, selon **une *procédure d'admission*** : les pourvois en cassation présentés sont répartis entre les sous-sections. S'il apparaît que l'admission du pourvoi peut être refusée, le président de la sous-section transmet le dossier au rapporteur public en vue de son inscription au rôle ; la décision juridictionnelle de refus d'admission, fondée sur le fait que le pourvoi est irrecevable ou n'est fondé sur aucun moyen sérieux (art.

L. 822-1, C. just. adm.) est notifiée au requérant, et elle n'est susceptible que d'un recours en rectification d'erreur matérielle ou du recours en révision (art. R. 822-3, C. just. adm.). S'il apparaît que la requête est admissible, il est procédé à l'instruction normale du pourvoi.

b) Les attributions administratives

Le Conseil d'État est le ***conseiller du gouvernement*** qui le consulte obligatoirement ou facultativement sur les projets de textes, sur des décisions en préparation ou sur des questions intéressant l'administration. Certains textes nécessitent l'intervention préalable du Conseil d'État : tous les projets de loi avant adoption par le Conseil des ministres, les ordonnances et les décrets autonomes, pris sur le fondement de l'article 37 de la Constitution. Ces projets sont étudiés par les quatre premières sections administratives, mais les textes importants exigent l'intervention de l'Assemblée générale, ou de la Commission permanente en cas d'urgence.

L'article 39 de la Constitution du 4 octobre 1958 prévoit que le président d'une assemblée parlementaire peut soumettre au Conseil d'État une proposition de loi déposée par un des membres de cette assemblée.

La section du Rapport et des études attire l'attention des gouvernants sur les réformes législatives ou autres qui lui paraissent nécessaires à la satisfaction de l'intérêt général ; elle ***règle les difficultés d'exécution des décisions*** juridictionnelles rendues par les juridictions administratives ; elle prépare le rapport annuel d'activité du Conseil d'État (art. R. 123-5, C. just. adm.).

Pour aller plus loin

Le Conseil d'État peut aussi donner ***un avis*** à un tribunal administratif ou une cour d'appel qui le saisit d'une question de droit nouvelle, présentant une difficulté sérieuse et se posant dans de nombreux litiges (art. L. 113-1, C. just. adm.). La juridiction soumet la question au Conseil d'État, qui doit examiner la question dans les trois mois (les parties et le ministre compétent peuvent produire des observations). La juridiction sursoit à statuer en attendant la réponse du Conseil d'État qui lui est adressé en même temps que lui est retourné le dossier de l'affaire.

2 • LES JURIDICTIONS D'EXCEPTION

Il est traditionnel de souligner le développement de juridictions d'exception dans le contentieux administratif. Sans être exhaustif, on peut citer à titre d'exemple les nombreuses commissions de recours (des réfugiés, des pensions militaires d'invalidité, d'aide sociale, d'indemnisation des rapatriés, des objecteurs de conscience, de la taxe d'apprentissage...), les juridictions disciplinaires (sections de discipline dans l'université, dans les ordres professionnels, dans le cadre du Conseil supérieur de la magistrature...). Ces organes ou juridictions fonctionnent en collégialité, avec des juges le plus souvent non professionnels, et peuvent même comprendre leurs propres organes de recours (par ex., la décision d'une section disciplinaire du Conseil de l'université est déférée en appel au Conseil supérieur de l'Éducation nationale, autre juridiction administrative spécialisée). Cette diversité dans la composition, le fonctionnement, soulève la délicate question de la nature de ces organes : méritent-ils tous la qualification de juridiction ?

Par exemple, au sein de l'université, on trouve une multitude de commissions (commission des équivalences, des bourses, commission des études et de la vie universitaire...) : certes, ces commissions prennent des décisions (octroi d'une équivalence, d'une bourse...), mais ce ne sont pas des juridictions. Les intérêts de la qualification sont essentiels : si l'organe administratif est une juridiction, son statut devra lui conférer une réelle indépendance vis-à-vis de l'Administration (c'est le cas des Autorités administratives dites indépendantes, comme la Commission nationale informatique et libertés – CNIL, ou de l'Autorité des marchés financiers). De plus, l'organe devra appliquer le procès équitable, c'est-à-dire trancher publiquement, impartialement, dans un délai raisonnable, selon une procédure contradictoire et respectant l'égalité des armes. La Cour européenne des droits de l'homme, pour faire application de l'article 6 § 1 de la Convention européenne, utilise cumulativement plusieurs critères pour définir la notion de tribunal. Selon les critères organiques, est un tribunal un organe établi par une loi (et non un décret gouvernemental), avec un statut d'indépendance (il faut observer les conditions de nomination, la durée du mandat, l'inamovibilité des membres... pour vérifier que les « juges » sont à l'abri des pressions). Selon des critères fonctionnels, l'organe est un tribunal s'il a une compétence protégée par la loi, qui lui permet d'apprécier souverainement les faits et d'appliquer la règle de droit appropriée. L'organe doit trancher les contestations en respectant une procédure contradictoire, sa décision doit être motivée, rendue publiquement, être revêtue de l'autorité de la chose jugée. Malheureusement, la mise en œuvre de ces critères n'est pas toujours aisée, parce qu'il est rare de trouver un cumul idéal.

Toutes les juridictions administratives spéciales ne seront pas examinées dans cet ouvrage. Seules celles qui présentent le plus de spécificité et d'intérêt feront l'objet de développements. Elles se situent dans le domaine des finances publiques. Le Code des juridictions financières réglemente les aspects organiques et fonctionnels de ces juridictions.

A - La Cour des comptes

Composée de magistrats inamovibles et indépendants appartenant à un corps particulier, la Cour, divisée en chambres, comprend un Premier président, des présidents de chambre, des conseillers maîtres en service ordinaire ou extraordinaire, des conseillers référendaires, et des auditeurs (art. R. 112-1, C. jur. fin.) ; un procureur général, un premier avocat général, des avocats généraux et des chargés de mission assurent les fonctions de Ministère public. Le bilan de 2013 fait état de 243 magistrats, 198 personnels de contrôle, 71 personnels d'aide au contrôle et 202 personnels de soutien.

Pour aller plus loin

Au titre de ses ***attributions non juridictionnelles***, la Cour vérifie la bonne exécution du budget de l'État en assistant le Parlement et le gouvernement dans le contrôle de l'exécution des lois de finances. Elle vérifie les comptes des entreprises publiques et des organismes de Sécurité sociale, afin d'assurer une performance publique et une transparence des opérations publiques. Elle répond à l'article 15 de la Déclaration des droits de l'homme et du citoyen, selon lequel « *la société a le droit de demander compte à tout agent public de son administration* ». Elle contrôle le bon emploi des crédits, fonds et valeurs de l'État, dans le cadre d'un véritable audit de gestion, et présente des observations ou recommandations. Elle consigne ses observations dans un ***rapport public remis chaque année au président de la République***. Ces rapports exercent une influence grandissante sur les pouvoirs publics, tenus d'améliorer la gestion des fonds publics, particulièrement en période de crise économique.

Au titre de ses ***attributions juridictionnelles***, elle est juge de droit commun des comptes des comptables publics (art. L. 111-1, et L 131-1 et s., C. jur. fin.). En l'absence de tout litige, elle vérifie si ces comptables ont bien reçu ce qu'ils devaient recevoir, et payé ce qui devait être payé : elle juge les comptes et non les comptables. Le résultat de cette vérification se traduit par un arrêt, soit de décharge ou de quitus en l'absence d'irrégularité, soit de débet en cas contraire (exposant le comptable à répondre des différences sur ses deniers). Ces arrêts sont susceptibles de recours en cassation devant le Conseil d'État.

La Cour est aussi chargée d'examiner ***l'appel*** formé contre les arrêts définitifs rendus par les Chambres régionales et territoriales des comptes.

En 2013 (voir les Eléments-clés 2013 publiés sur le site internet de la cour, *ccomptes. fr*) la Cour des comptes a rendu 111 ordonnances, 99 arrêts, 89 réquisitoires. Elle a fait un rapport public annuel, 13 rapports publics thématiques, 6 rapports LOLF, 14 rapports d'enquêtes demandés par le Parlement, 25 rapports particuliers sur des entreprises publiques, 3 rapports sur des organismes bénéficiant de dons ; 1 rapport sur la qualité des comptes publics, 1 rapport d'enquête demandé par le Premier ministre, 29 référés, et 309 lettres de présidents de chambre accompagnées d'observations définitives. Cela représentent 1700 recommandations ayant fait l'objet d'un suivi...

B - Les chambres régionales et territoriales des comptes

Leur création, par la loi de décentralisation du 2 mars 1982, tendait à assurer un contrôle effectif des comptes des collectivités locales que ne pouvait assumer réellement la Cour des comptes. Au sein de chaque région française, existe une chambre composée de magistrats inamovibles constituant un corps autonome (art. L. 210-1, L. 212-7 et L. 212-8, C. jur. fin.). Elle comprend un président, des conseillers et un ou plusieurs représentants du Ministère public (art. L. 212-10, C. jur. fin.). La loi n° 2001-1248 du 21 décembre 2001 relative aux chambres régionales des comptes et le décret d'application du 27 septembre 2002 ont fait évoluer les compétences et les procédures devant les juridictions financières. Les Chambres régionales et territoriales jugent, dans leur ressort, l'ensemble des comptes des comptables publics des collectivités territoriales et de leurs établissements publics ainsi que les comptes des personnes ayant été déclarées comptables de fait. En vertu de l'article L. 211-4 du Code des juridictions financières, elles peuvent aussi vérifier les comptes des établissements, sociétés et groupements auxquels les collectivités territoriales apportent un concours financier supérieur à 1 500 euros. Ce qui fait le succès des chambres régionales et a permis leur maintien, c'est l'examen de la gestion des comptes des collectivités territoriales et des établissements publics.

La loi n° 2011-1862 du 13 décembre 2011, relative à la répartition des contentieux et à l'allégement de certaines procédures juridictionnelles limite leur nombre à 20. Le décret n° 2012-255 du 23 février 2012 fixe leur siège et leur ressort.

Au titre des attributions non juridictionnelles, les chambres sont chargées du contrôle budgétaire. Les chambres jouent également un rôle d'audit des gestions locales en examinant la gestion des collectivités territoriales, soit à leur initiative, soit à celle des Préfets.

Au titre des attributions juridictionnelles, elles sont notamment compétentes, dans leur ressort, pour vérifier « l'ensemble des comptes des comptables publics des collectivités territoriales et de leurs établissements publics, des établissements publics régionaux ainsi que les comptes des personnes qu'elle a déclarées comptables de fait » (art. L. 211-1, C. jur. fin.). Elle rend des jugements de décharge ou de débet. Les jugements définitifs des chambres régionales peuvent être frappés d'appel devant la Cour des comptes dans les deux mois de leur notification.

C - La Cour de discipline budgétaire et financière

Cette juridiction, créée le 25 septembre 1948, concerne les ordonnateurs, c'est-à-dire les agents publics ayant le pouvoir de gérer des crédits budgétaires : la Cour peut prononcer des sanctions pécuniaires contre les ordonnateurs fautifs (art. L. 311-1, C. jur. fin.). Comme son activité est très limitée, il a été proposé de la supprimer en faisant de la Cour des comptes la juridiction unique en matière de surveillance et de sanction de la discipline budgétaire et financière.

Cette juridiction, qui siège à la Cour des comptes, n'a pas de personnel propre. Elle est composée de 6 membres nommés pour 5 ans : présidée par le premier président de la Cour des comptes, elle comprend aussi le président de la section des finances du Conseil d'État, un nombre égal de conseillers d'État et de conseillers maîtres à la Cour des comptes. Le procureur général de la Cour des comptes exerce les fonctions du Ministère public, assisté d'un avocat général.

La Cour est compétente pour sanctionner les ordonnateurs coupables d'irrégularités financières commises dans la gestion de l'État, des collectivités publiques et de leurs établissements publics, des entreprises publiques et des organismes soumis au contrôle de la Cour des comptes ou des chambres régionales des comptes. Il s'agit aussi bien de la violation de règles budgétaires ou de la comptabilité publique, que de fautes de gestion entraînant des préjudices graves.

Le plus souvent, c'est la Cour des comptes qui saisit la Cour de discipline budgétaire même si, en théorie, elle peut aussi être saisie par le gouvernement, les présidents des assemblées, les chambres régionales des comptes, et le procureur général près la Cour de discipline budgétaire. Les sanctions consistent en des amendes dont le maximum correspond au double du traitement annuel de l'intéressé. Les arrêts de la Cour de discipline budgétaire et financière, publiés au Journal officiel, peuvent être frappés d'un recours en cassation devant le Conseil d'État.

Chaque année, la Cour de discipline budgétaire et financière présente un rapport au président de la République.

CHAPITRE 6

Le Tribunal des conflits

Le Tribunal des conflits a été créé pour trancher les conflits d'attribution, c'est-à-dire les conflits de compétence entre les différents ordres de juridiction, l'ordre judiciaire et l'ordre administratif : on comprend que, par nature, ces conflits ne pouvaient pas être réglés par l'un ou l'autre de ces deux ordres, et exigeaient une juridiction supérieure aux ordres concernés. Ce tribunal fut créé en 1848, fonctionna jusqu'en 1852, et fut réintroduit dans les institutions françaises par une loi du 24 mai 1872[1]. Il siège à Paris, au Palais-Royal, comme le Conseil d'État. Le tribunal des conflits reposait sur une législation ancienne qui n'était pas toujours conforme aux exigences constitutionnelles et européennes, ce qui a justifié sa modification par la loi n° 2015-177 du 16 février 2015 et le décret n° 2015-233 du 27 février 2015, adoptés à l'issue des réflexions d'un groupe de travail présidé par Monsieur Gallet, vice-président du tribunal des conflits, qui a présenté un rapport au garde des Sceaux, ministre de la Justice, le 10 octobre 2013.

1 • L'ORGANISATION

A - La composition

Dans sa formation ordinaire, le Tribunal des conflits comprend (art. 2, loi du 24 mai 1872 modifié) :

1° Quatre conseillers d'État en service ordinaire élus par l'assemblée générale du Conseil d'État ;

2° Quatre magistrats du siège hors hiérarchie de la Cour de cassation élus par les magistrats du siège hors hiérarchie de la Cour de cassation ;

3° Deux suppléants élus, l'un par l'assemblée générale du Conseil d'État parmi les conseillers d'État en service ordinaire et les maîtres des requêtes, l'autre par l'assemblée générale des magistrats du siège de la Cour de cassation parmi les conseillers hors hiérarchie et référendaires.

Les membres du Tribunal des conflits sont soumis à réélection tous les trois ans et rééligibles deux fois. Lorsqu'un membre titulaire ou suppléant cesse définitivement d'exercer ses fonctions, il est procédé à son remplacement jusqu'à la fin du mandat en cours dans les conditions prévues aux 1°, 2° ou 3°, selon le cas.

---

1. Petit (S.), *Le tribunal des conflits*, PUF, coll. « Que sais-je ? », n° 2866.

Les membres mentionnés aux 1° et 2° de l'article 2 choisissent parmi eux, pour trois ans, ***un président*** issu alternativement du Conseil d'État et de la Cour de cassation, au scrutin secret à la majorité des voix (art. 3).

Le ***rapporteur public*** expose publiquement et en toute indépendance son opinion sur les questions que présentent à juger les affaires dont le Tribunal des conflits est saisi. Deux membres du Conseil d'État, élus par l'assemblée générale du Conseil d'État parmi les rapporteurs publics, et deux membres du parquet général de la Cour de cassation, élus par l'assemblée générale des magistrats hors hiérarchie du parquet général parmi eux, sont chargés des fonctions de rapporteur public. Ils sont élus pour trois ans et rééligibles deux fois (art. 4, loi 24 mai 1872 mod.).

Le ***secrétariat*** du Tribunal des conflits est assuré par le secrétaire du contentieux du Conseil d'État. Le secrétariat des séances est assuré par le secrétaire du contentieux ou, avec l'accord du président du Tribunal des conflits, par un des agents de la section du contentieux qu'il délègue.

B - Le fonctionnement

Les parties sont représentées par un avocat au Conseil d'État et à la Cour de cassation. L'État est dispensé du ministère d'avocat. Les mémoires, lorsqu'ils ne sont pas présentés par le ministère d'un avocat au Conseil d'État et à la Cour de cassation, doivent être signés par le ministre intéressé ou par le fonctionnaire ayant reçu délégation à cet effet. L'État est représenté par le ministre dont relève l'administration concernée.

Toute personne y ayant intérêt peut intervenir, à titre accessoire, devant le Tribunal des conflits.

Lorsque l'affaire est en état, le président fixe la séance à laquelle elle sera appelée et désigne le rapporteur. Lorsque l'affaire est inscrite au rôle, les parties et les ministres intéressés en sont avisés cinq jours au moins avant la séance.

À l'audience publique, le rapporteur expose les données de l'affaire ainsi que la position des parties et des ministres intéressés, sans faire connaître son avis.

Après le rapport, les avocats représentant les parties peuvent présenter des observations orales.

Le rapporteur public est ensuite entendu dans ses conclusions.

Les avocats peuvent présenter de brèves observations orales après le prononcé des conclusions du rapporteur public

Le délibéré des juges est secret. Les décisions du Tribunal des conflits portent en tête la mention suivante : « Au nom du peuple français, le Tribunal des conflits ». Elles sont motivées et comportent le nom des membres qui en ont délibéré. « Elles sont rendues en audience publique. Elles contiennent les noms et l'analyse des conclusions des parties et des ministres intéressés ainsi que le visa des pièces principales et des dispositions dont elles font application. Mention y est faite que le rapporteur, le rapporteur public et, s'il y a lieu, les avocats représentant les parties ont été entendus.

La minute est signée par le président, le rapporteur et le secrétaire. Les décisions du Tribunal des conflits s'imposent à toutes les juridictions de l'ordre judiciaire et de l'ordre administratif.

Les décisions du Tribunal des conflits peuvent faire l'objet d'un recours en interprétation et en rectification.

Elles ne sont pas susceptibles d'opposition.

Elles ne peuvent pas faire l'objet d'une tierce opposition, sauf lorsque le tribunal statue au fond.

2 • LES ATTRIBUTIONS

A - Les conflits de compétence

1) Les conflits positifs

Le conflit positif peut être élevé tant qu'il n'a pas été statué sur la compétence par une décision passée en force de chose jugée.

Dans le cas prévu à l'article 13 de la loi du 24 mai 1872 susvisée, le préfet adresse au greffe de la juridiction saisie un déclinatoire de compétence. À peine d'irrecevabilité, ce déclinatoire doit être motivé.

Les parties en sont informées par le greffe et sont invitées à faire connaître leurs observations écrites dans un délai de quinze jours à compter de la réception de la notification du greffe.

Le greffe communique l'affaire au Ministère public afin qu'il puisse faire connaître son avis dans le même délai. Dès réception, le greffe porte cet avis à la connaissance du préfet et des parties par lettre remise contre signature. Le délai prévu aux alinéas précédents peut être réduit par le président de la juridiction saisie, en cas d'urgence.

La juridiction statue sans délai, selon les règles de procédure qui lui sont applicables, sur le déclinatoire de compétence.

Si ce jugement a rejeté le déclinatoire, le préfet peut élever le conflit par arrêté dans les quinze jours suivant la réception du jugement. Le conflit peut également être élevé si le tribunal a, avant expiration de ce délai, passé outre et jugé au fond.

Si le jugement a admis le déclinatoire et si une partie fait appel du jugement, le préfet peut saisir la juridiction d'appel d'un nouveau déclinatoire et, en cas de rejet de celui-ci, élever le conflit dans les mêmes conditions qu'en première instance. Le Tribunal des conflits statue sur le conflit positif dans le délai de trois mois à compter de la réception du dossier à son secrétariat.

2) La prévention de conflit

Lorsqu'une juridiction de l'ordre judiciaire ou de l'ordre administratif a, par une décision qui n'est plus susceptible de recours, décliné la compétence de l'ordre de juridiction auquel elle appartient au motif que le litige ne ressortit pas à cet ordre, toute juridiction de l'autre ordre, saisie du même litige, si elle estime que le litige ressortit à l'ordre de juridiction primitivement saisi, doit, par une décision motivée qui n'est susceptible d'aucun recours même en cassation, renvoyer au Tribunal des conflits le soin de décider sur la question de compétence ainsi soulevée et surseoir à toute procédure jusqu'à la décision du tribunal.

La juridiction saisie en second lieu transmet sa décision et les conclusions des parties ainsi que, s'il y a lieu, celles du Ministère public au secrétariat du Tribunal des conflits. Si le Tribunal des conflits estime que la juridiction qui a prononcé le renvoi n'est pas compétente pour connaître de l'action ou de l'exception ayant donné lieu à ce renvoi, il déclare nuls et non avenus, sauf la décision de renvoi elle-même, l'ensemble des jugements et actes de procédure auxquels cette action ou exception a donné lieu devant la juridiction qui a prononcé le renvoi ainsi que devant toutes autres juridictions du même ordre. S'il estime que la juridiction de l'autre ordre a rendu à tort sur le même litige ou la même exception, entre les mêmes parties, un jugement d'incompétence, le Tribunal des conflits déclare nul et non avenu le jugement de la juridiction qui a décliné à tort sa compétence et renvoie l'examen du litige ou de l'exception à cette juridiction.

Lorsqu'une juridiction est saisie d'un litige qui présente à juger, soit sur l'action introduite, soit sur une exception, une question de compétence soulevant une difficulté sérieuse et mettant en jeu la séparation des ordres de juridiction, elle peut, par une décision motivée qui n'est susceptible d'aucun recours, renvoyer au Tribunal des conflits le soin de décider sur cette question de compétence.

La juridiction saisie transmet sa décision et les mémoires ou conclusions des parties au Tribunal des conflits.

L'instance est suspendue jusqu'à la décision du Tribunal des conflits.

Dans les cas prévus au présent chapitre, le Tribunal des conflits se prononce dans les trois mois à compter de la réception du dossier à son secrétariat. En cas de nécessité ou s'il a été fait application de l'article 16, ce délai peut être prorogé par son président, dans la limite de deux mois.

B - Les conflits de décisions

Le Tribunal des conflits, intervient ici pour juger au fond certains litiges. L'hypothèse est qu'une juridiction de l'ordre judiciaire et une juridiction de l'ordre administratif ont chacune rendu une décision définitive et contradictoire dans une même affaire. Dans les deux mois du jour où la dernière des deux décisions est devenue définitive, le Tribunal des conflits doit être saisi pour statuer définitivement au fond.

Une décision célèbre illustre la saisine du tribunal des conflits ouverte par la loi du 20 avril 1932 : dans l'affaire *Rosay*[2], une personne transportée bénévolement dans un véhicule privé a été victime d'une collision lors d'un accident avec un véhicule de l'armée. Elle avait saisi le juge civil et avait été déboutée au motif que la responsabilité incombait au véhicule militaire ; elle avait alors saisi la juridiction administrative qui la débouta aussi sur la base d'un motif inverse du précédent. Le Tribunal des conflits a ainsi été amené à trancher l'affaire au fond.

Le Tribunal des conflits peut être saisi des décisions définitives rendues par les juridictions administratives et judiciaires dans les instances introduites devant les deux ordres de juridiction, pour des litiges portant sur le même objet, ***lorsqu'elles présentent une contrariété conduisant à un déni de justice***. Sur les litiges qui lui sont ainsi déférés, le

2. T. confl., 8 mai 1933, *S.* 1833.III.117.

Tribunal des conflits juge au fond, à l'égard de toutes les parties en cause. Ses décisions ne sont susceptibles d'aucun recours (art. 15).

En outre, le Tribunal des conflits est seul compétent pour connaître ***d'une action en indemnisation du préjudice découlant d'une durée totale excessive des procédures afférentes à un même litige et conduites entre les mêmes parties devant les juridictions des deux ordres*** en raison des règles de compétence applicables et, le cas échéant, devant lui (art. 16, loi 1872).

CHAPITRE 7

Le Conseil constitutionnel

La Constitution du 4 octobre 1958 a instauré un véritable ***contrôle juridictionnel a priori*** (avant la promulgation de la loi) de la constitutionnalité des lois, confié à un Conseil constitutionnel (art. 56 à 63, Titre VII). Initialement, le Conseil constitutionnel avait pour mission essentielle de réguler les relations entre le législatif et l'exécutif, en veillant au respect par le Parlement des domaines de compétence attribués par les articles 34 et 37 de la Constitution. Mais le Conseil constitutionnel s'est progressivement dégagé de cette seule fonction, pour défendre les principes et libertés à valeur constitutionnelle, et sanctionner leur non-respect par le Parlement. C'est la décision « *Liberté d'association* » du 16 juillet 1971[1] qui marque un tournant dans ce rôle : les juges décident qu'ils peuvent contrôler la conformité des lois aux principes et droits contenus dans le Préambule de la Constitution de 1958, qui se réfère, notamment, au Préambule de la Constitution de 1946 et à la Déclaration des droits de l'homme et du citoyen du 26 août 1789. Le bloc de constitutionnalité a été ainsi considérablement étendu, le Conseil constitutionnel ayant pratiqué une interprétation constructive de la Constitution pour définir des principes et des droits à valeur constitutionnelle que le pouvoir législatif doit mettre en œuvre. Cette attitude a conduit à une constitutionnalisation croissante de l'ensemble de droit, à laquelle le droit du procès n'échappe pas[2].

La réforme constitutionnelle du 23 juillet 2008 a considérablement accru ce rôle du Conseil constitutionnel : l'article 61-1 de la Constitution prévoit un ***contrôle a posteriori***, par la « ***question prioritaire de constitutionnalité*** ». Lorsque, à l'occasion d'une instance en cours devant une juridiction (civile, pénale ou administrative), il est soutenu qu'une disposition législative porte atteinte aux droits et libertés que la Constitution garantit, le Conseil constitutionnel peut être saisi pour déclarer, le cas échéant, la loi inconstitutionnelle. Le juge transmet la QPC à la Cour de cassation ou au Conseil d'État, qui décide de la déférer au Conseil constitutionnel, si la question est nouvelle, qu'elle présente un caractère sérieux, et que la disposition est applicable au litige (loi organique 2009-1523 du 10 déc. 2009[3]). Le Conseil constitutionnel a déjà abrogé plusieurs dispositions législatives sur ce fondement.

1. N° 71-44 DC, *Rec.* p. 29.
2. *La Cour de cassation et la Constitution de la République*, PUAM, 1997, préf. L. Favoreu.
3. D. 2010-148 du 16 févr. 2010 ; déc. du 4 févr. 2010 portant règlement intérieur sur la procédure suivie devant le Conseil constitutionnel pour les QPC.

1 • LA COMPOSITION

Aux termes de l'article 56 de la Constitution du 4 octobre 1958, et de l'ordonnance organique n° 58-1067 du 7 novembre 1958, le Conseil constitutionnel comprend :

- des membres de droit, représentés par les anciens présidents de la République (qui n'ont pas l'obligation de siéger) ; leur présence au sein du Conseil constitutionnel est contestée et le président de la République a suggéré lors de la présentation de ses vœux le lundi 7 janvier 2013, de mettre fin au statut de membre de droit des anciens présidents de la République ; une ***proposition de loi constitutionnelle a été présentée à l'assemblée nationale le 17 mai 2013*** (n° 1044) à cette fin, et en vue d'augmenter le nombre de membre (passant de 9 à 12, les 3 membres supplémentaires étant nommés par le Premier Ministre) et de soumettre les nominations à l'avis conforme des commissions permanentes compétentes des assemblées parlementaires et mises à la majorité des trois cinquièmes des suffrages exprimés. Les membres nommés devraient être choisis parmi les personnes qui se distinguent par leur connaissance du droit afin de garantir leur compétence juridique. Il serait également précisé que les membres du Conseil constitutionnel sont inéligibles ce qui leur interdirait le droit de se présenter à une élection quelle qu'elle soit. En outre, les membres du conseil pourraient rédiger des opinions individuelles qui seraient publiées avec la décision. Faute de majorité parlementaire, cette réforme n'a pas vu le jour ;
- des membres nommés, au nombre de neuf, pour neuf ans, selon la procédure prévue à l'article 13 de la Constitution. Trois sont choisis par le président de la République, trois par le président de l'Assemblée nationale et trois par le président du Sénat. Ces membres sont renouvelés par tiers tous les trois ans, chacune des autorités choisissant alors une personnalité. Le mandat de neuf ans n'est pas renouvelable, mais il est irrévocable pour préserver l'indépendance de jugement des personnes nommées.

Le président est nommé par le président de la République ; il a voix prépondérante en cas de partage des voix.

Les fonctions de membres du Conseil sont incompatibles avec celle de membres du gouvernement, du Parlement ou du Conseil économique et social. Pour éviter le soupçon de partialité, le membre du Conseil constitutionnel qui a participé dans ses fonctions antérieures, à l'élaboration d'une loi, ne siège pas au Conseil lorsque ce dernier statue sur la constitutionnalité de la loi concernée (la décision rendue précise l'absence de l'intéressé).

2 • LA COMPÉTENCE

A - Les attributions principales

1) Le rôle

Le Conseil constitutionnel est juge de la constitutionnalité des lois et des règlements des assemblées. Il intervient avant la promulgation des lois, et, par le biais de la récente question prioritaire de constitutionnalité, il peut être saisi même à tout moment, y compris pour des lois déjà promulguées. Il assure également le respect par le Parlement et le gouvernement de leurs rôles respectifs dans l'élaboration du droit (art. 34 et 37, Constitution de 1958), ainsi que le respect des droits et libertés fondamentaux d'un État de droit[4].

2) *La saisine*

Le Conseil est saisi soit de façon obligatoire, soit sur recours.

a) Le contrôle obligatoire

Les lois organiques (il s'agit des lois votées par le Parlement pour compléter ou préciser les dispositions de la Constitution, comme par exemple la loi qui détermine l'organisation et le fonctionnement du Conseil constitutionnel, art. 63, constitution, ou celle qui définit le fonctionnement du Conseil supérieur de la magistrature, art. 65, constitution), avant leur promulgation, ***et les règlements des assemblées parlementaires***, avant leur mise en application, ainsi que les lois qui vont être soumises à un référendum, sont ***obligatoirement soumis au contrôle du Conseil constitutionnel,*** qui se prononce sur leur conformité à la Constitution (art. 61 et 46, Constitution 1958).

b) Le contrôle facultatif

Pour les autres textes, comme les lois ordinaires (adoptées par le Parlement dans l'une des matières que l'article 34 de la Constitution lui réserve), le Conseil constitutionnel est saisi sur recours selon plusieurs modalités.

1. Contrôle *a priori*

Il a lieu : ***pendant la discussion d'une loi***, si une contestation porte sur la compétence du Parlement pour adopter le texte (par ex. si le gouvernement prétend que l'on est en présence d'une matière réglementaire relevant de l'article 37 de la Constitution), le Conseil, saisi par le gouvernement ou par le président de l'Assemblée nationale ou du Sénat, statue dans le délai de huit jours ; ***après l'adoption d'une loi***, l'article 61 de la Constitution prévoit la possibilité d'un recours pendant le délai de promulgation de la loi, qui se trouve suspendu. Le Conseil doit statuer dans le délai d'un mois, ou de huit jours en cas d'urgence. Ainsi, dès lors qu'une loi est publiée au Journal officiel[5] ce qui suppose qu'elle a été promulguée, sa constitutionnalité ne peut plus être contestée.

La saisine du Conseil constitutionnel est ouverte au président de la République, au Premier ministre et aux présidents de l'Assemblée nationale et du Sénat, ainsi qu'à soixante députés, ou soixante sénateurs. Dans le cadre de la QPC, tout justiciable peut initier le moyen, mais il ne peut pas saisir directement le Conseil constitutionnel : le juge saisi transmet la QPC à la Cour de cassation ou au Conseil d'État, qui décide de transmettre au Conseil constitutionnel.

Dans tous les cas, le Conseil constitutionnel doit statuer dans de délais brefs. Les pouvoirs du Conseil constitutionnel sont diversifiés. Il apprécie la loi soumise à son contrôle disposition par disposition. Si une disposition déclarée inconstitutionnelle peut être disjointe du reste du texte, celui-ci est conservé dans sa partie conforme à la Constitution ; dans le cas contraire, l'ensemble est anéanti par la déclaration

---

4. Chevallier (J.), *L'État de droit*, La Documentation française, dossier n° 898, mars 2004.
5. Voir Ord. n° 2004-164 du 20 fév. 2004 relative aux modalités et effets de la publication des lois et de certains actes administratifs, et le Rapport au président de la République, *JCP* 2004.IV.20024.

d'inconstitutionnalité. Parfois, le Conseil constitutionnel déclare la loi conforme à la Constitution en émettant des « réserves d'interprétation » : il précise alors la seule interprétation qui rend la disposition en cause conforme à la Constitution ; parfois enfin, il ajoute au texte des précisions pour que l'ensemble soit conforme à la Constitution. Pour éviter les conséquences irrémédiables de l'abrogation d'une loi, le Conseil constitutionnel détermine les conditions et les limites dans lesquelles les effets que la disposition a produits sont susceptibles d'être remis en cause. Selon l'article 62 de la Constitution de 1958, une disposition légale déclarée non conforme à une norme à valeur constitutionnelle ne peut être ni promulguée ni mise en application. La décision du Conseil n'est susceptible d'aucun recours, et elle s'impose aux autorités administratives et juridictionnelles.

2. Contrôle *a posteriori* : la QPC

L'article 61-1 de la Constitution prévoit qu'à l'occasion d'une instance juridictionnelle, une partie à cette instance peut soutenir qu'une disposition législative (au sens formel, soit une loi, et non un décret, même pris sur le fondement de l'art. 37 de la Constitution), porte atteinte aux droits et libertés que la Constitution garantit, en formant une « question prioritaire de constitutionnalité ». La QPC doit être formée par écrit, et être motivée. Le juge saisi de cette QPC doit décider souverainement s'il transmet cette QPC à la Cour de cassation (ou au Conseil d'État), en se référant à trois critères : la disposition contestée est applicable au litige, elle n'a pas déjà été déclarée conforme à la Constitution, et la question n'est pas dépourvue de caractère sérieux. La juridiction doit surseoir à statuer en attendant la réception de la décision de la Cour de cassation. Cette dernière décide de la transmission au Conseil constitutionnel, si plusieurs conditions sont réunies qu'elle apprécie souverainement : la question est nouvelle ou présente un caractère sérieux ; elle frappe une disposition applicable au litige ; elle n'a pas déjà été déclarée conforme à la Constitution. Si elle renvoie au Conseil constitutionnel, ce dernier statue en suivant la procédure prévue par l'ordonnance du 7 novembre 1958 modifiée par la loi organique du 10 décembre 2009, ainsi que par le règlement du Conseil constitutionnel (décision du 4 février 2010 portant règlement intérieur sur la procédure suivie devant le Conseil constitutionnel pour les QPC).

La décision du Conseil constitutionnel est motivée. Elle est notifiée aux parties et communiquée à la Cour de cassation et au juge devant lequel la QPC a été soulevée. Si la disposition législative est déclarée inconstitutionnelle, elle est abrogée, à la date fixée par le Conseil constitutionnel (qui laisse souvent au législateur un délai pour proposer une nouvelle loi conforme). Sa décision est insusceptible de recours et s'impose à toutes les autorités.

B - Les attributions complémentaires

En matières électorale et référendaire, le Conseil constitutionnel dispose également de pouvoirs juridictionnels. En vue de garantir la régularité des opérations électorales, le Conseil est juge du contentieux de l'élection du président de la République ; il est associé à différentes phases du déroulement de l'élection (art. 7, Const. 1958). Le contentieux des élections des députés et des sénateurs relève également du Conseil constitutionnel. Le Conseil est enfin chargé de juger le contentieux des référendums, mais il intervient largement dans le déroulement des opérations (art. 46 et s., Ord. organique 7 nov. 1958) afin d'en assurer la régularité.

Le Conseil constitutionnel est compétent pour élaborer des constats. Ainsi, seul le conseil peut constater que le président de la République est empêché, soit provisoirement, soit définitivement, d'exercer ses fonctions, ce qui provoque l'ouverture de son intérim ou de nouvelles élections (art. 7, Const. 1958). Le Conseil peut aussi vérifier qu'un engagement international devant être ratifié ou approuvé ne comporte pas de clause contraire à la Constitution (art. 54, Const. ; le cas échéant, le Parlement ne pourrait autoriser sa ratification ou son approbation qu'après la révision de la Constitution).

Lorsque le président de la République entend exercer les pouvoirs exceptionnels que lui confère l'article 16 de la Constitution, en cas d'événements constitutifs de crise grave, il doit, préalablement à sa mise en œuvre, procéder à la consultation du Conseil constitutionnel ainsi qu'à celle du Premier ministre et des présidents des assemblées. Le Conseil émet un avis sur la réunion des conditions exigées. Pendant la durée d'application de l'article 16, le Conseil constitutionnel doit être consulté par le président sur les mesures prises.

CHAPITRE 8

Les juridictions européennes

Elles concernent l'application du droit de l'Union européenne avec la Cour de justice de l'Union européenne de Luxembourg et le tribunal de première instance, et celle de la Convention européenne de sauvegarde des droits de l'homme et des libertés fondamentales, dans le cadre du Conseil de l'Europe, avec la Cour européenne des droits de l'homme de Strasbourg.

1 • LES JURIDICTIONS DE L'UNION EUROPÉENNE

Créée par le Traité sur le charbon et l'acier (CECA de 1951), la Cour de justice, siégeant à Luxembourg, a joué un rôle fondamental pour la primauté du droit de l'Union : destiné à l'instauration d'un espace sans frontières intérieures assurant la libre circulation des personnes, des marchandises et des capitaux, ainsi que d'un espace de liberté, de sécurité et de justice, le droit de l'Union est directement applicable aux États membres. La CJUE a pour mission d'assurer le respect de l'application des traités européens et de donner l'interprétation des textes communautaires. Le tribunal de première instance a été créé en 1988 par une décision du Conseil.

A - La Cour de justice de l'Union européenne

1) La composition

La Cour est composée, depuis 1995, d'un juge par État membre (28 actuellement), et d'avocats généraux. Des référendaires assistent les membres de la juridiction.

a) Les juges

Afin de tenir compte du processus d'élargissement de l'Europe, le Traité de Nice de 2001 a prévu la règle selon laquelle chaque État membre dispose d'un juge à la Cour de justice (art. 19, TUE). Les juges sont choisis parmi des personnalités indépendantes, compétentes, qui remplissent, dans leur pays, les conditions pour exercer les plus hautes fonctions juridictionnelles (art. 253, TFUE). Ils sont nommés pour une période renouvelable de 6 ans d'un commun accord par les gouvernements des États membres ; un renouvellement partiel de 7 ou 8 juges a lieu tous les 3 ans. Une fois élus, les juges disposent d'un statut organisant leurs droits et leurs obligations, issu du décret n° 2003-

246 du 18 mars 2003[1]. Ils prêtent serment d'exercer leurs fonctions en pleine impartialité et en toute conscience et de ne rien divulguer du secret des délibérations. Ils jouissent de l'immunité de juridiction (sauf si la Cour, en assemblée plénière, lève cette immunité).

Les juges élisent parmi eux, par vote à bulletin secret et pour un mandat renouvelable de 3 ans, le président de la CJUE. Le président dirige les travaux de la Cour, répartit les affaires entre les différentes chambres, désigne le juge rapporteur pour chaque affaire, fixe les délais de procédure, la date des audiences et des délibérations. Il statue, en référé, par ordonnance motivée, sur les demandes de mesures provisoires.

b) Les avocats généraux

Les avocats généraux présentent publiquement et en toute indépendance des conclusions motivées sur les affaires soumises à la Cour. Ils sont au nombre de 9, mais, si la Cour le demande, le Conseil peut augmenter ce nombre à l'unanimité (art. 252, TFUE).

Ils sont nommés pour une période de 6 ans renouvelable par les gouvernements, avec renouvellement partiel tous les trois ans pour quatre d'entre eux. Ils sont choisis parmi des personnalités indépendantes et compétentes. Le premier avocat général, désigné pour une année par la Cour, décide de l'attribution des affaires aux avocats généraux, aussitôt après la désignation du juge rapporteur par le président.

c) Le greffe

Les juges et avocats généraux nomment ensemble, pour 6 ans renouvelables, le greffier de la Cour. Ce dernier, assisté par des fonctionnaires et autres agents attachés à la Cour, est chargé des fonctions du greffe et de l'administration de la Cour sous l'autorité du président. Le greffier est assisté de deux greffiers adjoints, l'un pour le greffe (tenue du registre, réception, transmission et conservation de tous les documents et notifications), l'autre pour les services administratifs et l'aide aux membres de la Cour et aux avocats généraux.

2) Le fonctionnement

Depuis le Traité de Nice de 2001, la Cour peut siéger selon diverses formations, en fonction de la nature et de l'importance des affaires (art. 251, TFUE). La majorité des affaires sont jugées en chambre de trois juges ou de cinq juges. Ces chambres disposent d'un président, élu par les juges pour trois ans renouvelables une fois si la chambre comprend 5 juges. La Cour siège en grande chambre de 11 juges, lorsqu'un État membre ou une institution de la Communauté le demande. La grande chambre est présidée par le président de la Cour, elle comprend les présidents des chambres à 5 juges et d'autres juges désignés dans les conditions prévues par le règlement de procédure. La Cour siège en assemblée plénière dans des cas prévus par l'article 16 du Protocole qui renvoie à certaines dispositions des traités, ou lorsqu'elle estime que l'affaire dont elle est saisie revêt une importance exceptionnelle.

La Cour ne peut délibérer qu'en nombre impair.

---

1. *JO* n° 67 du 20 mars 2003, p. 4940, portant, notamment, Protocole sur le statut de la Cour de justice.

3) Les attributions

a) Le respect du droit dans l'interprétation et l'application des traités

L'article 19 du Traité sur l'Union européenne (TUE) confère à la Cour (et au tribunal de 1re instance pour ce qui relève de sa compétence) la mission d'assurer le respect du droit de l'Union, fonction qui peut revêtir plusieurs modalités.

1. L'action en annulation

Elle permet à la Cour de justice de contrôler la légalité des actes des institutions communautaires (art. 263, TFUE). Dans les 2 mois suivant leur publication ou notification, la CJUE se prononce sur les recours pour incompétence, violation des formes substantielles du traité ou de toute règle de droit prise pour son application, ou détournement de pouvoir, formés par un État membre, le Conseil de l'Union européenne ou la Commission Européenne ; dans ce délai, toute personne physique ou morale peut former un recours contre les décisions ou les Règlements la concernant directement et individuellement.

L'exception d'illégalité peut être soulevée à l'encontre d'un tel acte, même si le délai de 2 mois suivant sa publication ou sa notification est forclos. La CJUE peut être saisie par toute partie, institution communautaire, État membre, personne physique ou morale, d'un litige mettant en cause un acte de l'Union.

2. La carence institutionnelle

Elle permet également de saisir la CJUE (art. 265, TFUE). Si le Parlement européen, le Conseil ou la Commission s'abstiennent de statuer, les États membres et les autres institutions de l'Union peuvent saisir la Cour en vue de faire constater cette violation. Préalablement à cette saisine, l'institution incriminée doit avoir été invitée à agir, et si à l'expiration d'un délai de 2 mois à compter de cette invitation, l'institution n'a pas pris position, le recours devant la CJUE peut être formé dans un nouveau délai de deux mois. Toute personne physique ou morale peut saisir la Cour pour faire grief à l'une des institutions d'avoir manqué de lui adresser un acte autre qu'une recommandation ou un avis.

3. Le recours en manquement

Il peut être exercé par la Commission européenne devant la CJUE contre un État membre qui aurait manqué à une des obligations lui incombant en vertu du Traité et du droit dérivé (art. 258 et s., TFUE). Le Traité prévoit, avant tout recours, que la Commission qui doit émettre son avis motivé après que l'État membre incriminé a été mis en mesure de présenter contradictoirement ses observations : ce n'est que si l'État ne se conforme pas à cet avis que la Cour peut être saisie. Si la CJUE reconnaît le manquement de l'État, celui-ci est tenu de prendre les mesures prévues par l'arrêt de la Cour. Ce recours en manquement peut être formé par un autre État membre (art. 259, TFUE), mais l'État doit d'abord saisir la Commission qui émet un avis motivé après avoir mis en demeure l'État incriminé de présenter contradictoirement ses observations ; si la commission n'a pas émis d'avis dans les trois mois, ceci ne fait pas obstacle à la saisine de la Cour de justice.

b) Le renvoi préjudiciel

Il représente près de la moitié des affaires devant la Cour de Justice. Il permet aux juridictions nationales de saisir la CJUE sur l'interprétation du Traité et du droit dérivé, ce qui assure une uniformisation du droit (art. 267, TFUE). La Cour de Justice peut statuer sur l'interprétation du traité, sur la validité et l'interprétation des actes pris par les institutions de l'Union, sur l'interprétation des statuts des organismes créés par un acte du Conseil, lorsque ces statuts le prévoient. Seule la juridiction nationale a la faculté de saisir la Cour, si elle estime qu'une décision de la CJUE est nécessaire pour rendre son jugement. Ce renvoi préjudiciel est même obligatoire si la question est soulevée dans une affaire pendante devant une juridiction nationale dont les décisions ne sont pas susceptibles d'un recours juridictionnel en droit interne.

Depuis le 1er mars 2008, si le renvoi préjudiciel soulève plusieurs questions concernant l'espace de liberté, de sécurité de justice, il peut à la demande de la juridiction nationale ou à titre exceptionnel d'office être soumis à ***une procédure d'urgence***. Cette procédure permet de traiter rapidement et correctement les questions préjudicielles urgentes : seul participe à la procédure écrite les parties au principal, l'État membre dont relève la juridiction de renvoi, la commission et les autres institutions si un de leurs actes est en cause ; de l'affaire est renvoyée à une chambre spécialement désignée à cet effet qui statue sans passage préalable par la réunion générale de la cour ; les communications dans le cadre de la procédure d'urgence, en interne et vis-à-vis des parties et des intéressés, se font dans la mesure du possible entièrement par voie électronique pour plus de célérité (voir *Le guide de la procédure de renvoi préjudiciel devant la Cour de justice de l'UE*, ainsi que *Les recommandations à l'attention des juridictions nationales relatives à l'introduction de procédures préjudicielles*, sur le site internet de la Cour, *aca-europe.eu*). Un rapport a été présenté sur la mise en œuvre de cette procédure couvrant la période du 1er mars 2008 au 6 octobre 2011 et il démontre que les affaires soumises à cette procédure préjudicielle d'urgence ont été clôturées en moyenne en 66 jours et qu'elle a concerné 126 affaires préjudicielles, ce qui représente 11,64 % de tous les renvois préjudiciels introduits durant cette période à savoir 1082. S'agissant du type d'affaires ayant bénéficié de cette procédure d'urgence le rapport indique que la cour statue à bref délai lorsqu'il y a un risque d'une détérioration irréparable d'une relation entre parents et enfants, ou lorsqu'une personne se trouve en détention et que le maintien de celle-ci dépend de la réponse apportée par la cour.

B - Le tribunal de première instance de l'Union européenne (TPI)

En application de l'Acte unique, a été institué en 1988 un tribunal de première instance pour alléger le travail de la CJUE.

1) La composition

Ce tribunal est composé d'au moins un juge par État membre (28 juges), le nombre étant fixé par le statut résultant du Protocole sur le Statut de la Cour de justice (art. 19, TUE : un juge par État membre au moins). Ils sont nommés dans les mêmes conditions que les juges de la Cour de justice.

Certains membres du TPI peuvent être appelés à exercer les fonctions d'avocat général, et à présenter publiquement et en toute impartialité et en toute indépendance, des conclusions motivées sur certaines affaires soumises au TPI, en vue de l'assister dans l'accomplissement de sa mission.

Le TPI siège en chambres, composées de 3 ou 5 juges. Les juges élisent parmi eux les présidents de chambre (pour 3 ans lorsque la chambre a 5 juges). Le TPI peut statuer à juge unique ou en assemblée plénière.

Le TPI dispose de son propre greffe et nomme son greffier.

2) La compétence

Sa compétence est définie par l'article 256 du TFUE. Elle concerne, notamment, les recours visés aux articles 263 (recours en annulation), 265 (carence institutionnelle), 268 réparation de dommages dans le cadre de la responsabilité contractuelle) du TFUE, et les recours contre les décisions des tribunaux spécialisés.

Un pourvoi est ouvert contre les décisions du tribunal devant la Cour de justice qui ne peut être saisie que des points de droit (compétence du Tribunal, régularité de la procédure, respect du droit communautaire), les questions de fait étant définitivement jugées par le tribunal.

C - Le tribunal de la fonction publique de l'Union européenne

L'article 257 TFUE (ancien art. 225 traité CE) prévoit la possibilité de créer des chambres juridictionnelles adjointes au TPI. Le Conseil a décidé d'instituer le tribunal de la fonction publique de l'Union européenne le 2 novembre 2004, qui est entré en fonction le 12 décembre 2005.

Le tribunal est composé de 7 juges nommés par le Conseil pour une durée de 6 ans renouvelable. Les juges désignent parmi eux le Président du tribunal, pour une période de 3 ans, renouvelable.

Un greffier assure le secrétariat du tribunal.

Le tribunal est compétent pour le contentieux de la ***fonction publique de l'Union européenne*** (et non nationale). Il statue sur les litiges entre les Communautés et leurs agents. Cela concerne les questions relatives au travail, (rémunération, carrière, recrutement, discipline) ainsi que celles qui concernent le régime de sécurité sociale (maladie, invalidité, accident de travail, allocations familiales...).

Il juge également les litiges concernant les personnels spécifiques (Eurojust, Banque centrale européenne).

La procédure comporte une phase écrite (requête par avocat) et une phase orale (audience publique). Des mesures provisoires peuvent être autorisées s'il y a urgence, que la demande paraît fondée, et qu'un juste équilibre est constaté entre les intérêts de la partie et l'intérêt général.

Les décisions peuvent être frappées de pourvoi devant le TPI.

2 • LA COUR EUROPÉENNE DES DROITS DE L'HOMME

Instituée par la Convention européenne de sauvegarde des droits de l'homme et des libertés fondamentales, signées à Rome le 4 novembre 1950 et ratifiée par la France le 3 mai 1974, la Cour européenne est compétente pour contrôler le respect par les États signataires des droits et libertés que la Convention les oblige à garantir à leurs citoyens. Elle a son siège à Strasbourg. Son statut a été profondément modifié par le Protocole n° 11, signé le 12 mai 1994 et entré en vigueur le 1er novembre 1998, qui transforme la Cour en un organe unique et permanent, nommé la Cour européenne des droits de l'homme (auparavant, la Commission européenne était saisie, et l'affaire n'était pas nécessairement jugée par la Cour elle-même). En raison de la multiplication des requêtes, due essentiellement à l'adhésion de nombreux nouveaux États à la Convention européenne, le système de protection européen a été modifié par le Protocole n° 14, ouvert à la signature le 13 mai 2004 et entré en vigueur le 1er juin 2010. Malgré cela, de nombreuses réflexions sont en cours pour tenter de résorber un flux toujours croissant et éviter l'asphyxie de la Cour ! Le protocole 15, ouvert à la signature des États le 24 juin 2013, intègre dans le Préambule de la Convention européenne des droits de l'homme le principe de subsidiarité, en affirmant qu'il incombe en premier chef aux États de garantir le respect des droits et libertés définis dans la convention et ses protocoles, même s'ils disposent à cet égard d'une marge d'appréciation sous le contrôle de la Cour européenne des droits de l'homme. L'objectif de ce protocole est d'insister sur le fait que la Cour européenne ne doit intervenir qu'à titre subsidiaire, lorsque l'État n'a pas pu réparer les conséquences d'une éventuelle violation des droits de l'homme ou y mettre fin en prenant les mesures nécessaires. Un projet de ratification du protocole 15 a été présenté au Sénat le 2 juillet 2014 (n° 675).

La Cour européenne peut juger toutes les affaires concernant l'interprétation et l'application de la Convention ou de ses Protocoles, qu'il s'agisse de litiges interétatiques ou de requêtes individuelles. En cas de contestation sur le point de savoir si la Cour est compétente, c'est la Cour qui décide. Elle exerce ses pouvoirs tout au long de la procédure : elle examine la recevabilité de la requête, établit les faits, tente une conciliation, puis rend une décision au fond. Mais cet organe unique intervient sous plusieurs formations, ce qui permet de répartir le travail entre les différents juges. Ces formations ont été aménagées par le Protocole 14 pour rendre la Cour plus efficace devant l'afflux des demandes.

À la demande du ***Comité des ministres***, la Cour peut donner ***des avis consultatifs sur des questions juridiques*** qui concernent l'interprétation de la Convention européenne (ou de ses protocoles additionnels). Ces avis ne peuvent porter ni sur des questions concernant le contenu et l'étendue des droits garantis, ni sur d'autres questions ayant fait l'objet d'un recours devant les organes de la Convention (art. 47, Conv. EDH). La Cour décide si la demande d'avis consultatif relève de sa compétence. Elle rend un avis motivé transmis au Comité des ministres.

Le Protocole n° 16 ouvert à la signature des États à Strasbourg le 2 octobre 2013, permettra, lorsqu'il aura été ratifié par les États membres (il entrera en vigueur le premier jour du mois qui suit l'expiration d'une période de trois mois après la date à laquelle les États auront exprimé leur consentement à être liés par ce protocole), ***aux plus hautes juridictions d'un État*** (Cour de cassation, Conseil d'État notamment) d'adresser à la Cour européenne des droits de l'homme une ***demande d'avis consultatif*** sur des questions de principe relative à l'interprétation ou à l'application des droits et libertés définies par la convention ou ses protocoles. Cette compétence appartiendra à la grande chambre qui rendra un avis consultatif motivé et publié mais qui ne sera pas contraignant pour la juridiction qui l'a sollicité.

A - La composition de la Cour

La Cour européenne des droits de l'homme est composée d'un nombre de juges égal à celui des hautes parties contractantes, (art. 20, Conv. EDH).

Les juges sont élus pour une durée de 9 ans, non rééligibles, par l'Assemblée parlementaire, à la majorité des voix exprimées, sur une liste de 3 candidats présentés par la Haute partie contractante. Pour être élus, les juges doivent offrir toutes les garanties d'indépendance, d'impartialité et de compétence. Ils ne doivent pas exercer d'activités incompatibles avec leur indépendance, leur impartialité ou la disponibilité requise pour une activité à plein-temps (par ex. un juge ne pourrait pas être, en même temps, avocat). Ils doivent avoir moins de 70 ans, et jouir de la plus haute considération morale et réunir les conditions requises pour l'exercice de hautes fonctions judiciaires, ou être des jurisconsultes possédant une compétence notoire. Un juge ne peut être relevé de ses fonctions que si les autres juges décident, à la majorité des 2/3, ou qu'il a cessé de répondre aux conditions requises. Avant d'entrer en fonction, tout juge doit prêter serment. Les règles relatives aux empêchements, déport ou dispense ont été précisées dans l'article 28 du règlement de la Cour, qui permet de garantir objectivement l'impartialité des juges. Si un juge est empêché de participer aux séances pour lesquelles il est convoqué ou s'il se déporte, il doit immédiatement en informer le président de la formation. Dès lors qu'un juge est personnellement intéressé dans une affaire où il est intervenu antérieurement comme agent ou conseiller d'une partie ou d'une personne ayant intérêt dans l'affaire, ou comme membre d'un tribunal ou d'une commission d'enquête ou à tout autre titre, il ne peut pas intervenir dans l'examen de l'affaire. Le protocole 16 modifie l'article 21 de la Convention pour préciser qu'à partir de son entrée en vigueur, les candidats à la fonction de juge devront être âgés de moins de 65 ans à la date à laquelle la liste des trois candidats est attendue par l'assemblée parlementaire.

Les juges siègent à la Cour à titre individuel et jouissent pendant l'exercice de leurs fonctions des privilèges et immunités (art. 40, du statut du Conseil de l'Europe).

La Cour dispose d'un greffe (art. 24, Conv. EDH, Protocole 14 ; Règlement de la Cour du 1er juin 2015, art. 15 et s.). Le greffier, élu par la Cour plénière, assiste la Cour, répond de l'organisation et des activités du greffe, garde les archives de la Cour, sert d'intermédiaire pour les communications et notifications adressées à la Cour, et répond aux demandes de renseignements.

Le président est élu par l'Assemblée plénière, comme ses deux vice-présidents et les présidents de section, pour une période de trois ans, celle-ci ne pouvant excéder la durée du mandat de juge des intéressés (art. 8, Règlement de la Cour). Les élections ont lieu au scrutin secret. Si un président ou un vice-président cesse de faire partie de la Cour, la Cour plénière (ou la section concernée), élit son successeur dans les mêmes conditions pour la période restant à courir. Le président de la Cour exerce de nombreuses attributions. Il dirige les travaux et les services de la Cour, représente la

Cour dans ses relations avec les autorités du Conseil de l'Europe, préside les séances plénières de la Cour, celles de la Grande chambre et du Collège des 5 juges. Il peut participer à l'examen des affaires traitées par les Chambres, s'il est le juge élu au titre d'une partie contractante intéressée à la procédure.

B - Le fonctionnement de la Cour

1) *Les sessions*

La Cour se réunit en session plénière sur convocation de son président. Cette réunion s'impose au moins une fois par an pour l'examen des questions administratives, et dès lors qu'elle est demandée au président par un tiers au moins des membres.

Les autres sessions de la Cour sont prévues par les dispositions de l'article 21 du règlement de la Cour. La Grande chambre, les Chambres et les Comités siègent de façon permanente. Sur proposition de son président, la Cour arrête chaque année les périodes de session ; en cas d'urgence, la Grande chambre et les Chambres peuvent être convoquées par le président en dehors de ces périodes.

2) *Les délibérations*

La Cour délibère en chambre du conseil et ses délibérations restent secrètes. Seuls les juges y prennent part. Les votes s'effectuent à main levée, après que le président a invité les juges à donner leur opinion. Le président peut décider de procéder à un vote sur appel nominal. Les décisions de la Cour sont prises à la majorité des voix des juges présents ; en cas de partage égal des voix, et après un nouveau vote, la voix du président est prépondérante (art. 23, Règlement de la Cour du 1er juin 2015). Les décisions et arrêts de la grande chambre et des chambres sont adoptés à la majorité des juges ; les abstentions ne sont pas admises pour les votes définitifs qui portent sur la recevabilité ou le fond de l'affaire.

3) *Les formations*

a) L'Assemblée plénière

Elle réunit tous les juges de la Cour. Elle n'exerce que des fonctions administratives. Elle élit pour une durée de trois ans son président et un ou deux vice-présidents. Elle procède à l'élection des présidents des chambres de la Cour. Elle élit le greffier ainsi qu'un ou plusieurs greffiers adjoints. Elle constitue des chambres pour une période déterminée : ces chambres, dénommées « sections », sont constituées sur proposition du président pour une période de trois ans ; chaque juge est membre d'une section, et la composition de celle-ci doit être équilibrée tant sur le plan géographique que sur celui de la représentation des sexes. L'assemblée plénière adopte le règlement intérieur de la Cour.

b) Les formations juridictionnelles

D'après l'article 26 de la Convention, modifié par le Protocole 14, la Cour siège en formations de juge unique, en comité de 3 juges, en chambres de 7 juges et en une grande chambre de 17 juges. Pour que la victime d'une violation des droits garantis puisse saisir valablement la Cour européenne, elle doit remplir de très nombreuses conditions : le requérant doit avoir d'abord épuisé les voies de recours internes, et agir dans les 6 mois de la dernière décision définitive, il doit invoquer un droit que la

Convention ou ses Protocoles protège, et ne pas présenter une demande abusive ou manifestement mal fondée. Depuis l'entrée en vigueur du Protocole 14, la requête peut être déclarée irrecevable si les conditions de recevabilité prévues à l'article 35 de la Convention ne sont pas remplies : notamment, la requête individuelle est recevable uniquement si le requérant a d'abord épuisé les voies de recours internes (comme l'appel et la cassation), s'il a saisi la Cour européenne dans le délai de 6 mois après la dernière décision définitive (le protocole 16 réduit ce délai à quatre mois), s'il n'a pas déjà saisi la Cour européenne avant sur le même grief, si sa requête est incompatible avec la Convention ou ses Protocoles, et, enfin, si « le requérant n'a subi aucun préjudice important, sauf si le respect des droits de l'homme exige un examen de la requête au fond et à condition de ne rejeter pour ce motif aucune affaire qui n'a pas été dûment examinée par un tribunal interne » (art. 35-3-b, Conv. EDH, Protocole 14 ; le protocole 16 supprime cette dernière condition, la Cour européenne pourra donc juger l'affaire même si le préjudice n'est pas important dès lors que le respect des droits de l'homme exige un examen de la requête au fond). Ces conditions de recevabilité sont si strictes, que presque 95 % des requêtes sont déclarées irrecevables !

1. Un juge unique

Il peut déclarer une ***requête individuelle irrecevable ou la rayer du rôle*** lorsqu'une telle décision peut être prise sans examen complémentaire. Sa décision est définitive. Si une telle décision ne peut être prise, le juge doit renvoyer l'affaire pour un examen complémentaire, soit au comité, soit à la chambre (art. 27, Conv. EDH, Protocole 14). Pour éviter tout soupçon de partialité, le juge unique ne peut jamais examiner une requête introduite contre l'État au titre duquel il a été élu. Cette faculté de conférer à un juge unique le pouvoir de filtrer les requêtes individuelles a permis d'augmenter considérablement la capacité de traitement des affaires irrecevables.

Le juge unique est assisté de rapporteurs qui exercent leurs fonctions sous l'autorité du président de la Cour et font partie du greffe de la Cour (art. 24, Convention européenne).

Le juge est assisté par les juristes du greffe et des « juristes assistants », ressortissants des différents pays du Conseil de l'Europe, qui connaissent parfaitement le droit national, et préparent l'examen de la recevabilité des requêtes individuelles. Ils sont recrutés par concours.

2. Un Comité de trois juges

Il existe dans chaque chambre de la Cour un comité de 3 juges. Ces Comités ont pour mission le filtrage des requêtes individuelles. Ils peuvent, par vote unanime, déclarer irrecevable ou rayer du rôle une requête individuelle lorsqu'une telle décision peut être prise sans examen complémentaire. La décision doit être motivée. Il peut aussi, depuis le Protocole 14, déclarer la requête recevable et rendre conjointement un arrêt sur le fond lorsque la question relative à l'interprétation ou à l'application de la Convention ou de ses Protocoles fait l'objet d'une jurisprudence bien établie de la Cour (art. 28-1-b), Conv. EDH, Protocole 14). Si le juge élu au titre de l'État partie au litige ne fait pas partie du Comité, ce dernier peut l'inviter à siéger en son sein en lieu et place de l'un de ses membres.

3. Les Chambres de sept juges

Elles sont constituées à partir des sections (à la demande de l'Assemblée plénière, le Comité des ministres peut, par une décision unanime et pour une période déterminée, réduire à 5 le nombre des juges d'une chambre, art. 26-2, Conv. EDH) : pour chaque affaire, la chambre comprend le président de la section et le juge élu au titre de la Partie contractante concernée (en cas d'absence de ce juge, une personne, choisie par le président de la Cour sur une liste soumise au préalable par l'État concerné, siège en qualité de juge, art. 26-4, Conv. EDH) ; les 5 autres membres sont désignés par le président de la section selon un système de rotation parmi les membres de la section ; les membres de la section non désignés siègent en qualité de suppléants.

Cette chambre est l'instance normale de jugement : elle a une compétence de principe pour examiner toutes les requêtes, individuelles ou étatiques, et statuer sur la recevabilité comme sur le fond. La décision de recevabilité, motivée, peut être distincte de l'arrêt sur le fond (art. 29, Conv. EDH, Protocole 14).

La chambre de sept juges a aussi une fonction de conciliation : le greffier, sur les instructions de la chambre, entre en rapport avec les parties en vue de parvenir à un règlement amiable. Les négociations sont confidentielles ; si elles aboutissent à un accord, la chambre s'assure que le règlement s'inspire du respect des droits de l'homme tels que les reconnaissent la Convention et ses Protocoles, et elle raye l'affaire du rôle de la Cour.

À défaut de règlement amiable, la chambre se prononce sur la violation de la Convention. Elle rend un arrêt déclaratoire : cette décision a autorité de la chose jugée à l'égard des parties (le requérant et l'État défendeur) ; elle oblige l'État condamné à prendre des mesures positives, d'ordre général (modification du système législatif) ou d'ordre individuel (possibilité de sortie du territoire, restitution d'un bien...). S'il y a lieu, la Chambre se prononce sur la ***satisfaction équitable*** : l'État défendeur est condamné à verser au requérant une somme d'argent, qui produit intérêts, pour réparer les préjudices résultant de la violation de la Convention.

Mais l'arrêt de la Cour européenne n'a pas force exécutoire dans l'ordre juridique interne : le requérant ne peut contraindre l'État à prendre ces mesures, il doit attendre le bon vouloir des autorités. Il n'existe pas de système coercitif pour obliger un État à changer **sa *législation et la mettre en conformité*** avec la Convention européenne. Mais l'État condamné a intérêt à modifier ses normes, pour éviter les condamnations successives fondées sur le même grief ! Lorsqu'un État est attaqué par plusieurs requêtes, la Cour européenne applique **« *l'arrêt pilote* »** (le 1er a concerné la Pologne, aff. Broniowski du 22 juin 2004) : la Cour constate que les affaires sont répétitives, elle identifie les mesures que l'État doit prendre pour mettre fin à la violation des droits de l'homme, et elle met en attente l'examen des autres requêtes, en attendant de contrôler si l'État a ou non pris les dispositions qu'elle a proposées. S'agissant des États non condamnés, ils ont également intérêt à modifier leur législation qui serait analogue à celle qui a été déclarée non-conforme à la Convention. À défaut, ils prennent le risque d'être condamnés à leur tour : il s'agit même d'une mise en conformité à titre préventif.

Lorsque la violation de la Convention européenne résulte d'un jugement, la situation juridique est tout aussi délicate. En effet, les décisions rendues par une juridiction nationale ont autorité de la chose jugée et force exécutoire. L'arrêt de condamnation de la Cour européenne des droits de l'homme ne peut pas porter atteinte à ces attributs. En conséquence, un jugement doit être mis à exécution, même si la Cour a condamné la

France en se fondant sur cette décision ! Exceptionnellement, en matière pénale (art. 626-1 à 626-7, C. pr. pén.), la loi du 15 juin 2000 a prévu une procédure permettant ***un réexamen* des *décisions pénales*** définitives en cas de condamnation par la Cour européenne, si la violation constatée entraîne pour le condamné des conséquences dommageables auxquelles l'indemnisation financière ne peut à elle seule mettre un terme (par ex. une personne a été condamnée à une peine de prison à l'issue d'une procédure qui n'a pas respecté les droits de la défense). La demande est portée devant ***la Cour de révision et de réexamen***, réformée par la loi n° 2014-640 du 20 juin 2014. Pour l'instant, cette procédure n'est pas applicable aux procès civils : les décisions rendues en matière civile conservent toute leur efficacité en droit interne, même si l'État est condamné, par exemple, pour violation du procès équitable par le juge qui a statué.

Pour aller plus loin

Le ***comité des ministres*** (art. 14, Statut du Conseil de l'Europe) est composé d'un représentant de chaque État membre ; il s'agit en principe du ministre chargé des affaires étrangères. Il a pour fonction de ***surveiller l'exécution*** des arrêts définitifs rendus par la Cour (arrêt d'une chambre, de la grande chambre...). En effet, les États s'engagent à se conformer aux arrêts définitifs de la Cour. Si l'État condamné ne prend pas les mesures qui s'imposent dans le délai imparti, le Comité des Ministres, après avoir mis en demeure cet État, et par décision prise par un vote à la majorité des 2/3 des représentants ayant le droit de siéger, saisir la Cour de la question du respect de la décision (art. 46-4, Conv. EDH, Protocole 14). Si la Cour constate une méconnaissance de la décision, elle renvoie l'affaire au Comité des Ministres afin qu'il examine les mesures à prendre. L'État concerné est moralement et politiquement fortement incité à exécuter, pour sauvegarder son image d'État de droit sur la scène internationale...

L'arrêt rendu sur le fond par la chambre de sept juges n'est pas définitif, la grande chambre pouvant éventuellement intervenir.

4. La Grande chambre

Elle est formée de dix-sept juges, et se caractérise par une composition variable : à l'exception des membres de droit (le président, les vice-présidents, les présidents de chambre et le juge élu au titre de l'État partie au litige), les juges sont désignés pour chaque affaire conformément au Règlement de la Cour (art. 26-5, Conv. EDH, Protocole 14). Cette composition peut poser problème au regard de l'exigence d'impartialité, puisque le président de la chambre et le juge qui a siégé au titre de l'État partie au litige en font partie.

Après l'entrée en vigueur du protocole 16, la grande chambre sera compétente pour donner un avis consultatif sur une question de principe relative à l'interprétation ou à l'application des droits et libertés définis par la convention ou ses protocoles. La grande chambre comprendra de plein droit le juge élu au titre de l'État dont relève la juridiction qui a procédé à la demande. Le commissaire aux droits de l'homme du conseil de l'Europe et l'État auront le droit de présenter des observations écrites et de prendre part aux audiences. Le président de la cour pourra même dans l'intérêt d'une bonne administration de la justice inviter tout autre État ou personne à présenter également des observations écrites ou à prendre part aux audiences. La grande chambre rendra un avis consultatif motivé et tout juge aura le droit d'y joindre l'exposé de son opinion séparée. L'avis consultatif sera transmis à la juridiction qui l'a demandé et à l'État. Il sera publié. Néanmoins cet avis n'est pas contraignant pour la juridiction qui l'a sollicité.

5. Le collège

Le collège de cinq juges de la grande chambre, appelé à examiner les demandes préalablement au renvoi devant la Grande chambre, se compose du président de la Cour, des présidents ou en cas d'empêchement des vice-présidents des sections autres que celle à partir de laquelle a été constituée la chambre qui a eu à connaître de l'affaire dont le renvoi a été demandé, et un juge supplémentaire désigné par rotation parmi les juges autres que ceux qui ont eu à connaître de l'affaire dans la Chambre. Aucun juge élu au titre d'une partie contractante concernée ou ressortissant de celle-ci ne peut faire partie du Collège. Ce Collège doit vérifier que le recours formé devant la grande chambre remplit les conditions de recevabilité prévues par la Convention : le renvoi doit être demandé dans le délai de 3 mois à compter de la date de l'arrêt de la chambre ; l'affaire doit soulever une question grave relative à l'interprétation ou à l'application de la Convention ou de ses Protocoles, ou encore une question grave d'intérêt général (par ex. nécessite une modification du système législatif d'un État ; art. 43, Conv. EDH).

Dans la ***procédure d'avis consultatif*** prévu par le protocole 16, le collège de cinq juges de la grande chambre doit se prononcer sur l'acceptation de la demande d'avis consultatif. Le collège comprend alors de plein droit le juge élu au titre de l'État dont relève la juridiction qui a demandé l'avis. Si le collège refuse d'accepter cette demande d'avis, sa décision doit être motivée. S'il accepte la demande d'avis la grande chambre statue.

CHAPITRE 9

Les juridictions internationales

La solidarité et la nécessité d'organiser des rapports de paix entre les peuples de la société internationale exigent que les États acceptent de limiter leur souveraineté pour institutionnaliser de façon permanente des organes judiciaires communs, à vocation supra nationale, indépendants de toute souveraineté des États, et pour reconnaître l'autorité des décisions rendues par ces juridictions. À cet égard, la Cour internationale de justice de La Haye traduit la juridictionnalisation croissante du règlement des litiges entre États. En matière répressive, la communauté internationale, ou du moins une grande partie, s'engage vers un nouvel ordre juridique international pour sanctionner des actes particulièrement inacceptables pour l'humanité : en ce sens, plusieurs tribunaux pénaux internationaux et une Cour pénale internationale ont été créés.

La loi du 13 décembre 2011 relative à la répartition des contentieux et à l'allégement de certaines procédures, promulguée dans le prolongement du rapport Guinchard (L'ambition raisonnée d'une justice apaisée, La Doc. française, 2008) met en place un ***pôle judiciaire spécialisé à Paris***, compétent pour les crimes contre l'humanité et les crimes et délits de guerre. Les articles 628 et suivants du Code pénal[1] précisent la compétence concurrente de la cour d'assises de Paris et organisent la poursuite, l'instruction et le jugement des crimes contre l'humanité.

1 • LA COUR INTERNATIONALE DE JUSTICE DE LA HAYE

La Cour internationale de justice a son siège à La Haye. Sa mission essentielle est de trancher les différends juridiques entre des États souverains étrangers (par exemple, une contestation sur la délimitation de leurs frontières, un litige sur l'utilisation des eaux territoriales en matière de pêche). C'est au lendemain de la première guerre mondiale, en 1922, que la Société des Nations a créé une Cour Permanente de Justice internationale (CPJI). Après la seconde guerre mondiale, l'ONU la remplaça par la Cour internationale de justice (CJI), régie par la Charte de l'ONU (art. 92 à 96) et par un Statut qui en est partie intégrante.

1. Situés dans le sous-titre « de la coopération avec la cour pénale internationale ».

A - La composition

La Cour, qui ne peut comprendre plus d'un membre ressortissant du même État, est composée de 15 membres, indépendants, inamovibles et bénéficiant de l'immunité diplomatique, élus par l'Assemblée générale et le Conseil de sécurité de l'ONU, sur des listes présentées, pour chacun des pays, par des personnalités indépendantes jouissant de la plus haute considération morale, et qui réunissent des conditions de compétence (art. 3 et 4, Statut) ; le choix de ces juges est effectué dans le souci d'assurer « la représentation des grandes formes de civilisation et des principaux systèmes juridiques du monde » (art. 9, Statut). La durée du mandat est de 9 ans, renouvelable (art. 13, Statut). La Cour est renouvelée par tiers tous les trois ans. Dans un procès donné, si un État concerné ne compte pas l'un de ses citoyens parmi les juges de la CIJ, celle-ci peut s'adjoindre un juge *ad hoc* désigné par cet État.

Les membres de la Cour doivent être indépendants et impartiaux : ils ne peuvent exercer aucune fonction politique ou administrative ni se livrer à aucune autre occupation à titre professionnel. Ils ne peuvent pas exercer les fonctions d'agent, de conseil ou d'avocat dans aucune affaire.

La Cour nomme, pour trois ans, son président et son vice-président ; ils sont rééligibles.

Elle nomme son greffier.

Sauf exception prévue par le Statut, la Cour exerce ses attributions en séance plénière. Le quorum de 9 est suffisant pour constituer la Cour.

La Cour peut, à toute époque, constituer une ou plusieurs chambres composées de 3 juges au moins selon ce qu'elle décidera, pour connaître certaines affaires déterminées (affaires de travail, ou concernant le transit et les communications, art. 26, statut de la Cour). Une chambre de 5 juges est appelée à statuer en procédure sommaire lorsque les parties le demandent.

B - La compétence

1) La compétence contentieuse

La CIJ a pour mission de régler, conformément au droit international, les différends juridiques qui lui sont soumis, et de leur donner une solution conforme aux conventions et coutumes internationales, aux principes généraux de droit reconnus par les nations civilisées. Mais, cette solution des conflits juridiques n'est pas exempte de connotations politiques. Cela se vérifie dans sa saisine, l'acceptation de sa compétence par les États et la réelle force de ses arrêts.

La saisine de la CIJ ne peut être réalisée que par les États, et par l'ONU depuis l'avis du 11 avril 1949, un particulier ne peut pas la saisir, si ce n'est par l'intermédiaire de l'État auquel il appartient.

La compétence de la CIJ doit avoir été acceptée par les États concernés. Cette acceptation peut se manifester, lorsqu'un différend surgit entre deux États, par une convention, le compromis, reconnaissant le caractère obligatoire de la juridiction quant au litige qui les oppose. Avant même la naissance du litige, les États qui ont signé un traité international peuvent ajouter une clause compromissoire par laquelle tout différend relatif à l'application ou l'interprétation de ce traité sera soumis à la Cour. Les États peuvent aussi, par une déclaration générale (clause facultative de juridiction obligatoire), avant tout litige, accepter la juridiction de la CIJ ; ils peuvent même exclure certains différends de cette acceptation. Le domaine de compétence de la Cour est défini par l'article 36 du Statut : interprétation d'un traité, tout point de droit international, la réalité de tout fait qui constituerait une violation d'un engagement international, la nature et l'étendue de la réparation due pour la rupture d'un engagement international.

Pour aller plus loin

La portée des arrêts de la CIJ est relative. Si l'État condamné n'exécute pas spontanément la décision prononcée contre lui, cette dernière n'est exécutoire que si l'État bénéficiaire de l'arrêt recourt au Conseil de sécurité qui, « s'il le juge nécessaire, peut faire des recommandations ou décider des mesures à prendre pour faire exécuter l'arrêt » (art. 94, Charte ONU) : par exemple, une coercition par embargo.

2) *La compétence consultative*

La CIJ peut être saisie sur toute question juridique par l'Assemblée générale ou le Conseil de sécurité de l'ONU. Ces avis ne sont pas obligatoires en droit. Certains avis sont de véritables voies de recours, parce qu'ils sont obligatoires : il s'agit des avis rendus par la CIJ sur les décisions prises par le Tribunal administratif des Nations unies et le Tribunal administratif de l'Organisation internationale du Travail, au sujet des fonctionnaires internationaux.

2 • LES JURIDICTIONS RÉPRESSIVES INTERNATIONALES

En 1920, la Société des Nations envisagea la création d'une Haute Cour de Justice internationale qui n'entra jamais en vigueur. En 1945-1946 les tribunaux militaires internationaux de Nuremberg et Tokyo jugèrent des grands criminels nazis et japonais, et ont conduit la communauté mondiale à réfléchir à l'établissement de tribunaux pénaux internationaux et d'une Cour pénale internationale.

A - Les tribunaux pénaux internationaux (TPI)

Les Nations unies en 1951 et 1953 ont présenté deux projets pour la création de Tribunaux pénaux internationaux que l'évolution politique pendant près de 40 ans n'a pas permis de réaliser (guerre froide, affrontement Est-Ouest, développement des mouvements guerriers d'indépendance...). Il faudra attendre les années 1990 et les événements de l'ex-Yougoslavie et du Rwanda, pour que le Conseil de Sécurité de l'Organisation des Nations unies décide la création de deux Tribunaux pénaux internationaux. Mais ces juridictions ont une compétence temporaire : le 21 décembre 2011, le Conseil de sécurité a adopté à l'unanimité la résolution 2029 prorogeant jusqu'au 20 juin 2012 le mandat des juges permanents et ad litem du TPI pour le Rwanda ; le 29 juin 2012, la résolution 2054 a permis la prorogation à titre exceptionnel jusqu'au 31 décembre 2012. Pour le TPI pour l'ex-Yougoslavie, la résolution 1931 du 29 juin 2010 a prorogé jusqu'au 31 décembre 2011 le mandat des juges, et jusqu'au 31 décembre 2012 le mandat des juges d'appel.

Le Conseil de sécurité a mis en place un ***Mécanisme international*** ayant pour objectif d'achever les missions du TPI Y et du TPI R, avec une compétence conjointe des TPI (résolution du 22 déc. 2010, CS 10141). Le mécanisme est composé de 2 divisions, l'une à La Haye, l'autre à Arusha ; il est composé de chambres de 25 juges indépendants. Le procureur est commun aux deux divisions et est nommé par la Conseil de sécurité sur proposition du secrétaire général pour un mandat de 4 ans (renouvelable). Un greffe commun assure le service administratif de l'ensemble. Le mécanisme fonctionne comme une juridiction non permanente.

1) Le TPI pour l'ex-Yougoslavie

Par sa résolution 827, du 25 mai 1993, le Conseil de sécurité de l'ONU a institué un tribunal international chargé de juger les personnes présumées responsables de violations graves du droit humanitaire international commises sur le territoire de l'ex-Yougoslavie. Les résolutions numéros 1503 et 1534 du Conseil de sécurité des Nations unies prévoyaient que ce tribunal devait mettre un terme à toutes ses activités en 2010 (voir le statut actualisé du TPI de sept. 2009, site internet, *tpiy.org*). Cependant les derniers fugitifs ayant été arrêtés tardivement, ce calendrier n'a pas pu être respecté. En conséquence la résolution numéro 1966 du Conseil de sécurité de 2010 a établi le « mécanisme international appelé à exercer les fonctions résiduelles des tribunaux pénaux ». Il s'agit d'une stratégie d'achèvement des travaux par le tribunal. Il a été prévu qu'une division chargée du mandat du TIPY siège à La Haye (elle est entrée en fonction le 1er juillet 2013). Jusqu'à fin 2014, date de fermeture prévue du tribunal, certaines compétences du « mécanisme international appelé à exercer les fonctions résiduelles des tribunaux pénaux » se chevaucheront avec celles du tribunal pénal pour l'ex Yougoslavie. Une première évaluation sur sa progression aura lieu en 2016.

a) La compétence

Elle est limitée dans le temps et dans l'espace aux violations graves du droit international humanitaire commises sur le territoire de l'ex-Yougoslavie depuis le 1er janvier 1991. Ces infractions constituent, selon le statut du tribunal, des infractions graves aux conventions de Genève de 1949 (par ex., homicide intentionnel, torture, traitements inhumains, enlèvements, prises d'otages...), des violations des lois aux coutumes de la guerre (par ex., emploi d'armes toxiques, attaques de bâtiments civils non défendus, pillage...), un génocide (acte commis dans l'intention de détruire en tout ou en partie un groupe national, ethnique, racial ou religieux : par ex., meurtres, atteintes physiques, transfert forcé...), ou des crimes contre l'humanité (par ex., assassinat, extermination, esclavage, expulsion, emprisonnement, viol, torture, persécutions, commis au cours d'un conflit armé international ou interne et dirigés contre une population civile quelle qu'elle soit). Le tribunal ne peut prononcer que des peines d'emprisonnement, dont les conditions sont fixées par référence aux peines appliquées par les tribunaux de l'ex-Yougoslavie.

La compétence de ce TPI concerne les personnes physiques (et non des États) qui auraient planifié, incité à commettre, ordonné, commis, aidé et encouragé à planifier, à préparer ou à exécuter un crime précité. La qualité officielle d'un accusé, comme celles de chef d'État ou de gouvernement, de haut fonctionnaire, ne l'exonère pas de sa responsabilité pénale et n'est pas un motif de diminution de la peine. Le fait que l'infraction ait été commise par un subordonné ne dégage pas son supérieur de sa responsabilité pénale s'il savait, ou avait des raisons de savoir, que le subordonné s'apprêtait à commettre cet acte ou l'avait fait, et que le supérieur n'a pas pris les mesures nécessaires et raisonnables pour empêcher que cet acte ne soit commis ou en punir les auteurs. Le fait qu'un accusé a agi en exécution d'un ordre d'un gouvernement ou d'un supérieur ne l'exonère pas mais peut être un motif de diminution de peine.

Ainsi, les compétences de ce TPI concurrencent celles des juridictions nationales pour juger les personnes présumées responsables. Mais le TPI a la primauté sur les juridictions nationales : à tout stade de la procédure, il peut leur demander de se dessaisir en sa faveur.

b) La composition

Le tribunal, qui a son siège à La Haye, comporte deux chambres de première instance et une chambre d'appel. Il est composé de onze juges, dont un juge français, élus par l'Assemblée générale de l'ONU pour un mandat de quatre ans renouvelable.

Le procureur, nommé pour quatre ans par le Conseil de sécurité de l'ONU sur proposition du Secrétaire général, ne reçoit aucune instruction d'aucun gouvernement. Il saisit le tribunal en transmettant l'acte d'accusation à un juge siégeant dans une chambre de première instance. Il dispose de pouvoirs d'investigation similaires à ceux que détient en France un juge d'instruction.

La chambre de première instance, saisie de l'acte d'accusation établi par le Procureur, peut estimer nécessaire d'engager des poursuites ou de rejeter l'accusation. Dans le premier cas, la chambre veille à ce que le procès soit équitable et rapide et à ce que l'instance se déroule conformément aux règles de procédure et de preuve, les droits de l'accusé étant pleinement respectés et la protection des victimes dûment assurée. La chambre donne lecture de l'acte d'accusation, confirme que l'accusé a compris le contenu de l'acte d'accusation et lui ordonne de plaider coupable ou non coupable. La chambre de première instance fixe alors la date du procès. Les audiences sont publiques, à moins que la chambre de première instance décide de les tenir à huis clos. La sentence est rendue en audience publique à la majorité des juges. Elle est établie par écrit et motivée, des opinions individuelles ou dissidentes pouvant y être jointes.

La chambre d'appel connaît des recours introduits soit par les personnes condamnées par les chambres de première instance, soit par le procureur, pour erreur sur un point de droit qui invalide la décision, ou pour erreur de fait qui a entraîné un déni de justice. Elle peut confirmer, annuler ou réviser les décisions des chambres de première instance (sur demande du procureur ou du condamné) s'il est découvert un fait nouveau qui aurait pu être décisif de la décision.

La peine d'emprisonnement est subie dans un État, désigné par le tribunal, qui a fait savoir au Conseil de sécurité de l'ONU qu'il était disposé à recevoir des condamnés. La réclusion est soumise aux règles nationales de l'État concerné, sous le contrôle du Tribunal international.

2) Le TPI pour le Rwanda

Par sa résolution 955, du 8 novembre 1994, le Conseil de sécurité de l'ONU a institué un Tribunal international pour juger les personnes présumées responsables d'actes de génocide ou d'autres violations graves du droit international humanitaire, commis sur le territoire du Rwanda ou d'États voisins. La composition et le fonctionnement de ce tribunal, qui a son siège à Arusha en Tanzanie, sont calqués sur ceux du tribunal pénal international pour l'ex-Yougoslavie (voir le site internet, *trial-ch.org*).

Dans le cadre du « mécanisme international appelé à exercer les fonctions résiduelles des tribunaux pénaux », prévu par la résolution 1966 du Conseil de sécurité en 2010, le TPIR a vocation à disparaître (les résolutions 1503 et 1534 du Conseil de sécurité des Nations unies prévoyaient que le tribunal devait avoir terminé l'ensemble de ses enquêtes à la fin de 2004 et achevé tous ses procès, mais le tribunal n'a pas réussi à finaliser son travail dans les délais, neufs accusés sont encore en fuite et six affaires sont en instance de jugement) : la division du mécanisme chargée de finaliser le travail du TPIR est installée à Arusha et est entrée en fonction le 1er juillet 2012. Jusqu'à fin 2014, date de fermeture prévue du tribunal, certaines compétences du mécanisme se chevaucheront avec celles du TPIR. Une première évaluation de sa progression aura lieu en 2016.

La compétence d'attribution du TPI pour le Rwanda concerne le génocide et des crimes contre l'humanité commis sur le territoire du Rwanda, accomplis, non à l'occasion d'une guerre entre deux États, mais dans le cadre d'un conflit armé interne.

La compétence du tribunal international pour le Rwanda se limite à l'année 1994.

Enfin, sa compétence territoriale s'entend de tous les crimes perpétrés sur le territoire du Rwanda, et sur le territoire d'États voisins s'ils ont été le fait de citoyens rwandais.

B - La Cour pénale internationale

1) L'organisation

La création des deux TPI a mis en évidence la nécessité d'instaurer une cour pénale permanente (voir le site internet, *icc-cpi.int*). En 1994, la Commission du droit international de l'ONU a présenté un projet de Statut qui, après discussions et rapports, a été adopté 3 avril 1998 lors de la Conférence diplomatique de Rome. Résultat de longues négociations politiques, ses statuts sont un compromis juridique entre deux systèmes de droits différents, le droit des pays de Common law et les droits de tradition romano-germanique. Ce traité de Rome a été adopté par 120 États sur 160, 7 États ont voté contre (États-Unis et Chine membres permanents du Conseil de sécurité, Irak, Libye, Qatar, Inde), 21 se sont abstenus et 12 délégations n'ont pas pris part au vote.

La France a dû procéder à une modification constitutionnelle pour la ratification de la Convention de Rome : la loi constitutionnelle n° 99-568 du 8 juillet 1999 ajoute un article 53-2 à la Constitution du 4 octobre 1958 pour autoriser la République à reconnaître la Cour pénale internationale. La première assemblée des États parties s'est tenue du 3 au 10 septembre 2002 pour adopter le règlement de procédure et des preuves, définir un budget et les modalités de désignation des juges et du procureur. Les juges ont été élus (11 hommes et 7 femmes) par l'Assemblée des États parties, pour un mandat de 9 ans non renouvelable. L'inauguration officielle de la Cour a eu lieu le 11 mars 2003 à La Haye et le règlement de la Cour a été adopté le 26 mai 2004.

Le siège de la Cour est situé à La Haye.

Elle comprend trois sections : la section préliminaire, la section de 1re instance et la section d'appel. La section préliminaire est constituée d'au moins 6 juges et un président, elle peut statuer avec un ou trois juges. La section de 1re instance comprend au moins 6 juges et un président, elle statue avec 3 juges. La section d'appel comprend 4 juges et 1 président, elle doit statuer avec tous ses 5 membres.

La présidence de la Cour (1 président, 2 vice-présidents élus par les juges pour 3 ans) est chargée de l'administration de la cour.

Le bureau du procureur est constitué par le procureur (élu au scrutin secret à la majorité absolue des membres de l'assemblée des États parties) et un ou plusieurs procureurs adjoints. Le bureau du procureur est totalement indépendant de la Cour et joue un rôle essentiel : il reçoit les informations sur les infractions qui relèvent de la compétence de la Cour, conduit les enquêtes et soutient l'accusation.

2) La compétence

La CPI exerce « sa compétence à l'égard des personnes pour les crimes les plus graves ayant une portée internationale » (art. 1).

La cour est compétente pour les infractions les plus odieuses et les plus dangereuses pour l'humanité : génocide, crimes contre l'humanité, crimes de guerre et agression :

- le ***génocide*** consiste en des actes commis dans l'intention de détruire en tout pour en partie un groupe national, ethnique, racial ou religieux (meurtres, atteintes à l'intégrité physique ou mentale, imposition de conditions de vie inhumaines, de mesures empêchant les naissances dans le groupe, le transfert forcé d'enfants) ;
- les ***crimes contre l'humanité*** sont des actes commis en connaissance de cause « dans le cadre d'une attaque de populations civiles systématique ou sur une grande échelle » (meurtres, exterminations, tortures, déportations, viols, esclavage sexuel, apartheid…) ;
- les ***crimes de guerre*** sont des actes violant les conventions de Genève de 1949 et les lois et coutumes de la guerre en vigueur dans le droit international ; l'agression n'est pas définie et relève de l'appréciation de la cour. Les peines applicables sont l'emprisonnement de 30 ans au plus, ainsi que la perpétuité ; la cour peut ajouter une amende et la confiscation des produits du crime.

La cour pourra exercer sa juridiction si le crime a été commis sur le territoire d'un État signataire (ou d'un autre qui aurait accepté sa compétence par décision spéciale) ou si l'accusé est un ressortissant de l'un de ces États.

La cour est compétente à l'égard des personnes physiques (et non des États). Cela vise la responsabilité pénale des chefs de gouvernements (même si des immunités s'attachent à cette qualité en vertu du droit interne) et celle des supérieurs hiérarchiques pour négligence, défaut de surveillance ou consentement tacite. Aucun chef militaire ou supérieur hiérarchique ne pourra échapper à ses responsabilités pour les crimes commis par ses subordonnés, sauf s'il a été lui-même dans l'obligation légale d'obéir aux ordres du gouvernement ou d'un supérieur, s'il n'a pas su que l'ordre était illégal ou si l'ordre n'était pas manifestement illégal. Pour tous les responsables existent des causes d'atténuation ou d'exonération traditionnelles de responsabilité pénale. La CPI a rendu son premier jugement le 14 mars 2012 pour déclarer l'ancien chef de milice congolais Lubanga coupable de crimes de guerre commis en 2002.

La compétence de la CPI est complémentaire à celle des juridictions nationales. À la différence des tribunaux de La Haye et d'Arusha, pour lesquels existe une obligation de dessaisissement des juridictions nationales à la demande des pays, la compétence de la CPI est subsidiaire à celle des instances étatiques. Cette primauté accordée aux juridictions nationales est destinée à inciter les États à réprimer les crimes qui relèvent de la compétence de la cour et éviter ainsi de devenir des sanctuaires pour les criminels internationaux.

3) *Les règles générales de fonctionnement*

La CPI peut être saisie sur plainte d'un État partie signataire, ou par le Conseil de sécurité de l'ONU, ou sur initiative du procureur. Dans ce dernier cas, le procureur doit obtenir, d'une chambre préliminaire de juges, l'autorisation d'ouvrir une instruction.

L'enquête est confiée à un procureur indépendant ; une chambre préliminaire a été instituée pour garantir l'égalité des armes pendant la phase préalable au jugement. Cette juridiction veille à une certaine régularité procédurale, et peut aussi intervenir pour solliciter du procureur des investigations complémentaires ou y procéder elle-même en présence des parties. Elle doit être sollicitée pour toutes mesures restrictives ou privatives de liberté.

Lors des débats, et conformément aux procédures de Common law, l'accusé a la possibilité de plaider coupable ou non coupable, (ce « *plea bargaining* » a été aménagé dans la procédure pénale française par la loi du 9 mars 2004) véritable négociation entre le procureur et l'avocat de la défense sur la qualification des faits et la détermination de la peine. Cette procédure est assortie de conditions : la possibilité d'écourter la procédure lorsque l'accusé plaide coupable peut être reconsidérée par la cour dans l'intérêt la justice ou dans l'intérêt des victimes. Il n'est pas possible de juger par contumace, l'absence de l'accusé paralysant le cours du procès.

Un appel de la décision de la CPI est possible afin de respecter les principes fondamentaux des droits de l'homme : il sera examiné par une chambre spéciale de la cour composée de juges n'appartenant pas à la formation de première instance.

Un pourvoi en révision pourra être présenté en cas de découverte d'un fait de nature à exercer une influence décisive sur la décision prise, lorsque la condamnation de l'accusé a été fondée sur la dénaturation d'un élément de preuve, ou en cas de partialité d'un juge.

Les articles 627 et suivants du Code de procédure pénale précisent la coopération de la France avec la CPI, notamment pour permettre l'arrestation sur le sol français des personnes poursuivies.

PARTIE 2

Les acteurs de la justice

Pour que la justice soit rendue dans des conditions ménageant les intérêts publics des citoyens comme les intérêts privés des justiciables, de nombreux intervenants s'associent. Tous ne font pas profession de contribuer au fonctionnement de la justice à titre principal : on peut citer le cas des notaires, officiers ministériels dont la fonction essentielle est de rédiger des actes authentiques, qui interviennent, par exemple, lorsqu'il faut liquider un régime matrimonial comportant des biens immobiliers, dans le cadre d'un divorce. Les auxiliaires de justice sont les professionnels dont l'activité est de participer à titre essentiel et parfois exclusif, au fonctionnement du service public de la justice. Il s'agit des avocats, huissiers de justice, greffiers, qui apportent un concours indispensable aux parties et aux juges. Les acteurs essentiels restent les magistrats et les juges, investis de la mission de rendre les décisions, auxquels il faut ajouter le Ministère public, magistrat chargé de la défense des intérêts de la loi et de l'ordre public devant les tribunaux.

CHAPITRE 10

Les juges

Terminologie

Au sens étymologique, le juge (du latin « *judicem* ») est celui qui dit le droit et dispose du pouvoir de rendre les jugements, alors que le magistrat (du latin « *magister* ») désigne la personne qui dispose d'un pouvoir, qui commande. Au sens judiciaire au contraire, les termes désignent également des professionnels qui rendent les jugements. La différence entre le juge et le magistrat est statutaire et ne concerne que l'ordre judiciaire : les magistrats sont des juges de carrière, dont les droits et obligations sont définis par l'ordonnance n° 58-1270 du 22 décembre 1958 portant statut de la magistrature. La magistrature comprend les magistrats du siège, dont le rôle est de juger, et les magistrats du parquet qui défendent l'intérêt général mais ne jugent pas. En ce sens, tous les magistrats ne sont pas des juges, puisqu'ils ne rendent pas tous des jugements. À l'inverse, il existe des juges qui disent le droit mais qui ne relèvent pas du statut de la magistrature : il s'agit des juges élus des tribunaux de commerce et des conseils de prud'hommes, des assesseurs des tribunaux paritaires des baux ruraux et des tribunaux des affaires de Sécurité sociale. Les commerçants élus, les salariés et employeurs élus sont des juges judiciaires qui tranchent les litiges, mais leur statut relève de lois spéciales. Dans l'ordre administratif, l'article L. 231-1 du Code de la justice administrative indique que « *les membres des tribunaux administratifs et des cours administratives d'appel sont des magistrats* », même s'ils ne relèvent pas de l'ordonnance de 1958.

Textes

La Constitution du 4 octobre 1958 pose des principes généraux fondamentaux dans ses articles 64 et 65 : l'autorité judiciaire est indépendante, ce que garantit le président de la République assisté par le Conseil supérieur de la magistrature ; les magistrats du siège sont inamovibles, ce qui signifie qu'il est impossible de les muter, même en avancement, sans leur consentement, pour éviter toute pression des autorités publiques. Le Conseil supérieur de la magistrature, composé de magistrats en majorité, joue un rôle considérable dans les nominations, la carrière, la déontologie et la discipline des magistrats.

L'ordonnance n° 58-1270 du 22 décembre 1958 constitue la charte de la magistrature française. Ce texte, modifié à de nombreuses reprises, concerne les magistrats de carrière de l'ordre judiciaire, qu'ils soient magistrats du siège ou du Ministère public, quelle que soit la juridiction à laquelle ils appartiennent (les juges élus ont un statut fixé par des textes spéciaux qui ne seront pas étudiés ici et qui ont été précisés à l'occasion de l'organisation de la juridiction à laquelle ils appartiennent). Il faut ajouter le Recueil des obligations déontologiques des magistrats, élaboré par le Conseil supérieur de la magistrature en 2010. Dans l'ordre administratif, on trouve des textes particuliers propres à chaque juridiction administrative, qui ont été regroupés dans le Code de justice administrative promulgué par deux décrets du 4 mai 2000, ainsi qu'une Charte de déontologie des membres de la juridiction administrative, publiée en janvier 2012.

1 • DES MODALITÉS DIVERSIFIÉES DE RECRUTEMENT

A - Le recrutement des magistrats de l'ordre judiciaire

Les juges de carrière sont intégrés dans la fonction publique. Ils sont nommés par le président de la République dans des conditions strictement définies par la loi, après la vérification de leurs aptitudes professionnelles par un organisme indépendant, sur concours. Mais de nombreuses voies d'accès à la magistrature ont été instituées, qui permettent un exercice temporaire ou permanent de la justice.

1) L'exercice temporaire des fonctions de juges

Des lois de 1992, 1995 et 2003 ont ouvert des possibilités de recrutement pour un exercice temporaire de fonctions juridictionnelles, afin de pallier l'encombrement de certaines juridictions et de rapprocher la justice des justiciables. Pour le Conseil constitutionnel, l'exercice des fonctions judiciaires par des personnes qui n'ont pas consacré leur vie professionnelle à une carrière judiciaire doit rester exceptionnel, et le nombre de ces juges est nécessairement limité. De plus, ce même Conseil décide que, si les connaissances juridiques constituent une condition nécessaire à l'exercice des fonctions judiciaires, il est indispensable que le Conseil supérieur de la magistrature, qui intervient dans leur nomination, vérifie que les candidats détiennent ou sont aptes à acquérir à l'issue d'un stage en juridiction qui peut avoir un caractère probatoire, les qualités indispensables au règlement des contentieux. Il vérifie également que les textes qui instaurent ces recrutements temporaires prévoient des garanties appropriées pour satisfaire au principe d'indépendance et aux exigences de capacité qui découlent de l'article 6 de la Déclaration de 1789[1].

Sans détailler toutes les hypothèses, on peut citer :

- le recrutement comme conseiller ou avocat général en service extraordinaire à la Cour de cassation, pendant 5 ans non renouvelables (art. 40-1 à 40-7, Ord. 22 déc. 1958) ;
- le maintien en activité des magistrats ayant atteint la limite d'âge, pérennisé par la loi n° 2003-153 du 26 février 2003 (art. 4) ;
- les juges de proximité, dont les fonctions sont limitées à 7 ans non renouvelables, et qui peuvent continuer à exercer concomitamment leur activité professionnelle (avocat, professeur de faculté) ;
- la loi n° 2010-1657 du 29 déc. 2010 et le décret n° 2011-946 du 10 août 2011 ont institué les « ***magistrats réservistes*** », inscrits sur une liste pour une durée de 2 ans renouvelable, qui ont pour fonction l'aide à la décision au profit des magistrats et l'assistance dans l'accomplissement d'activités de nature administrative (dans la limite de 150 demi-journées par année civile indemnisée). La réserve judiciaire est composée de magistrats volontaires à la retraite et âgés de 75 ans au plus.

---

1. Cons. const., n° 92-305 DC, 21 févr. 1992. – n° 94-355 DC, 10 janv. 1995, *D.* 1997, som. com. 128, obs. Renoux. – n° 2003-466 DC, 20 févr. 2003, *LPA*, 13 mars 2003, p. 7, note Schoettl.

Observons que certains juges ne sont pas intégrés à la fonction publique et conservent leurs activités professionnelles tout en exerçant une mission juridictionnelle pour un temps limité. Ces juges peuvent être recrutés selon diverses modalités.

On connaît le tirage au sort pour les jurés des cours d'assises, on connaît également les élections des juges par leurs pairs (tribunaux de commerce, conseils de prud'hommes), ou encore à la nomination par une autorité publique (assesseurs du tribunal des affaires de Sécurité sociale, assesseurs du tribunal pour enfants).

2) *L'exercice permanent des fonctions de juges*

a) Le recrutement

Les magistrats exercent en principe leurs fonctions à titre permanent, et sont recrutés par le biais de l'École nationale de la magistrature dont la mission est d'assurer la formation professionnelle des futurs magistrats que l'on appelle les auditeurs de justice, ainsi que la formation continue des magistrats en fonction. Le recrutement à l'École nationale de la magistrature se fait essentiellement sur concours : un premier concours pour étudiants réservés aux candidats âgés de 31 ans au plus ; un second concours dit « concours fonctionnaires » ouvert aux personnes ayant la qualité de fonctionnaires de l'État ou des collectivités territoriales et justifiant de quatre années de services, âgé de 40 ans au plus ; un troisième concours réservé aux personnes qui ont exercé une activité professionnelle durant huit ans. Il existe également un recrutement sur titres, ces derniers devant être suffisants pour justifier une admission à l'École nationale de la magistrature : il intéresse les personnes titulaires d'une maîtrise en droit qui ont exercé pendant quatre ans des activités dans le domaine juridique, économique et social, qui les qualifient pour l'exercice de fonctions judiciaires.

b) La formation

Les auditeurs de justice recrutés reçoivent une formation professionnelle qui recouvre une formation générale, un stage avocat de 6 mois, une scolarité à Bordeaux et un stage en juridiction. À l'issue de cette période, les auditeurs de justice subissent en examen de classement qui fixe un ordre pour le choix des postes. Puis vient une formation spécialisée destinée à préparer l'auditeur de justice à exercer son premier poste, qui comprend un stage de pré-affectation en juridiction. Les auditeurs de justice appartiennent au corps judiciaire, ils perçoivent une rémunération et sont assimilés à des magistrats ; ils sont soumis aux mêmes obligations et incompatibilités et sont tenus au secret professionnel. Ils doivent prêter le serment de garder le secret professionnel et de se conduire en tout comme un digne et loyal auditeur de justice.

Les magistrats recrutés par les concours latéraux suivent une formation prévue par l'article 21-1 de l'ordonnance du 22 déc. 1958 (stage probatoire organisé par l'ENM, bilan de la formation, entretien avec un jury).

c) La nomination et l'affectation

Les nouveaux magistrats sont nommés par décret du président de la République sur proposition du garde des Sceaux. Les auditeurs de justice choisissent leur affectation, soit au parquet, soit au siège, suivant leur rang de classement à l'examen de sortie et en fonction des postes publiés et des éventuelles réserves émises par le jury de classement. La liste des propositions d'affectation des auditeurs de justice est soumise à la section compétente du Conseil supérieur de la magistrature (siège ou parquet) afin que cette dernière puisse donner un avis défavorable à certaines affectations, le cas échéant (art. 26, Ord. 22 déc. 1958).

Le magistrat doit prêter serment devant la cour d'appel, selon la formule contenue dans l'article 6 de l'ordonnance du 22 décembre 1958 : « Je jure de bien et fidèlement remplir mes fonctions, de garder religieusement le secret des délibérations et de me conduire en tout comme un digne et loyal magistrat ». Ensuite, le magistrat est installé dans ses fonctions à l'audience solennelle du tribunal où il est nommé.

B - Le recrutement des magistrats de l'ordre administratif

1) L'École nationale d'administration

En principe, le recrutement se fait par l'École nationale d'administration créée en 1945 (art. L. 233-1 et L. 233-2, C. just. adm.). L'entrée à l'ENA se fait sur concours : le concours externe, ouvert aux jeunes candidats titulaires d'un diplôme de l'enseignement supérieur ; le concours interne, réservé aux candidats justifiant de 5 ans au moins de service public effectif ; le troisième concours ouvert aux personnes justifiant de l'exercice durant huit années au total d'une ou plusieurs activités professionnelles. À l'École nationale d'administration, les élèves ont la qualité de fonctionnaires stagiaires et perçoivent une rémunération mensuelle ; la scolarité de vingt-sept mois comporte des stages dans les administrations ou les entreprises ; à l'issue de la scolarité il est procédé à un classement des élèves. Si le fonctionnaire stagiaire de l'École nationale d'administration exercera une fonction publique, il ne sera pas nécessairement juge : le choix de la carrière dépend du rang de classement final.

2) Le « tour extérieur »

Il existe aussi un recrutement latéral appelé « tour extérieur », qui permet à certains fonctionnaires d'intégrer la juridiction administrative, après un nombre d'années d'exercice dans la fonction publique, dans toutes les juridictions administratives.

3) Les recrutements complémentaires

Il existe enfin des recrutements complémentaires, en principe limités dans le temps, destinés à combler les besoins des juridictions. Ainsi, des conseillers de cours administratives d'appel et de tribunaux administratifs ont été recrutés de 1980 à 2004 (par ex., loi du 9 septembre 2002 de programmation et d'orientation pour la justice, art. L. 233-6 et R. 233-6, C. just. adm., qui prévoit que le recrutement complémentaire pourra atteindre trois fois le nombre de postes offerts au recrutement normal et au tour extérieur).

Les juges des tribunaux administratifs et des cours administratives d'appel forment un corps unique. Leur carrière est régie par un décret n° 97-859 du 18 septembre 1997 « portant statut particulier des membres des tribunaux administratifs et des cours administratives d'appel ».

2 • UN STATUT GARANT DE L'INDÉPENDANCE ET DE L'IMPARTIALITÉ

Que le juge soit un magistrat, ou un juge élu, il doit bénéficier d'un statut qui lui garantisse une indépendance totale à l'égard des autorités publiques, et qui permette d'assurer son impartialité à l'égard des justiciables qu'il est amené à juger. Les garanties statutaires sont imposées par la Constitution (article 16 de la Déclaration des droits de l'homme et du citoyen de 1789 insérée dans le « bloc de constitutionnalité ») et par l'article 6 § 1 de la Convention européenne des droits de l'homme : un tribunal indépendant et impartial est un droit de l'homme que les citoyens peuvent revendiquer contre l'État. On retrouve des dispositions protectrices, à la fois, dans le déroulement de la carrière, les obligations déontologiques des juges et la discipline.

A - Le déroulement de la carrière

1) *Le principe d'inamovibilité*

Une garantie essentielle contre les éventuelles pressions des pouvoirs publics sur les magistrats est le principe d'inamovibilité : il signifie que le juge ne peut faire l'objet ni d'une mesure telle que le déplacement, la suspension, ou la révocation, en dehors d'une procédure disciplinaire, ni d'un avancement sans son consentement. Il est proclamé par l'article 64 de la Constitution du 4 octobre 1958 et repris par l'article 4 de l'ordonnance du 22 décembre 1958. Il s'applique à tous les magistrats du siège de l'ordre judiciaire. En revanche, les magistrats du Ministère public ne bénéficient pas de cette garantie. Ils sont sous l'autorité du garde des Sceaux et de leurs supérieurs hiérarchiques, ce qui s'explique par la particularité de leurs fonctions : ces magistrats ne jugent pas et représentent plutôt les garants de l'intérêt général auprès des tribunaux. Les magistrats de l'ordre administratif sont également inamovibles : selon l'article L. 231-3 du Code de justice administrative, les juges des tribunaux administratifs et des cours administratives d'appel ne peuvent recevoir sans leur consentement une affectation nouvelle même en avancement ; pour le Conseil d'État, même en l'absence de texte, on admet que le principe de l'inamovibilité s'applique en vertu d'une coutume séculaire.

2) *Le régime de l'avancement*

Si la notion d'avancement est inhérente à celle de « carrière », il est indispensable d'éviter tout arbitraire ou tout favoritisme qui pourrait nuire au fonctionnement de la justice.

Dans l'ordre judiciaire, les magistrats sont hiérarchisés. Le dispositif a été simplifié par la loi organique n° 2001-539 du 25 juin 2001 : la hiérarchie du corps judiciaire comprend deux grades, l'accès du second au premier grade étant subordonné à l'inscription sur le tableau d'avancement (art. 2, Ord. 22 déc. 1958). Mais pour garantir l'impartialité du juge, nul magistrat ne peut être promu au 1er grade dans la juridiction où il est affecté depuis plus de 5 années (sauf à la Cour de cassation) : la mobilité est donc une condition de l'avancement. Ensuite, il existe des magistrats hors hiérarchie (art. 3, Ord. 22 déc. 1958 : par ex., premiers présidents et procureurs généraux près les cours d'appel, présidents de chambre et avocats généraux des cours d'appel présidents de certains TGI, comme Nice, Bordeaux, Bobigny...).

La fonction est le poste que le juge occupe (par ex., président de tribunal, conseiller de cour d'appel, etc.) : des conditions spécifiques doivent être remplies pour pouvoir occuper certaines fonctions. Notamment, nul magistrat ne peut être nommé dans un emploi correspondant aux fonctions de président de TGI ou de procureur de la République dans la juridiction où il est affecté. Les deux notions de grade et de fonctions sont distinctes, même si certaines fonctions ne peuvent être exercées que si le juge est déjà parvenu à un certain grade (on ne peut exercer les fonctions de conseiller de cour d'appel à Paris ou Versailles que si l'on appartient au premier grade).

Dans l'ordre administratif, la confusion est encore plus fréquente puisque le grade s'identifie à la fonction elle-même (par ex., grade de président).

Deux techniques d'avancement sont concevables.

L'avancement au choix consiste à opérer une sélection parmi les plus aptes. Mais ceci implique pour chaque magistrat la nécessité d'une évaluation de ses capacités par un supérieur et, par conséquent, un état de subordination psychologique peu conforme à la nécessaire liberté d'esprit du juge.

L'avancement à l'ancienneté consiste à promouvoir les intéressés à leur tour en suivant l'ordre d'ancienneté dans le grade, sans prendre en compte les qualités personnelles de chacun. La liberté du juge est sauvegardée ; mais le système ne permet pas de mettre en avant les qualités de tel ou tel juge.

a) L'avancement dans l'ordre judiciaire

1. Avancement des magistrats du second au premier grade

Pour accéder du second au premier grade, il faut justifier d'une certaine ancienneté et être inscrit au tableau d'avancement (art. 17, D. 7 janv. 1993). Il s'agit d'une liste établie chaque année, sur laquelle sont inscrits par ordre alphabétique les magistrats dignes d'obtenir un avancement. Le tableau est élaboré par la « Commission d'avancement », commune aux magistrats du siège et du parquet, composée de magistrats et de l'inspecteur général des services judiciaires (art. 35, Ord. 22 déc. 1958). Les conditions d'élaboration assurent une grande transparence. La commission se prononce dans le cadre d'une procédure contradictoire, au vu du dossier individuel de chaque magistrat, à partir de l'évaluation de son activité professionnelle effectuée par ses supérieurs hiérarchiques et, en dernier ressort, par le premier président (ou le procureur général selon le cas) de la cour d'appel dont il dépend (le magistrat doit également répondre à l'exigence de mobilité, et changer de juridiction s'il y était affecté depuis plus de 5 ans). Le tableau d'avancement (nommé « la transparence ») est communiqué à chaque magistrat concerné. Il est affiché au siège de chaque juridiction, afin que le magistrat qui n'a pas été retenu puisse adresser à la commission d'avancement une demande d'inscription.

Des listes d'aptitude et de sélection, dressées par la commission d'avancement, sont destinées à proposer les magistrats ayant les qualités requises pour exercer certaines fonctions (président d'une juridiction). Le projet de nomination à une fonction du premier ou du second grade et la liste des candidats proposés à cette fonction doivent être communiqués au Conseil supérieur de la magistrature, et aux chefs de la Cour de cassation et des Cours d'appels qui doivent en assurer la diffusion auprès des magistrats en activité de leur juridiction. Un juge ne peut pas être nommé président de la juridiction où il est affecté.

2. Décret de nomination ou de promotion

Toute promotion de grade ou nomination à une fonction du premier ou second grade, se fait par décret du président de la République, sur proposition du garde des Sceaux.

Pour aller plus loin

En ce qui concerne les ***magistrats du siège***, l'article 65 de la Constitution prévoit l'intervention du Conseil supérieur de la magistrature selon différentes modalités : le Conseil supérieur de la magistrature doit donner un « avis conforme » pour la nomination des magistrats du siège ; pour les fonctions de président d'un tribunal de grande instance, de premier président de cour d'appel et de conseiller à la Cour de cassation, le Conseil supérieur de la magistrature fait une « proposition » ; pour les ***magistrats du parquet***, l'article 65 de la Constitution n'exige qu'un simple « avis » qui n'a pas besoin d'être conforme et qui ne lie pas le gouvernement. Pour les plus hautes fonctions à un emploi du Ministère public (celle de procureur général près une cour d'appel, de magistrat du parquet de la Cour de cassation), le Conseil supérieur de la magistrature n'est pas consulté, puisqu'il est procédé directement à la nomination en Conseil des ministres (art. 37-1, Ord. 22 déc. 1958). Le projet de loi organique sur l'indépendance et l'impartialité de la magistrature prévoit que le CSM donne un avis conforme pour la nomination des magistrats du parquet.

Le décret de nomination peut faire l'objet d'un recours en annulation devant le Conseil d'État s'il a été pris dans des conditions illégales.

b) L'avancement dans l'ordre administratif

1. Avancement au sein du Conseil d'État

Les promotions (accès au grade d'auditeur de première classe, de maître des requêtes et de conseiller d'État) sont faites par décret du président de la République, sur proposition du garde des Sceaux. Seuls peuvent être nommés ceux dont les noms sont présentés par le vice-président du Conseil d'État délibérant avec les présidents de section. Les promotions se font au choix.

2. Avancement au sein du corps des tribunaux administratifs et cours administratives d'appel

Le système d'avancement est réglementé par la loi n° 86-14 du 6 janvier 1986. Le corps unique de juges comporte trois grades : conseiller, premier conseiller et président. L'article 16 de la loi de 1986 pose en principe que « l'avancement des membres des tribunaux administratifs a lieu de grade à grade après inscription au tableau d'avancement ». Le juge ne peut accéder qu'à un grade immédiatement supérieur ; et toute promotion est subordonnée à une inscription au tableau d'avancement, établi sur proposition du ***Conseil supérieur des tribunaux administratifs et cours administratives d'appel***.

Les présidents sont nommés au choix, sur proposition, du Conseil supérieur des tribunaux administratifs et cours administratives d'appel, après inscription sur le tableau d'avancement, s'ils ont, notamment, 8 ans de services (art. L. 234-2, C. just. adm.).

En dehors d'un avancement, les juges du siège sont inamovibles (art. L. 231-3, C. just. adm.).

B - Des obligations déontologiques rigoureuses

1) Les devoirs

Afin d'éviter que puisse naître dans l'esprit du justiciable un soupçon légitime de partialité, et d'assurer un bon fonctionnement de la justice, de nombreuses dispositions légales créent des obligations à la charge des magistrats. Ces contraintes statutaires s'ajoutent aux obligations déontologiques communes à tous les juges, qu'il s'agisse des juges des tribunaux de commerce ou des conseillers prud'hommes.

a) Les interdictions

La loi pose un certain nombre d'interdictions aux juges et aux magistrats, sous peine de sanction disciplinaire, afin de garantir le bon fonctionnement du service public de la justice. Il en est ainsi de ***la grève*** : selon l'article 10, alinéa 3, de l'ordonnance du 22 décembre 1958, « est interdite toute action concertée de nature à arrêter ou à entraver le fonctionnement des juridictions » (les juges de l'ordre administratif ne sont pas concernés par cette interdiction). Il en est également ainsi de toutes manifestations d'hostilité politique incompatibles avec ***la réserve*** qu'impose la fonction de magistrat, afin que le juge conserve une neutralité conforme à un procès équitable (art. 10, Ord. 22 décembre 1958 pour les magistrats de l'ordre judiciaire et art. 4 du décret du 30 juillet 1963 pour les membres du Conseil d'État). En revanche, les activités syndicales sont autorisées.

b) Les incompatibilités

Pour empêcher toute subordination extérieure qui risquerait d'entraver leur indépendance d'esprit et de compromettre leur liberté de jugement, « l'exercice des fonctions de magistrat est ***incompatible*** avec l'exercice de toutes fonctions publiques et de toute activité professionnelle ou salariée » (ceci ne concerne pas les juges élus des tribunaux de commerce ou des conseils de prud'hommes qui sont soumis à d'autres incompatibilités, ainsi que certains juges exerçant à titre temporaire, comme les juges de proximité).

L'article L. 231-5 du Code de justice administrative précise que nul ne peut être nommé membre d'un tribunal administratif ou d'une cour administrative d'appel s'il exerce, ou même « a exercé depuis moins de trois ans », une fonction de représentant de l'État dans une région ou dans un département ou de délégué de celui-ci dans le ressort du tribunal ou de la cour, ou s'il a exercé la profession d'avocat dans le ressort depuis moins de cinq ans.

Les incompatibilités intéressent aussi l'exercice ***de mandats politiques*** (mandat de parlementaire, de député ou de sénateur, mandat au Parlement européen). Dans l'ordre judiciaire, nul ne peut être nommé magistrat ou le demeurer dans une juridiction dans le ressort de laquelle se trouve tout ou partie du département dont son conjoint est député ou sénateur. Pour les magistrats de l'ordre judiciaire, notamment, l'exercice d'un mandat de conseiller régional, général, municipal ou d'arrondissement, de membre du Conseil de Paris, de l'Assemblée de Corse ou d'une assemblée dans les territoires d'Outre-Mer, entraîne une incompatibilité, limitée à la circonscription dont le magistrat est l'élu. Les juges appartenant au corps des tribunaux administratifs et des cours administratives d'appel ne peuvent exercer dans le ressort du tribunal ou de la cour « une fonction publique élective » (art. L.O. 142, C. électoral pour le mandat de député, art.

L.O. 297 pour le mandat de sénateur ; art. 6, loi 7 juill. 1977, pour le mandat de représentant du Parlement européen). De plus, un juge ne peut être nommé au sein d'une juridiction dans le ressort de laquelle il a exercé une fonction publique élective depuis moins de 5 ans s'il s'agit d'un magistrat de l'ordre judiciaire (art. 9, al. 4, Ord. 22 déc. 1958) ou s'il s'agit d'un membre du corps des tribunaux administratifs et cours administratives d'appel dans des délais plus brefs (art. L. 231, L ; 195, L. 342, L. 231-5 et. L. 231-6, L. 231-7, C. just. adm.).

Les magistrats ne peuvent ***plus être arbitres***, depuis la loi du 15 juin 2001 (art. 8, Ord. 22 déc. 1958).

En revanche, les fonctions de magistrats n'interdisent pas les travaux scientifiques, littéraires et artistiques, ainsi que les activités d'enseignement.

c) Les incapacités de juger

La loi organise des incapacités de juger, permettant de lutter contre toute suspicion de partialité. Ainsi, un magistrat est incapable de statuer lorsqu'il existe un lien de parenté ou d'alliance ***entre magistrats d'une même juridiction***. Cette règle résulte de l'article L. 111-10 du Code de l'organisation judiciaire : « *Les conjoints, les parents et alliés jusqu'au degré d'oncle et de neveu inclusivement ne peuvent être* ***simultanément membres d'un même tribunal*** *ou d'une même cour en quelque qualité que ce soit* » (sauf dispense accordée par décret, mais, dans ce cas, les magistrats conjoints ne pourront pas siéger dans la même cause). Il y a également incapacité de juger dans une affaire déterminée, lorsqu'il existe un lien de parenté ***entre l'un des magistrats et l'une des parties*** en cause, jusqu'au 4e degré, ou un pacte civil de solidarité (art. L. 111-6, C. org. jud.). Bien qu'il n'existe aucun texte analogue pour les juridictions de l'ordre administratif, on admet que ces interdictions sont applicables en tant que principes généraux du droit[2], et qu'elles sont fondées sur l'exigence d'impartialité du juge.

d) L'impartialité des juges

L'impartialité du juge peut se définir comme l'aptitude à trancher le litige sans *a priori*, sans préjugé. Elle est imposée par de nombreuses dispositions (art. L. 111-5 et s., C. org. jud. ; art. 6 § 1, CEDH). Il arrive que certains éléments extériorisés, objectivement démontrés, puissent permettre de suspecter le juge de partialité : ces éléments peuvent tenir à la personne du juge (par ex. le juge est le conjoint de l'une des parties, a un intérêt personnel à l'affaire...) ou à l'exercice successif de fonctions juridictionnelles dans la même affaire (par ex. le juge a accordé une provision sur le montant de la créance non sérieusement contestable, puis juge au fond lorsque le plaideur a formé une demande devant le tribunal ; ou encore, le juge statue en qualité de membre du TGI, puis réexamine l'affaire sur appel en tant que conseiller à la cour d'appel, à la suite d'une nomination en avancement ; ou encore, devant le Conseil d'État, un juge qui a pris part à une délibération d'un avis sur un acte, ne peut plus siéger sur le recours juridictionnel formé contre cet acte, art. R. 122-21-2, C. just. adm.). Dans ces situations

2. CE, 13 mars 1925, *Sieur Desrumeaux, Rec. Lebon*, p. 262.

exceptionnelles, plusieurs mécanismes procéduraux permettent d'éviter que ce juge statue :

- ***l'abstention*** (art. 339, CPC ; art. L. 721-1 et R. 721-1, C. just. adm.) est le fait pour un juge, qui pense se trouver dans une situation de récusation ou estime en conscience devoir s'abstenir, de se faire remplacer par un autre juge que désigne le président de la juridiction ;
- ***la récusation*** est formée par un plaideur qui peut prouver un élément justifiant le remplacement du juge. Elle est, en principe, jugée par la cour d'appel (art. 341 et s., CPC en matière civile, art. 668 et s., C. pr. pén. en matière pénale). Pour empêcher les plaideurs d'utiliser la récusation comme instrument de stratégie procédurale, pour tenter de déstabiliser le juge, la procédure de récusation obéit à des exigences multiples (demande présentée avant la clôture des débats, pouvoir spécial, amende civile de 15 à 1 500 euros sans préjudice de dommages et intérêts si le plaideur succombe...) ;
- ***le renvoi*** devant une autre juridiction est ordonné pour cause de suspicion légitime contre toute la juridiction, pour cause de récusation formée contre plusieurs juges du tribunal, ou pour cause de sûreté publique.

e) Les autres obligations déontologiques

Le Recueil des obligations déontologiques des magistrats, élaboré par le Conseil supérieur de la Magistrature en 2010 (éd. Dalloz), précise les « valeurs cardinales » qui doivent guider l'exercice des fonctions juridictionnelles. Il s'agit de l'indépendance, de l'impartialité, mais aussi de l'intégrité (comprenant, notamment, la probité et la loyauté), du respect de la légalité, de l'attention à autrui (respect de la dignité des personnes et écoute), et enfin, de la discrétion et réserve (comportement destiné à préserver l'image de la justice). On retrouve ces principes essentiels dans la Charte de déontologie des membres des juridictions administratives : indépendance et impartialité, prévention des conflits d'intérêts, devoir de réserve, secret et discrétion professionnels, obligation d'exclusivité.

La déontologie englobe l'ensemble des devoirs professionnels attendus du juge, même s'ils ne sont pas tous sanctionnés disciplinairement. Elle permet de définir les bonnes pratiques, qui évitent les dérives éthiques.

Un collège de déontologie a été créé pour les membres des juridictions administratives, pour donner un avis à tout juge qui le saisirait d'une difficulté personnelle. Il n'y a pas d'équivalent pour les magistrats de l'ordre judiciaire (en dépit d'une proposition faite par la Commission Cabannes[3]). Un projet de réforme sur la justice commerciale devrait conduire à la création d'un collège de déontologie pour les juges des tribunaux de commerce.

---

3. Rapport de la Commission de réflexion sur l'éthique dans la magistrature, Cabannes, 27 novembre 2003, rapport numérique sur le site du ministère de la justice, a proposé une veille déontologique assurée par les chefs de cour et des tribunaux, ainsi qu'une formation chargée de l'éthique au sein du Conseil supérieur de la magistrature.

2) La discipline

a) Le régime applicable aux magistrats de l'ordre judiciaire

La discipline des magistrats de l'ordre judiciaire est réglementée par les articles 43 à 66 de l'ordonnance n° 58-1270 du 22 décembre 1958. Elle définit les manquements sanctionnés, la procédure et les sanctions applicables.

1. La faute disciplinaire

Elle est définie comme « *tout manquement par un magistrat aux devoirs de son état, à l'honneur, à la délicatesse ou à la dignité* ». Elle est d'abord constituée par un manquement aux obligations professionnelles : partialité du juge, manque de diligence professionnelle du juge qui n'accomplit pas d'actes ou ne rend pas de jugements dans des délais raisonnables... Mais cette responsabilité disciplinaire ne concerne pas l'activité juridictionnelle proprement dite : si le juge commet une erreur dans l'interprétation ou l'application de la loi, ou ne motive pas correctement son jugement, seul l'exercice des voies de recours permettra de réparer cette faille. Le juge doit conserver son pouvoir souverain d'appréciation et son indépendance : la menace d'une poursuite disciplinaire en cas d'erreur paralyserait le juge et pourrait constituer un instrument de pression intolérable sur le juge. Ensuite, la faute disciplinaire s'étend à certains manquements de la vie privée qui sont susceptibles de rejaillir sur l'image de la justice : certes, le magistrat a le droit d'exercer les libertés et droits qui sont accordés aux autres citoyens, mais son comportement privé ne doit pas discréditer l'institution (par ex. le magistrat qui commet des infractions pénales).

Le magistrat reste tenu de nombreuses obligations professionnelles inhérentes aux « devoirs de son état » : respect du droit, diligence professionnelle, respect des principes du procès équitable, notamment de l'égalité des armes, devoir de réserve... Certains de ses comportements personnels peuvent avoir des incidences sur son activité professionnelle, et doivent entraîner de sa part une vigilance importante : par exemple, pour sauvegarder l'image d'impartialité du tribunal, le magistrat doit s'abstenir de tout comportement public qui laisse entendre qu'il a déjà forgé son opinion dans une affaire donnée. Une Commission de réflexion sur l'éthique dans la magistrature, présidée par le premier Avocat général Jean Cabannes a formulé le 27 novembre 2003 des mesures de prévention des incidents éthiques (notamment par un renforcement des pouvoirs des Chefs de cour d'appel pour guider le magistrat en difficulté) et une modernisation du serment qui deviendrait : « Je jure, au service de la loi, de remplir mes fonctions avec impartialité et diligence, en toute loyauté, intégrité et dignité, dans le respect du secret professionnel et du devoir de réserve »[4]. Suite à ces propositions, l'article 18 de la loi 2007-287 du 5 mars 2007 a chargé le Conseil supérieur de la magistrature d'élaborer un Recueil des obligations déontologiques, paru en 2010.

2. Les sanctions disciplinaires

L'article 45 de l'ordonnance du 22 décembre 1958 prévoit les sanctions pouvant être prononcées : la réprimande avec inscription au dossier, le déplacement d'office, le retrait de certaines fonctions, l'abaissement d'échelon, la rétrogradation, la mise à la retraite d'office ou l'admission à cesser ses fonctions, et la révocation avec ou sans

---

4. Rapport, novembre 2003, site internet du ministère de la Justice.

suspension des droits à pension. Certaines sanctions sont temporaires : interdiction d'être nommé à des fonctions de juge unique pendant 5 ans maximum ; exclusion temporaire des fonctions pour 1 an maximum, avec privation totale ou partielle du traitement. D'autres mesures peuvent être prises en dehors d'une procédure disciplinaire : par l'avertissement, les premiers présidents (pour les magistrats du siège) et les procureurs généraux (pour les membres du parquet) peuvent attirer l'attention des magistrats placés sous leurs ordres, sur tous les faits qui, sans constituer une faute disciplinaire, sont de nature à perturber le bon fonctionnement du service ; si certains faits graves, de nature à justifier des poursuites disciplinaires, risquent de provoquer du scandale, une mesure d'attente peut être prise immédiatement pour interdire au magistrat d'exercer ses fonctions jusqu'à la décision définitive sur les poursuites dont il est ou sera l'objet ; cette mesure n'a pas de caractère disciplinaire.

3. Le régime disciplinaire

Il présente des particularités selon qu'il concerne un magistrat du siège ou du parquet. Pour les magistrats du siège, l'action disciplinaire est portée devant le Conseil supérieur de la magistrature, dans sa formation compétente à l'égard des magistrats du siège, appelée à statuer comme conseil de discipline (art. 65 de la Constitution ; la présidence en est confiée au premier président de la Cour de cassation), saisi par le garde des Sceaux qui dénonce les faits donnant lieu aux poursuites. Le magistrat cité doit comparaître en personne ou, en cas d'empêchement justifié, par l'intermédiaire d'un représentant qui peut être soit un avocat, soit un de ses pairs. La procédure suivie assure la protection des droits du magistrat poursuivi, en lui permettant d'assurer sa défense (respect de la contradiction, communication du dossier...). Le Conseil supérieur de la magistrature statue comme une véritable juridiction : sa décision a les caractères d'un jugement ayant autorité de chose jugée ; elle doit être motivée et s'impose au garde des Sceaux qui est chargé de l'exécuter. Le Conseil d'État considère que le Conseil supérieur de la magistrature est une « juridiction administrative », ce qui lui permet d'exercer un contrôle sur la légalité de la décision. Pour les magistrats du parquet, la procédure disciplinaire se déroule devant le Conseil supérieur de la magistrature, dans sa formation compétente à l'égard des magistrats du parquet (art. 65, de la Constitution), présidée par le procureur général près la Cour de cassation. Mais cette formation n'est qu'un simple organe consultatif chargé d'émettre un « avis », sur l'existence éventuelle d'une faute et sur la sanction disciplinaire proposée : la décision est prise par le garde des Sceaux, qui n'est pas lié par l'avis du Conseil supérieur de la magistrature (il peut prendre une sanction plus sévère ou plus faible). Si le garde des Sceaux envisage de prononcer une sanction plus sévère que celle proposée par le Conseil supérieur de la magistrature, il doit soumettre sa proposition à ce Conseil, qui émet un nouvel avis, versé au dossier du magistrat intéressé. Ce second avis ne lie pas le ministre de la Justice. La décision peut faire l'objet d'un recours pour excès de pouvoir devant le Conseil d'État, qui procède à l'examen des faits pour rechercher éventuellement s'il y a eu détournement de pouvoir de la part du garde des Sceaux.

4. La saisine du CSM par le justiciable

L'article 65 de la Constitution prévoit que tout justiciable peut saisir directement le CSM. Il suffit qu'il estime qu'à l'occasion d'une procédure judiciaire le concernant, le comportement adopté par un magistrat du siège ou du parquet dans l'exercice de ses fonctions, est susceptible de recevoir une qualification disciplinaire (il ne pourra jamais s'agir d'une faute dans la décision juridictionnelle : en cas d'erreur dans l'interprétation ou l'application de la loi, le justiciable doit former une voie de recours, appel ou cassation, contre le jugement). Le rapport de 2012 du Conseil supérieur de la magistrature (voir le site internet, *conseil-superieur-magistrature.fr*) indique que le courrier des justiciables a oscillé entre 60 et 100 lettres par mois et 40 % des courriers aboutissent à l'enregistrement d'une plainte. 283 plaintes ont été enregistrées en 2012 (421 en 2011) mais seulement 11 ont été déclarées recevables par les commissions d'admission des requêtes.

La plainte doit contenir un exposé détaillé des faits et griefs allégués. Elle est confiée à une commission d'admission des requêtes au sein du CSM. Si elle l'estime recevable, la Commission enquête sur les faits. Elle peut renvoyer l'examen des faits au CSM, si elle estime qu'il y a une faute disciplinaire.

b) Le régime applicable aux juges de l'ordre administratif

1. Pour les membres du Conseil d'État

En ce qui concerne les membres du Conseil d'État, le décret n° 63-767 du 30 juillet 1963 a édicté un régime disciplinaire protecteur (art. L. 136-1 et s., C. just. adm.). Les sanctions disciplinaires sont : l'avertissement, le blâme, l'exclusion temporaire des fonctions dans la limite de six mois, la révocation et la mise à la retraite d'office. La sanction est prononcée directement par le vice-président du Conseil d'État s'il s'agit d'un avertissement ou d'un blâme. Les autres sanctions sont prononcées par décret, sur proposition du garde des Sceaux, après avis d'une commission consultative qui comprend : le vice-président du Conseil d'État, les présidents de section, les présidents adjoints de la section du contentieux, deux maîtres des requêtes et deux auditeurs désignés par les autres membres de la commission pour une durée de deux ans. Le gouvernement n'est pas obligé de suivre l'avis de cette commission. Le décret prononçant la sanction doit être motivé.

2. Pour les membres des tribunaux administratifs et cours administratives d'appel

En ce qui concerne les membres du corps des tribunaux administratifs et cours administratives d'appel, la loi n° 86-14 du 6 janvier 1986 a prévu un régime disciplinaire particulier (art. L. 236-1 et s., C. just. adm.). Le Conseil supérieur des tribunaux administratifs et cours administratives d'appel joue le rôle de conseil de discipline. Il est saisi par le président du Tribunal administratif ou de la cour administrative d'appel dont fait partie le membre du corps concerné ou par le chef de la mission d'inspection des tribunaux administratifs et cours administratives d'appel. La procédure respecte le principe du contradictoire : notamment, l'intéressé a droit à la communication intégrale de son dossier et peut se faire assister par un ou plusieurs défenseurs de son choix (un avocat ou un autre juge). Toutefois, cet organe n'a aucun pouvoir de décision : il émet une proposition de sanction, la décision étant prise par l'autorité chargée de la gestion du corps. Les sanctions applicables sont celles prévues par le statut de la fonction publique. Si le manquement grave commis rend impossible le maintien en fonction du juge, ce dernier peut être immédiatement suspendu sur proposition du Conseil supérieur des tribunaux administratifs et des cours administratives d'appel. La suspension ne peut pas être rendue publique.

3 • LES PARTICULARITÉS DU MINISTÈRE PUBLIC

À côté des juges dont la mission est de juger, appelés les magistrats du siège parce qu'ils rendent la justice assis, il existe une catégorie particulière de magistrats dont la fonction est, notamment, de veiller au respect de la loi, et de l'ordre public : ce sont les magistrats du Ministère public (ou encore magistrats du parquet ou magistrature debout, parce que lorsqu'un représentant du Ministère public prend la parole à une audience, il se lève et se tient debout à la différence des magistrats du siège). Les magistrats du parquet sont placés sous la direction et le contrôle de leurs chefs hiérarchiques et sous l'autorité du garde des Sceaux, ministre de la Justice. Pour cette raison, la Cour européenne des droits de l'homme, statuant en grande chambre dans l'affaire *Medvedyev* contre France, du 29 mars 2010 (n° 3394/03) a décidé que le juge qui statue sur la régularité d'une détention doit être indépendant du pouvoir exécutif et des parties, ce qui exclut qu'il puisse agir par la suite contre le requérant dans la procédure pénale, à l'instar du Ministère public, et qu'il doit avoir le pouvoir d'ordonner l'élargissement, après avoir contrôlé la légalité et la justification de l'arrestation et de la détention (l'article 5 de la Convention précise que toute personne arrêtée a droit à être traduite aussitôt devant « un juge ou un autre magistrat habilité par la loi à exercer des fonctions judiciaires », compétent pour statuer sur la régularité de l'arrestation et, le cas échéant, prononcer la remise en liberté). Elle estime donc que le Ministère public n'est pas un « juge » indépendant au sens de l'article 5 de la Convention européenne. Ce statut particulier du Ministère public français se justifie par le fait que ses fonctions en droit interne de consistent pas à « juger », contrairement aux juges du siège qui bénéficient d'un statut d'indépendance : le parquetier appartient au corps de la « magistrature », mais n'est pas un « juge ».

A - Devant les juridictions de l'ordre judiciaire

Le Ministère public n'existe pas devant toutes les juridictions de l'ordre judiciaire : aucune juridiction civile dite d'exception (par opposition aux juridictions de droit commun) ne dispose d'un parquet. Toutefois, le Code de l'organisation judiciaire prévoit que « le procureur de la République peut, en toutes matières, exercer le Ministère public devant toutes les juridictions du premier degré établies dans son ressort » (art. L. 122-2).

1) L'organisation

Devant les juridictions de première instance, en matière civile, il existe un parquet devant chaque tribunal de grande instance. À sa tête se trouve un procureur de la République, assisté de substituts (dans les tribunaux importants, on trouve un ou plusieurs procureurs de la République adjoints ainsi qu'un ou plusieurs premiers substituts).

En matière pénale, il faut distinguer selon les juridictions : devant le tribunal correctionnel, il s'agit du même parquet qu'en matière civile ; devant le tribunal de police, les fonctions du parquet sont assurées par le procureur de la République du tribunal de grande instance (pour les contraventions des quatre premières classes, par le commissaire de police du lieu où siège le tribunal) ; devant la cour d'assises, le Ministère public est assuré par le procureur général près la cour d'appel ou par l'un des avocats généraux.

Devant les juridictions d'appel, le parquet (appelé « parquet général ») est dirigé par le procureur général, chef du Ministère public dans le ressort de la cour d'appel, assisté d'avocats généraux qui interviennent aux audiences au nom du procureur général, et de substituts généraux assurant le service administratif intérieur du parquet.

Devant la Cour de cassation, le procureur général est le chef du parquet ; il est assisté d'un premier avocat général et d'avocats généraux, qui prennent la parole aux audiences des chambres de la Cour.

2) La spécificité du statut

Elle se manifeste par une ***subordination hiérarchique***. En effet, chaque membre du parquet est placé sous la direction et le contrôle de ses chefs hiérarchiques et sous l'autorité du garde des Sceaux (art. 5, Ord. 22 décembre 1958). Le ministre de la Justice est chargé de conduire la politique d'action publique déterminée par le gouvernement et de veiller à la cohérence de son application sur tout le territoire (art. 30, al. 1, C. pr. pén.) : il est donc logique qu'il puisse donner des instructions générales au Ministère public.

Pour aller plus loin

Depuis la loi du 25 juillet 2013, le garde des Sceaux ne peut adresser aux magistrats du Ministère public **aucune instruction** dans les affaires individuelles. C'est le procureur général près la cour d'appel qui coordonne et anime l'action des procureurs de la République, et qui peut enjoindre aux procureurs de la République, par instructions écrites et versées au dossier de la procédure, d'engager ou de faire engager les poursuites ou de saisir la juridiction compétente de telles réquisitions écrites que le procureur général juge opportunes (art. 36, C. pr. pén.).

L'originalité des magistrats du parquet se manifeste aussi ***par leur indivisibilité***. Cette règle signifie qu'à l'intérieur d'un parquet, chaque membre du Ministère public représente le parquet dans son ensemble. Les membres du Ministère public sont donc « interchangeables » : dans une même affaire, les différents actes de procédure peuvent être effectués par des substituts différents ; à l'audience, les représentants du Ministère public peuvent se remplacer (au contraire, les juges du siège doivent être les mêmes tout au long des débats et du délibéré à peine de nullité du jugement).

Les magistrats du parquet ***sont indépendants des juges du siège***. Le principe de séparation des autorités de poursuite, d'instruction et de jugement en est une manifestation en matière pénale : le parquet agit librement dans le cadre de l'exercice de l'action publique, les juges du siège ne peuvent adresser des injonctions au parquet. En matière civile, le juge peut seulement ordonner que l'affaire sera communiquée au Ministère public, même si la loi ne le prévoit pas (art. 427, CPC).

En revanche, le Ministère public ne bénéficie pas de l'inamovibilité, prévue par la Constitution pour les juges du siège. Il peut donc être muté dans l'intérêt du service, par décision du Ministre de la Justice après avis consultatif du Conseil supérieur de la magistrature[5].

5. Ex. décret du 2 août 2012, JORF n° 0179 du 3 août 2012, texte n° 57.

3) *Les attributions du Ministère public*

a) En matière pénale

Devant les juridictions pénales, le Ministère public joue un rôle essentiel dans la procédure, et ses attributions ont été renforcées par la loi du 9 mars 2004, afin que tout comportement pénalement répréhensible trouve une réponse adaptée et plus rapide[6]. Dans la mise en mouvement de l'action publique, le procureur de la République décide s'il est opportun d'engager des poursuites, ou de mettre en œuvre une procédure alternative aux poursuites, ou de classer sans suite dès lors que les circonstances particulières liées à la commission des faits le justifient (art. 40-1, C. pr. pén.). Il s'agit là du principe dit de l'opportunité des poursuites. Un dispositif original a été institué par l'article 40-3 du Code de procédure pénale : toute personne peut dénoncer des faits au procureur de la République et former un recours auprès du procureur général contre la décision de classement sans suite prise à la suite de cette dénonciation ; le procureur général peut alors enjoindre au procureur de la République d'engager des poursuites, ou estimer le recours infondé.

Le parquet joue un rôle non négligeable au cours de l'instruction (droit de requérir tous les actes d'instruction, art. 82, C. pr. pén. ; droit d'être tenu informé des actes d'instruction, art. 119, C. pr. pén.). Il peut former des recours contre les décisions pénales (appel du jugement de première instance, pourvoi en cassation contre les arrêts statuant sur l'action publique rendus par des cours d'appel ou des cours d'assises, appel de l'ordonnance de mise en liberté d'une personne placée en garde à vue en même temps qu'un référé-détention, art. 148-1-1, C. pr. pén.).

Le parquet intervient également pour proposer une solution alternative à la poursuite dans la criminalité ordinaire (par opposition à la criminalité organisée). Si les faits sont bénins, il peut se contenter d'un rappel à la loi (art. 41-1, C. pr. pén. : rappel des obligations résultant de la loi, demande de régularisation de la situation au regard de la loi, demande de réparation du dommage...). Il a le pouvoir de faire procéder, avec l'accord des parties, à une mission de médiation pénale entre l'auteur des faits et la victime (art. 41-1-5°, C. pr. pén. ; pour les mineurs, art. 12-1, Ord. 2 févr. 1945), ou proposer une composition pénale (art. 41-2 et s., C. pr. pén.), pour certaines infractions qui auraient pu donner lieu à une citation en correctionnelle ; cette composition peut prendre plusieurs formes (par ex. le versement d'une somme d'argent, remise au greffe du TGI du permis de conduire ou du permis de chasse, interdiction de rencontrer la victime, obligation de remettre son véhicule aux fins d'immobilisation...). Une mesure importante de la loi Perben II est la comparution sur reconnaissance préalable de culpabilité (nommée « plaider coupable » ou « plaidoyer de culpabilité »), applicable pour tout délit puni à titre principal d'une peine d'amende ou d'une peine d'emprisonnement ne dépassant pas cinq ans : le magistrat du parquet reçoit l'intéressé qui reconnaît être l'auteur des faits et demande l'application du plaider coupable (art. 495-7, C. pr. pén.). Les conditions de ce plaider coupable sont prévues aux articles 495-8 et suivants du Code de procédure pénale (mod. loi n° 2014-896 du 15 août 2014).

---

6. Pradel (J.), « Vers un aggiornamento des réponses de la procédure pénale à la criminalité. Apports de la loi n° 2004-204 du 9 mars 2004 dite Perben II », *JCP* 2004.I.132, et I. 134.

b) En matière civile

Devant les juridictions civiles, le Ministère public peut intervenir :

- soit comme ***partie principale*** en qualité de demandeur ou de défendeur dans les cas prévus par la loi (absence, nullité de mariage, déchéance ou retrait d'autorité parentale, tutelle des majeurs), et chaque fois que l'ordre public est en cause (le Ministère public « peut agir pour la défense de l'ordre public à l'occasion des faits qui portent atteinte à celui-ci », aux termes de l'article 423 du CPC) ; on dit que le Ministère public agit par voie d'action ;
- soit comme ***partie jointe*** pour appuyer les prétentions d'une partie et faire connaître son avis sur la solution à apporter au litige ; on dit alors qu'il agit par voie de réquisition. La loi impose parfois la communication du dossier au parquet (art. 425, CPC, en matière d'état des personnes, de faillite personnelle d'un dirigeant de société, de redressement et de liquidation judiciaires des personnes morales...). Dans les autres cas, la communication est facultative pour le parquet (art. 426, CPC), ou demandée par le juge (art. 427, CPC).

B - Devant les juridictions de l'ordre administratif

On ne trouve pas de parquet devant les juridictions de l'ordre administratif (à l'exception de la Cour des comptes et des chambres régionales des comptes et de la Cour de discipline budgétaire et financière, art. L. 311-4, C. just. adm.). Seuls les rapporteurs publics ont un rôle proche de celui du Ministère public puisqu'ils sont les gardiens de la loi, mais on ne peut pas les assimiler au parquet : ils font partie de la formation de jugement et ne sont pas subordonnés au ministre de la Justice.

CHAPITRE 11

Les auxiliaires de justice

Il est possible d'intégrer dans la catégorie des auxiliaires de justice toutes les personnes qui participent au fonctionnement de la justice en apportant leur concours aux parties et au juge. Ces professionnels sont très divers et organisés selon des systèmes hétérogènes. Certains contribuent à titre exclusif au fonctionnement de la justice (avocats, greffiers), alors que d'autres interviennent de manière accessoire (experts judiciaires, notaires). Certains agissent moyennant rémunération, d'autres sont bénévoles (conciliateurs de justice). L'idée de regrouper les réglementations dans un « code des professions juridiques et judiciaires »[1] n'a pas abouti.

1 • LES AVOCATS

La nouvelle profession d'avocat est réglementée par la loi n° 71-1130 du 31 décembre 1971 (et le décret d'application n° 91-1197 du 27 novembre 1991), qui a fusionné les professions d'avocats et d'avoués devant les tribunaux de grande instance (avant cette loi, l'avocat plaidait l'affaire et l'avoué était chargé d'accomplir tous les actes de la procédure au nom et pour le compte du plaideur ; depuis, l'avocat plaide et représente le plaideur). Ce texte a été modifié à de très nombreuses reprises, et notamment par la loi n° 90-1259 du 31 décembre 1990 qui a fusionné les professions d'avocats et de conseils juridiques (ces derniers avaient pour fonction essentielle de rédiger des actes juridiques, contrats de société, baux commerciaux... pour leurs clients), par la loi n° 2004-130 du 11 février 2004 relatives aux professions judiciaires et juridiques, ainsi que par la loi n° 2011-94 du 25 janvier 2011 portant réforme de la représentation devant les cours d'appel qui a organisé la disparition des avoués et la fusion avec la profession d'avocats, depuis le 1er janvier 2012 et, en dernier lieu, par la loi n° 2015-990 du 6 août 2015 dite « loi Macron ».

Les avocats sont des auxiliaires de justice dont les missions sont essentiellement d'assister (c'est-à-dire conseiller et plaider en présentant oralement à la barre du tribunal la défense du plaideur) et de représenter les parties (c'est-à-dire de postuler en accomplissant les actes de la procédure au nom et pour le compte du plaideur) devant les juridictions de première instance comme devant les cours d'appel, les organismes juridictionnels ou disciplinaires de quelque nature que ce soit, sous réserve des dispositions régissant les avocats aux Conseils d'État et à la Cour de cassation ; ils ont également pour fonctions

1. Rapport de la Commission J. M. Varaut, *La Documentation française*, 1998.

de donner du conseil et de rédiger des actes juridiques en dehors de tout procès, ou d'assister les parties dans le cadre d'une transaction ou d'une procédure participative assistée par avocat. Ils exercent d'autres activités complémentaires : notamment en matière de fiducie, de mandat de transaction immobilière, d'agent sportif.

A - L'accès à la profession

Certaines conditions doivent être remplies pour intégrer la profession d'avocat, dont la finalité est de garantir la compétence et l'éthique de la profession (art. 11, loi 31 déc. 1971). Une réflexion est en cours pour modifier les conditions d'accès à la profession.

Il faut avoir la nationalité française, ou être « ressortissant d'un État membre des Communautés européennes ou partie à l'accord sur l'espace économique européen, ou ressortissant d'un État ou d'une unité territoriale n'appartenant pas à ces communautés ou à cet espace économique qui accorde aux français la faculté d'exercer sous les mêmes conditions l'activité professionnelle que l'intéressé se propose lui-même d'exercer en France ».

Une condition d'une bonne moralité est exigée : il ne faut pas avoir été l'auteur de faits ayant donné lieu à une condamnation pénale pour des agissements contraires à l'honneur, à la probité et aux bonnes mœurs, ou à une sanction disciplinaire ou administrative de destitution, radiation, révocation ou retrait d'agrément ou d'autorisation, ou encore à la sanction de faillite personnelle.

La loi pose des conditions de diplômes : il faut être ***titulaire d'une maîtrise en droit*** « ou de titres ou diplômes » en sciences juridiques reconnus comme équivalents pour l'exercice de la profession par arrêté conjoint du garde des Sceaux ministre de la Justice et du ministre chargé des universités. Pour obtenir le certificat d'aptitude à la profession d'avocat (CAPA), il faut suivre une formation aux divers aspects théoriques et pratiques de la profession, englobant la déontologie et l'éthique professionnelle, avec, notamment, un stage obligatoire dans un cabinet d'avocat. Cette formation initiale est organisée par une École de formation professionnelle d'avocat (dont le siège et le ressort sont fixés par arrêté du garde des Sceaux sur proposition du Conseil national des Barreaux, art. 13-1 loi 31 déc. 1971), et suppose que le candidat ait subi avec succès un examen d'entrée à ce centre[2]. L'élève avocat est astreint au secret professionnel pour tous les faits et actes dont il a connaissance au cours des stages qu'il effectue auprès des professionnels ou des juridictions et au cours de sa formation. Il prête le serment suivant devant la cour d'appel : « je jure de conserver le secret de tous les faits et actes dont j'aurais eu connaissance en cours de formation ou de stage » (art. 12-2, loi 31 déc. 1971). Après réussite au CAPA[3], l'avocat est admis par le Conseil de l'Ordre à s'inscrire auprès d'un Barreau (il y a un barreau auprès de chaque Tribunal de grande instance, art. 15, loi du 31 déc. 1971). Cela lui permet de représenter des parties devant toutes les juridictions du ressort de la cour d'appel dans le ressort de laquelle est situé ce barreau.

---

2. Les modalités de cet examen ont été définies par un arrêté du 11 septembre 2003, *JO* 17 sept. 2003, p. 15943.
3. Les modalités de cet examen ont été définies par un arrêté du 17 octobre 2003, *JO* 21 oct. 2003, p. 17875.

B - L'organisation de la profession

1) *Le barreau*

Chaque barreau constitue une personne morale qui a son patrimoine, sa capacité juridique, son propre règlement intérieur, son propre budget et sa propre organisation. Le barreau comprend une assemblée générale, composée de tous les avocats inscrits, qui délibère à titre consultatif sur les questions intéressant la profession et élit le Conseil de l'Ordre et le bâtonnier. Actuellement, il existe un barreau et un bâtonnier par tribunal de grande instance, alors même qu'un avocat peut postuler devant toutes les juridictions du ressort de la cour d'appel dans lequel il est inscrit.

2) *Le Conseil de l'Ordre*

Chaque barreau est administré par un Conseil de l'Ordre composé d'élus. Cet organe a de nombreux pouvoirs : il traite de toutes questions intéressant l'exercice de la profession, veille à l'observation des devoirs des avocats ainsi qu'à la protection de leurs droits. Notamment, il arrête et modifie le règlement intérieur, statue sur l'inscription des avocats au tableau, veille à l'observation des devoirs des avocats ainsi qu'à la protection de leurs droits, maintient les principes de probité, de désintéressement et de modération et de confraternité, exerce la surveillance que l'honneur et l'intérêt de ses membres rendent nécessaire (art. 17, loi 31 déc. 1971). Il veille à ce que les avocats aient satisfait à leur obligation de formation continue. Il gère les biens de l'Ordre, prépare le budget, fixe le montant des cotisations et vérifie la tenue de la comptabilité des avocats. Avant la loi du 11 février 2004, le Conseil de l'ordre était l'organe disciplinaire du barreau : ce n'est plus le cas, puisqu'un conseil de discipline est institué au sein de chaque cour d'appel, composé de représentants des conseils de l'ordre du ressort de cette cour (art. 22-1, loi du 31 déc. 1971).

3) *Le bâtonnier*

Le bâtonnier est élu par l'assemblée générale des avocats parmi les avocats inscrits. Son mandat est de 2 ans (art. 6 et s., D. 27 nov. 1991). Le décret n° 2014-1632 du 26 décembre 2014 précise que dans les barreaux où le nombre des avocats disposant du droit de vote est supérieur à 30, l'élection du Bâtonnier a lieu six mois avant la fin du mandat du bâtonnier en exercice. Le mandat du bâtonnier élu commence au début de l'année civile qui suit l'expiration du mandat du bâtonnier en exercice. Il exerce de nombreuses fonctions : il représente l'Ordre (et peut même être consulté par les pouvoirs publics sur les problèmes intéressant la profession), préside le Conseil de l'Ordre ainsi que l'assemblée générale des avocats, instruit toutes les réclamations formulées par des tiers contre des avocats, concilie les différends d'ordre professionnel entre les membres du barreau ; en l'absence de conciliation, les différends entre avocats à l'occasion de leur exercice professionnel sont soumis ***à l'arbitrage du bâtonnier*** (art. 21, loi 31 déc. 1971). Dans les barreaux où le nombre d'avocats est supérieur à 30, l'élection du bâtonnier a lieu 6 mois avant la fin du mandat du bâtonnier en exercice (décret du 26 déc. 2014).

Université de Lorraine Bibliothèque I.U.T. Nancy-Charlemagne

Pour aller plus loin

Depuis la fusion des professions d'avoués près la cour d'appel, et d'avocats, il existe ***un bâtonnier de cour d'appel*** : l'ensemble des bâtonniers du ressort de chaque cour d'appel désignent tous les deux ans celui d'entre eux, chargé es-qualité de bâtonnier en exercice, de les représenter pour traiter de toute question d'intérêt commun relative à la procédure d'appel (art. 21, loi 31 déc. 1971 modifié par loi 25 janv. 2011).

4) Le Conseil national des barreaux

Le Conseil national des barreaux est composé d'avocats élus par 2 collèges formés d'un nombre égal de délégués eux-mêmes élus (art. 19 et s., D. 27 nov. 1991). Le Président est élu pour un mandat de trois ans non renouvelable. Les membres élus du bureau le sont pour un mandat de trois ans renouvelable une fois (art. 34, D. 27 nov. 1994 mod. D. 26 déc. 2014). Le Président du CNB est élu pour 3 ans, non renouvelable. Les missions du CNB sont importantes pour l'ensemble de la profession : il représente la profession d'avocat auprès des pouvoirs publics et veille à l'harmonisation des règles et usages de la profession d'avocat et des programmes de formation, coordonne les actions de formation des CRFP, répartit le financement de la formation professionnelle... Il perçoit les recettes affectées au titre des taxes sur les actes d'huissiers de justice et sur les contrats d'assurance de protection juridique et des droits fixes perçus à l'occasion des décisions des juridictions répressives (art. 302 *bis* Y, 1001 et 1018 A, CGI) et les affecte au paiement des avocats effectuant des missions d'aide juridictionnelle (art. 21-1, loi n° 71-1130 du 31 déc. 1971, mod. loi du 29 déc. 2014 portant loi de finances pour 2015).

C - L'exercice de la profession d'avocat

1) Les fonctions de l'avocat

a) L'assistance

L'assistance se traduit d'abord par du conseil, c'est-à-dire l'élaboration des moyens de fait et de droit permettant au justiciable d'exercer utilement son droit d'agir en justice et la défense de ses intérêts. Puis, elle englobe la « plaidoirie », c'est-à-dire la présentation des prétentions et des moyens de défense au juge : l'avocat est l'intermédiaire compétent entre le justiciable profane et le juge qui va trancher le contentieux. L'assistance peut s'exercer devant toutes les juridictions et organismes juridictionnels ou disciplinaires ; elle concerne toutes les phases de la procédure (instruction, audience...). Devant certaines juridictions d'exception civiles, les parties peuvent se faire assister par une personne qui n'a pas nécessairement la qualité d'avocat (conjoint, parent..., voir art. 828, CPC pour le tribunal d'instance).

La rémunération de l'assistance consiste en des honoraires librement convenus entre le plaideur et l'avocat. Ces honoraires font partie des frais « irrépétibles », qui ne font pas l'objet d'un remboursement quelle que soit l'issue du procès (le gagnant peut seulement obtenir une somme, fixée par le juge sur le fondement de l'article 700 du CPC, versée par le perdant condamné aux dépens, qui ne correspond pas nécessairement à la note d'honoraires de l'avocat).

Depuis la loi Macron du 6 août 2015, l'avocat doit sauf en cas d'urgence ou de force majeure ou lorsqu'il intervient au titre de l'aide juridictionnelle, conclure par écrit avec son client une convention d'honoraires qui précise, notamment, le montant ou le mode de détermination des honoraires couvrant les diligences prévisibles, ainsi que les divers frais et débours envisagés (art. 10, loi 31 déc. 1971 mod.)

b) La représentation

La représentation consiste à accomplir les actes de la procédure au nom et pour le compte du plaideur, dans le cadre ***d'un mandat ad litem*** (on parle de « postulation »). Le mandat ad litem repose sur la technique civile de la représentation : en conséquence, le plaideur est engagé par les actes écrits de son avocat, qui est même présumé avoir reçu pouvoir pour accepter des offres, se désister de la procédure. En cas de faute dans l'exécution du mandat (non-respect d'un délai de procédure, acte nul...), l'avocat engage sa responsabilité (il a nécessairement une assurance de responsabilité professionnelle).

Cette représentation par avocat est obligatoire devant le Tribunal de grande instance (et devant le tribunal administratif, sauf en matière de recours pour excès de pouvoir). Sauf exceptions légales, il est donc impossible de diligenter seul une procédure devant un TGI : l'assignation qui ne comporte pas la constitution d'un avocat est nulle. L'avocat peut représenter un plaideur devant l'ensemble des tribunaux de grande instance du ressort de la cour d'appel dans lequel il a établi sa résidence professionnelle, et devant ladite cour (principe de la territorialité de la postulation dans le ressort d'une cour d'appel, sauf pour certaines matières comme la saisie immobilière, le partage ou bien si l'avocat intervient au titre de l'aide juridictionnelle puisque la postulation reste limitée au ressort du TGI). L'avocat postulant perçoit actuellement des émoluments tarifés qui font partie des dépens (art. 695, CPC) et qui sont donc remboursés au gagnant par le perdant (art. 696, CPC, sauf décision contraire du juge). La loi Macron supprime ce système de tarifs, sauf en matière de saisie immobilière, de partage, de licitation et de sûretés judiciaires.

L'avocat représente également les parties devant la cour d'appel : c'est lui qui rédige, à titre de monopole, les actes de la procédure dans les procédures avec représentation obligatoire. Tout avocat inscrit à un barreau situé dans le ressort d'une cour d'appel peut représenter les parties devant cette cour.

c) Les autres missions

La ***consultation***, orale ou écrite, permet à l'avocat, sans monopole, de donner des conseils sur des questions juridiques.

L'avocat a aussi compétence pour ***rédiger des actes juridiques*** (contrat de bail, vente d'un bien mobilier, statuts de société).

Depuis la loi n° 2011-231 du 28 mars 2011, de modernisation des professions judiciaires et juridiques réglementées, les articles 66-3-1 et suivants de la loi du 31 décembre 1971 prévoient l'acte sous seing privé contresigné par avocat. Dès lors qu'un avocat appose ***son contreseing sur un acte sous seing privé***, ce dernier fait pleine foi de l'écriture et de la signature des parties à leur égard comme à l'égard de leurs héritiers. De plus, l'avocat atteste par son contreseing avoir éclairé pleinement la partie qu'il conseille sur les conséquences juridiques de l'acte.

Les avocats interviennent dans les modes amiables de résolution des différends. La « ***convention de procédure participative*** », par laquelle les parties à un différend qui n'a pas encore donné lieu à la saisine d'un juge ou d'un arbitre s'engagent à œuvrer conjointement et de bonne foi à la résolution amiable de leur différend, même en matière de divorce et de séparation de corps ou de droit du travail (art. 2062 et s., C. civ.), ne peut être signée qu'avec l'assistance d'un avocat. Elle peut conduire à un accord qui est homologué par le juge compétent, selon une procédure simplifiée. L'avocat peut aussi exercer des missions de médiateur.

Les avocats peuvent exercer en qualité de mandataire l'une des parties intéressées à la conclusion d'un contrat mentionné à l'article L. 222-7 du Code du sport (agent sportif) depuis la loi du 28 mars 2011. Il est alors précisé que le montant des honoraires de l'avocat ne peut excéder 10 % du montant de ce contrat. L'avocat peut également agir en qualité de fiduciaire.

2) Le statut professionnel

Pour que l'avocat puisse exercer librement sa profession, des prérogatives particulières lui ont été conférées. On peut citer : le droit de refuser de plaider une affaire ou de recevoir un dossier ; l'inviolabilité de la correspondance, concernant les documents échangés avec le client ; l'inviolabilité du cabinet, qui interdit toute perquisition dans le cabinet d'un avocat pour saisir des documents de nature à établir la culpabilité d'un client (sauf lors d'une instruction pénale et à des conditions restrictives) ; l'immunité de la parole et des écrits, qui empêche toute poursuite pour injure, outrage ou diffamation, pour les paroles prononcées lors d'une plaidoirie, ou pour les écrits en rapport avec la défense de son client.

En contrepartie, l'avocat est tenu de certaines obligations professionnelles. Les principes essentiels de la profession d'avocat ont été définis par un décret n° 2005-790 du 12 juillet 2005. L'avocat doit respecter le secret professionnel au sujet de ce qu'il a pu apprendre à l'occasion de l'exercice de ses fonctions ; il est tenu d'une obligation de loyauté à l'égard de son client ; il doit mener à son terme l'affaire dont il est chargé (sauf motif légitime, et après avoir averti le plaideur, le juge et l'adversaire, et avoir trouvé un remplaçant si la procédure impose la constitution d'un avocat) ; il doit accomplir les actes de la procédure avec diligence, et se comporter en loyal auxiliaire de justice à l'égard du juge comme de son adversaire ; il doit respecter les obligations résultant de la lutte contre le blanchiment des capitaux et le financement du terrorisme prévues par le livre V du Code monétaire et financier.

Pour aller plus loin

La loi n° 2014-344 du 17 mars 2014 relative à la consommation permet aux avocats, dans les conditions fixées par décret, de « recourir à la publicité ainsi qu'à la sollicitation personnalisée. Toute prestation réalisée à la suite d'une sollicitation personnalisée fait l'objet d'une convention d'honoraires ». Le décret n° 2014-1251 du 28 octobre 2014 précise que la publicité et la sollicitation personnalisée doivent procurer une information sincère sur la nature des prestations de services proposées et respecter les principes essentiels de la profession, en excluant tout élément comparatif ou dénigrant. La sollicitation personnalisée prend la forme d'un envoi postal ou d'un courrier électronique adressé au destinataire de l'offre de service. La décision du 13 novembre 2014 portant réforme du règlement intérieur national de la profession d'avocat émise par le Conseil national des Barreaux précise notamment, les publicités interdites (comparatives, dénigrantes, mensongères...) et les modalités de la publicité autorisée par internet.

La méconnaissance d'une obligation professionnelle, le manquement à la dignité, à l'honneur ou à la probité commis par l'avocat en dehors de son activité professionnelle, peuvent entraîner la mise en œuvre d'une procédure disciplinaire devant le Conseil de discipline. À l'issue d'une procédure contradictoire déclenchée par le procureur général près la cour d'appel ou le bâtonnier dont relève l'avocat, le Conseil de discipline peut prononcer les sanctions disciplinaires qui vont du simple avertissement, au blâme, à l'interdiction d'exercer temporairement la profession. La décision du Conseil de discipline doit être motivée et peut être déférée à la cour d'appel soit par l'avocat sanctionné, soit par le procureur général, soit par le bâtonnier dont relève l'avocat.

3) Les modalités d'exercice de la profession

Si l'avocat ne souhaite pas exercer sa profession seul, il peut collaborer au sein d'un cabinet, soit en étant salarié (ce qui lui interdit de disposer d'une clientèle personnelle), soit en étant collaborateur (ce qui lui permet d'avoir sa clientèle personnelle dans les conditions fixées au contrat de collaboration).

L'avocat salarié est lié par un contrat de travail écrit qui ne peut porter atteinte au principe déontologique d'indépendance des avocats (l'avocat salarié doit rester libre de refuser un dossier) ; l'avocat employeur est civilement responsable des actes accomplis pour son compte par son salarié. Pour tout litige né à l'occasion du contrat de travail, c'est le bâtonnier du barreau qui est saisi par l'une des parties et qui statue sur le différend (art. 142 et s., D. 27 nov. 1991). La décision est susceptible d'appel devant la cour d'appel.

Le contrat de collaboration fixe la durée de la collaboration, les périodes d'activité, les modalités de la rétrocession d'honoraires, la possibilité d'avoir une clientèle personnelle et la cessation de la collaboration (art. 129 et s., D. 27 nov. 1991). L'avocat est civilement responsable des actes professionnels accomplis pour son compte par son ou ses collaborateurs.

Des avocats peuvent s'associer aux termes d'un contrat écrit et contrôlé par l'Ordre. Ils mettent en commun certains moyens (secrétariat, local) mais chaque avocat conserve sa clientèle (art. 124 et s., D. 27 nov. 1991).

Le cabinet peut prendre la forme d'une société civile professionnelle qui jouit de la personnalité morale. Toutes les dépenses et toutes les rémunérations sont mises en commun et réparties en fonction du nombre de parts de chacun des avocats dans la société. Chaque avocat répond indéfiniment et solidairement des dettes sociales.

Les avocats peuvent se regrouper au sein d'une société pour l'exercice d'une profession libérale (SEL) qui peut prendre la forme d'une SARL ou d'une SA et peut être constituée avec des capitaux détenus par des personnes étrangères à la profession d'avocat, dans le cadre réglementé notamment par la loi n° 2015-990 du 6 août 2015.

2 • LES OFFICIERS MINISTÉRIELS

L'officier ministériel est un particulier qui a acquis un office avec l'agrément du Gouvernement et qui exerce une profession, objet d'un monopole : il s'agit des huissiers de justice, des avocats à la Cour de cassation et au Conseil d'État, et des greffiers des tribunaux de commerce et des notaires. L'office présente deux aspects : le droit de présentation du successeur a une valeur, que l'on l'appelle la « finance », par opposition au « titre », qui constitue le droit d'exercer la fonction conférée par le ministère de la Justice. L'État décide de la création ou de la suppression des offices. La loi du 6 août 2015 instaure un principe de « libre installation » très réglementé. Toutes les personnes qui répondent aux conditions légales peuvent s'installer, mais uniquement dans les zones où l'implantation d'offices paraît utile pour renforcer la proximité ou l'offre de services. Ces zones sont établies conjointement par le ministre de la Justice, celui de l'Économie sur proposition de l'Autorité de la concurrence (ceci concerne l'installation des notaires, des huissiers de justice, et des commissaires priseurs-judiciaires). La Chancellerie vérifie en outre que les conditions générales d'accès sont remplies, à savoir : nationalité française, garanties de moralité, justification de diplômes universitaires et de formation professionnelle, caractère raisonnable du prix de cession... Chaque profession est organisée en chambres départementales, régionales et nationales, dont certaines exercent un pouvoir disciplinaire pour les fautes qui n'entraînent pas l'interdiction temporaire ou la destitution (ces dernières sanctions ne peuvent être prononcées que par le Tribunal de grande instance saisi par le procureur de la République).

A - Les huissiers de justice

1) Le rôle

L'article 1er de l'ordonnance n° 45-2592 du 2 novembre 1945 définit les missions des huissiers de justice : ce sont les officiers ministériels qui ont seuls qualité pour ***signifier les actes et les exploits***, faire les notifications prescrites par les lois et règlements, ***ramener à exécution les décisions de justice***, ainsi que les actes ou titres en forme exécutoire. Ces rôles sont particulièrement importants dans le cadre des procédures, dès lors que la Cour européenne a jugé que le droit à l'exécution des décisions de justice est un droit de l'homme, protégé par l'article 6 § 1 de la Convention. Les huissiers de justice ont le monopole de l'exécution des titres exécutoires.

La signification des actes de procédure et des jugements relève aussi du monopole des huissiers de justice. Une signification par voie électronique est possible, si le destinataire a accepté ce mode en faisant une déclaration auprès de la chambre nationale des huissiers de justice, qui centralise les déclarations sur un registre.

Une autre mission importante des huissiers de justice intéresse la preuve des faits. Les huissiers de justice peuvent être commis par justice pour effectuer ***des constatations purement matérielles*** exclusives de tout avis sur les conséquences de fait ou de droit qui peuvent en résulter ; ils peuvent également procéder à des constatations de même nature à ***la requête des particuliers*** (constat d'huissier) ; dans l'un et l'autre cas, ces constatations peuvent servir d'éléments de preuve si elles sont ensuite soumises à un débat contradictoire. Sauf en matière pénale où elles ont valeur de simples renseignements, les « constatations font foi jusqu'à preuve du contraire ». Dans ce cadre, la compétence des huissiers de justice sera nationale (projet de loi n° 2447 du 11 déc. 2014).

Les huissiers de justice peuvent également procéder ***au recouvrement amiable de toute créance***, en dehors de leur monopole, ainsi qu'à des médiations conventionnelles (voir le site Medicys de médiation en ligne ouvert par la Chambre nationale des huissiers de justice).

La compétence territoriale des huissiers de justice est fixée au ressort de la cour d'appel du lieu de leur résidence (loi n° 2015-990 du 6 août 2015, art. 3, Ord. 2 nov. 1945). Dans l'exercice de leurs attributions, les huissiers de justice sont tenus à certaines ***obligations déontologiques***, qui sont la contrepartie de leur monopole et la manifestation de leur statut d'officiers ministériels. Ils sont tenus d'exercer leur ministère toutes les fois qu'ils en sont requis, sauf pour leurs parents et alliés et ceux de leur conjoint en ligne directe ou en ligne collatérale jusqu'au 6e degré (art. 1 *bis* A, Ord. 2 nov. 1945) pour lesquels ils sont frappés d'interdiction d'instrumenter. Ils sont tenus au secret professionnel.

L'huissier de justice est lié à son client par un contrat de mandat : il est donc responsable des actes qu'il accomplit et peut être condamné à des dommages et intérêts en cas de faute (par ex. s'il accomplit un acte abusif) ; la chambre nationale des huissiers de justice garantit la responsabilité professionnelle.

La loi du 6 août 2015 contient l'habilitation du Gouvernement pour créer par ordonnance, une profession de commissaire de justice regroupant les professions d'huissiers de justice, de mandataire judiciaire et de commissaire-priseur judiciaire (art. 20).

2) L'organisation de la profession

De nombreuses conditions sont posées pour accéder à la profession d'huissier de justice, qui ont fait l'objet de modifications récentes[4] : il faut être de nationalité française, ne pas avoir été condamné par une sanction pénale, disciplinaire ou administrative pour des faits contraires à l'honneur, à la probité et aux bonnes mœurs, ne pas avoir fait l'objet d'une faillite personnelle. L'intéressé doit être titulaire d'un master 1 en droit ou d'un diplôme équivalent, avoir effectué un stage professionnel de 2 ans et avoir subi un examen professionnel (art. 1 et s., D. n° 75-770 du 14 août 1975 modifié). La nomination comme huissier de justice est prononcée par un arrêté du garde des Sceaux selon diverses modalités, selon que l'huissier de justice est candidat à la succession d'un autre huissier de justice, ou qu'il y a création d'un office, ou qu'un office est déclaré vacant. Le projet de loi n° 2447 du 11 déc. 2014 prévoit une libre installation : toute personne répondant aux conditions pourra être titularisée en qualité d'huissier de justice dans le lieu d'établissement de son choix par le ministre de la Justice. Dans tous les cas, le procureur général près la cour d'appel dans le ressort de laquelle est situé l'office, recueille l'avis motivé de la chambre départementale sur la moralité et les capacités professionnelles de l'intéressé et transmet le dossier motivé au garde des Sceaux (art. 23 et s., D. 14 août 1975). Dans le mois de sa nomination, l'huissier de justice prête serment devant le TGI en ces termes « Je jure de loyalement remplir mes fonctions avec exactitude et probité et d'observer en tout les devoirs qu'elles imposent » ; il doit déposer sa signature et son paraphe au greffe du TGI du siège de son office (art. 35 et 36, D. 1er août 1975 : l'huissier de justice rédige des actes authentiques).

L'huissier peut exercer sa profession à titre individuel. Ceux qui résident dans la même commune peuvent établir entre eux des groupements, qui permettent de centraliser dans les mêmes locaux deux ou plusieurs offices, de faciliter l'exécution du travail matériel et de réduire les frais d'exploitation. Ils peuvent aussi se regrouper en association, qui est la réunion de deux ou trois huissiers de justice qui conservent leur propre office, mais

4. Code de l'exécution, *EJT*, 2008, p. 67 et s.

mettent en commun toutes leurs activités (art. 31, D. 29 févr. 1956). Les huissiers de justice peuvent exercer dans le cadre de sociétés titulaires d'un office ministériel (art. 2 et s., D. n° 69-1274 du 31 déc. 1969), ou de sociétés civiles professionnelles (art. 90 et s., D. 31 déc. 1969).

La profession d'huissiers de justice est organisée en chambres : les chambres départementales gèrent une caisse de garantie et exercent la discipline ; les chambres régionales dans le ressort de chaque cour d'appel vérifient la comptabilité ; la chambre nationale représente la profession auprès des pouvoirs publics.

B - Les avocats à la Cour de cassation et au Conseil d'État (dits « avocats aux Conseils »)

1) Les attributions

Les avocats aux Conseils sont des auxiliaires de justice habilités par la loi pour assurer, auprès de la Cour de cassation et du Conseil d'État, à titre de monopole, la représentation des parties. Ils accomplissent les actes de la procédure au nom et pour le compte des plaideurs, et sont les seuls à pouvoir prendre la parole aux audiences des juridictions (devant la Cour de cassation, seul un avocat aux Conseils, ou le plaideur lui-même sur autorisation exceptionnelle du juge, peut plaider). Ils sont liés aux parties par un contrat de mandat ad litem, comme les autres avocats. Le recours à un avocat aux Conseils est obligatoire, sauf exceptions légales (par exemple, devant la chambre criminelle de la Cour de cassation et devant le Conseil d'État, pour les recours pour excès de pouvoir) : l'article 973 du Code de procédure civile précise qu'en matière civile, les parties sont tenues, sauf disposition contraire, de constituer avocat devant la Cour de cassation.

2) L'organisation de la profession

a) Les modalités d'accès à la profession

L'accès à la profession d'avocat aux Conseils est strictement réglementé. Le nombre d'offices ministériels est de 60, mais le garde des Sceaux, ministre de la Justice, peut créer de nouveaux offices pour des motifs tenant à la bonne administration de la justice (art. 3, Ord. du 10 sept. 1817 mod. par D. 22 avr. 2009). Le décret n° 2013-470 du 5 juin 2013 porte augmentation du nombre d'associés au sein des sociétés civiles professionnelles d'avocats au Conseil d'État et à la Cour de cassation (le nombre maximum d'associés est porté de trois à quatre). Les intéressés doivent remplir des conditions énoncées par le décret n° 91-1125 du 28 octobre 1991 (modifié) : notamment, ils doivent être français ou ressortissant d'un État membre de l'Union européenne ; avoir une bonne moralité, attestée par l'absence de condamnation pénale, disciplinaire ou administrative pour des faits contraires à l'honneur, à la probité ou aux bonnes mœurs ; être titulaire au moins d'une maîtrise en droit, avoir été inscrit pendant un an au moins au tableau d'un barreau, avoir suivi une formation spéciale, et avoir subi un examen d'aptitude à la profession d'avocat aux conseils.

La nomination de l'avocat est prononcée par arrêté du ministre de la Justice, soit sur présentation d'un candidat à la succession d'un avocat aux Conseils, soit sur nomination dans un office vacant. Le procureur général près la Cour de cassation recueille l'avis motivé du conseil de l'Ordre des avocats sur la moralité et les capacités professionnelles de l'intéressé. Dans le mois de la nomination, l'avocat prête serment devant la Cour de cassation et le Conseil d'État en ces termes « Je jure, comme avocat au Conseil d'État et à la Cour de cassation, d'exercer mes fonctions avec dignité, conscience, indépendance, probité et humanité ».

La loi du 6 août 2015 pour la croissance, l'activité et l'égalité des chances économiques prévoit que tous les 2 ans, le ministre de la Justice examine s'il y a lieu de créer de nouveaux offices pour des motifs tenant à l'accès à la justice et à la bonne administration de la justice.

b) L'Ordre

Les avocats aux conseils forment un Ordre autonome. Pour la discipline intérieure de cet Ordre, il existe un Conseil de discipline à la tête duquel se trouve un président, élu à la majorité absolue des suffrages par l'assemblée générale. Les 11 autres membres du Conseil de discipline de l'ordre sont nommés directement par l'assemblée générale (art. 7 et 8, Ord. 19 sept. 1817).

Le Conseil de discipline statue sur les questions intéressant de police et de discipline générale de la profession, élabore le règlement intérieur.

c) La discipline

La discipline des avocats aux Conseils a été réformée par un décret n° 2002-76 du 11 janvier 2002. L'instance siégeant en formation disciplinaire est le Conseil de l'Ordre des avocats, qui peut être saisi par le vice-président du Conseil d'État, le procureur général près la Cour de cassation ou le président de l'Ordre des avocats. La procédure est contradictoire, la décision disciplinaire (avertissement ou blâme) peut faire l'objet d'un recours devant le Conseil d'État ou la Cour de cassation (selon que les faits objets de la poursuite ont trait aux fonctions exercées devant les juridictions administratives ou la Cour de cassation). Si la formation disciplinaire estime que les faits ne peuvent donner lieu qu'à une radiation du tableau des avocats, ou une interdiction temporaire, elle rend un avis en ce sens : la procédure se déroule ensuite devant la Cour de cassation ou le Conseil d'État qui rend la décision disciplinaire (art. 16 et s., D. 11 janv. 2002).

d) L'exercice de la profession

Les avocats peuvent exercer leur profession à titre individuel ou en société civile professionnelle (D. n° 78-380 du 15 mars 1978).

Les actions en responsabilité civile professionnelle engagées contre un avocat au Conseil d'État ou à la Cour cassation sont portées, après avis du Conseil de l'Ordre, devant le Conseil d'État, ou la Cour de cassation selon le cas (art. 13, Ord. 19 sept. 1817).

C - Les greffiers des tribunaux de commerce

Conformément aux dispositions prévues à l'article L. 741-1 du Code de commerce, les greffiers des tribunaux de commerce sont des officiers publics et ministériels, contrairement aux greffiers des autres juridictions qui ont été fonctionnarisés par la loi n° 65-1002 du 30 novembre 1965. Les tarifs pratiqués seront modifiés par le projet de loi n° 2447 du 11 décembre 2014. Le rôle du greffier est essentiel : il assiste les membres du tribunal de commerce à l'audience, ainsi que le président du tribunal dans l'ensemble de ses tâches administratives et dans l'établissement et l'application du règlement intérieur de la juridiction, dans l'organisation des rôles d'audiences et la répartition des juges, ainsi que dans la préparation du budget et la gestion des crédits alloués à la juridiction. Il dirige l'ensemble des services du greffe, assure la tenue des différents registres, met en forme les décisions prises et motivées par les juges, est dépositaire des minutes et des archives, délivre les copies et expéditions, dresse les actes et procède aux formalités prescrites par la loi. Il perçoit directement des plaideurs les émoluments qui lui sont dus au titre de ces activités. Les greffes des tribunaux de commerce ont intégré la communication par voie électronique au sein des juridictions avec les auxiliaires de justice, avocats et huissiers de justice. Le greffe du tribunal de commerce gère le registre national du commerce et des sociétés, il doit transmettre à l'Institut national de la propriété industrielle, par voie électronique et sans frais, un document valant original des inscriptions qu'il effectue et des actes et pièces qui y sont déposées. Les greffiers peuvent exercer leur profession à titre individuel, sous forme de société civile professionnelle, ou sous forme de société d'exercice libéral, ou encore être membres d'un groupement d'intérêt économique. Dans leurs activités professionnelles, ils sont soumis à des inspections sous l'autorité du garde des Sceaux (art. L. 743-1, C. com.). Le recrutement par voie de concours des greffiers des tribunaux de commerce est prévu par la loi du 6 août 2015.

Le Conseil national des greffiers des tribunaux de commerce, doté de la personnalité morale, représente la profession auprès des pouvoirs publics et est chargé d'assurer la défense des intérêts collectifs de la profession. Il est composé de membres élus par les greffiers des tribunaux de commerce. Il a notamment pour fonctions d'organiser la formation initiale, d'assurer le suivi des stages, les examens professionnels et la formation permanente des greffiers ainsi que, le cas échéant, la formation de leur personnel (art. L. 741-2, C. com.).

Des dispositions spécifiques à la discipline sont prévues par les articles L. 743-2 et suivants du Code de commerce, modifiés par la loi du 11 février 2004 et l'ordonnance du 8 juin 2006. La faute disciplinaire, c'est-à-dire tout manquement d'un greffier de tribunal de commerce à l'honneur, la probité, la dignité et aux devoirs de sa charge, peut donner lieu à une action disciplinaire. Les peines vont du rappel à l'ordre, à l'avertissement, à l'interdiction temporaire ou la destitution. L'action disciplinaire est exercée soit devant la formation disciplinaire du Conseil national des greffiers des tribunaux de commerce (il s'agit d'une formation composée de 5 membres désignés par le Conseil en son sein), soit devant le tribunal de grande instance dans le ressort duquel le tribunal de commerce a son siège, s'il s'agit de prononcer une suspension, une interdiction ou la destitution. L'action est exercée par le procureur de la République ou par le Président du Conseil national des tribunaux de commerce et se prescrit par 10 ans ; l'acceptation de la démission par le greffier ne faisant pas obstacle au prononcé d'une peine disciplinaire pour des faits antérieurs. La procédure est toujours contradictoire, se déroule en chambre du conseil. La décision de la formation disciplinaire du Conseil national peut être déférée à la cour d'appel de Paris par le procureur de la République, le président du conseil national si les poursuites ont été engagées à son initiative, ou par le greffier La décision du TGI peut être déférée à la cour d'appel territorialement compétente par le procureur de la République, le président du Conseil national s'il avait engagé les poursuites, et par le greffier.

D - Les notaires

Ces officiers publics titulaires d'un office ministériel ont pour mission essentielle de ***conférer le caractère authentique aux actes qu'ils rédigent***. La profession est ancienne et régie par des textes de nombreuses fois modifiés (loi 25 ventôse an XI, Ord. 45-2590 du 2 nov. 1945). Le rapport Attali[5] considère qu'il faudrait ouvrir la profession à la concurrence, et, notamment, permettre l'accès à la profession à tout détenteur des diplômes et qualifications nécessaires (au lieu de limiter le nombre d'offices) et de supprimer les tarifs réglementés. La loi du 6 août 2015 modifie les tarifs des notaires et prévoit une « libre » installation comme pour les huissiers de justice (dans les zones où l'implantation d'offices apparaît utile pour renforcer la proximité ou l'offre de services). Le décret du 17 octobre 2011 ouvre l'accès au notariat aux ressortissants étrangers de l'Union européenne, sous réserve qu'ils satisfassent aux conditions d'accès à la profession (règles d'installation, contrôle). La Cour de justice de l'Union européenne a jugé le 24 mai 2012 (aff. C-50/08) que les États ne peuvent pas réserver l'accès au notariat à leurs seuls nationaux, dans la mesure où les notaires « ne participent pas à l'exercice de l'autorité publique au sens de l'article 45, 1er al., du Traité CE ».

La mission du notaire est de « recevoir tous les actes et contrats auxquels les parties doivent ou veulent donner le caractère d'authenticité attaché aux actes de l'autorité publique et pour en assurer la date, en conserver le dépôt, en délivrer grosse et expéditions » (art. 1er, Ord. 2 nov. 1945). Ainsi, le notaire rédige des testaments, donations, contrats de mariage. Dans certains cas, la loi rend son intervention obligatoire (par ex. la publication d'une vente d'immeuble à la conservation des hypothèques ; art. 710-1, C. civ.), parce que sa présence offre de sérieuses garanties aux particuliers (contrôle de l'identité, des conditions de régularité de l'acte, recherche des documents nécessaires...). Il intervient également comme conseil en droit de la famille, en gestion des patrimoines.

En revanche, le notaire n'intervient qu'accessoirement dans le fonctionnement du service de la justice. Ainsi, l'article 255 du Code civil prévoit que dans les procédures de divorce, le juge aux affaires familiales peut désigner, au titre des mesures provisoires, un notaire en vue d'élaborer un projet de liquidation du régime matrimonial et de formation des lots à partager. De même, après avoir prononcé leur divorce, le juge peut statuer sur les demandes de liquidation et de partage des intérêts patrimoniaux des ex époux, si ceux-ci n'ont pas pu trouver un accord amiable, et au vu, notamment, d'un projet de liquidation établi par le notaire désigné sur le fondement de l'article 255-10° du Code civil (art. 267, C. civ., Ord. n° 2015-1288 du 15 oct. 2015). Dans tous les cas, lorsque la liquidation du régime matrimonial porte sur des biens soumis à publicité foncière, toute convention des époux doit être passée par acte notarié (art. 265-2, C. civ.). De plus, une modification ou un changement de régime matrimonial par les époux doit se faire par acte notarié (art. 1397, C. civ.).

5. *La Documentation française*, janv. 2008, proposition 216, p. 174.

3 • LES AUXILIAIRES DE LA JUSTICE À STATUT PARTICULIER

A - Les greffiers

1) Auprès des juridictions de l'ordre judiciaire

Chaque juridiction de l'ordre judiciaire est dotée d'un secrétariat-greffe (le terme greffe vient du latin *graphium* et du vieux français *grefe* qui désignaient le poinçon à écrire), composé de fonctionnaires de l'État (depuis la loi du 30 novembre 1965. – le D. n° 2004-836 du 20 août 2004 a remplacé les termes « secrétariat-greffe » par celui de « greffe », art. 52) placés sous la responsabilité d'un directeur de greffe (art. R. 123-3. C. org. jud.). Les chefs de juridiction sont responsables du fonctionnement du greffe de leur juridiction, exercent leur autorité et leur contrôle hiérarchique sur le greffier en chef. Un corps de directeurs de greffe des services judiciaires exerçant des fonctions de direction, d'administration d'animation et de coordination des services, avec une grille indiciaire revalorisée, a été créé (protocole d'accord sur le statut des personnels de greffe, signé le 15 juillet 2014 par la garde des Sceaux et les 3 organisations syndicales).

Le directeur de greffe dispose d'attributions importantes : il gère les crédits de fonctionnement de la juridiction et participe à la préparation du budget ; il fait assurer et surveille l'entretien courant des locaux, est chargé de l'acquisition, la conservation et du renouvellement du matériel et du mobilier ainsi que de la documentation. Il assure la gestion du personnel du greffe et l'organisation générale de celui-ci. Il assiste la juridiction : à cet effet, il tient la plume à l'audience ainsi que les documents et les différents registres prévus par les textes en vigueur et celui des délibérations de la juridiction ; il est dépositaire, sous le contrôle du chef de la juridiction, des minutes des décisions dont il assure la conservation et dont il délivre les expéditions et les copies. Le directeur de greffe de la cour d'appel, du TGI ou du tribunal d'instance établit et certifie un état de l'activité de la juridiction au cours de la période écoulée ; ces états statistiques sont communiqués au ministère de la Justice avec les observations des chefs des juridictions du 1er degré, puis d'appel. Il tient aussi la comptabilité administrative des opérations de recettes et de dépenses relatives aux opérations qu'il est chargé de réaliser.

Il est établi auprès de chaque greffe une régie des recettes et une régie d'avances. Les régisseurs sont habilités, notamment, à payer les frais de justice prévus à l'article 92 du Code de procédure pénale (art. R. 123-23, C. org. jud.).

2) Auprès des juridictions de l'ordre administratif

Les juridictions de l'ordre administratif disposent également d'un greffe tenu par des fonctionnaires (art. R. 226-1 et s., C. just. adm.). Ainsi, au siège de chaque tribunal administratif et cour administrative d'appel, le greffe comprend un greffier en chef et des greffiers. Les greffiers en chef et les greffiers sont placés sous l'autorité exclusive du président qui dispose à leur égard d'un pouvoir de notation (art. R. 226-4, C. just. adm.).

B - Les experts judiciaires

La complexité croissante des litiges, le développement de modes de preuve de plus en plus perfectionnés (notamment en matière pénale[6]), la nécessité de rétablir l'égalité des armes entre des plaideurs dont l'un est démuni face à la charge de la preuve (contentieux de la consommation), amènent le juge à prescrire de plus en plus souvent une mesure d'expertise, afin d'être éclairé sur des questions techniques qu'il ne maîtrise pas et d'établir la véracité des faits litigieux. Certes, le juge n'est pas lié par les conclusions de l'expert, mais l'avis du technicien aura un impact essentiel sur la décision, dans la mesure où le juge n'a pas toujours les compétences techniques pour ne pas entériner le rapport. C'est la raison pour laquelle la loi entoure cette mesure de garanties procédurales (respect de la contradiction par l'expert, qui doit toujours permettre aux parties de se défendre) et de garanties relatives à l'expert lui-même (impartialité, compétence...).

Le juge désigne généralement un technicien inscrit sur une liste d'experts, que l'on nomme un « expert judiciaire » (loi n° 71-498 du 29 juin 1971 et D. n° 74-1184 du 31 déc. 1974). Mais il peut aussi, exceptionnellement, choisir un expert non inscrit sur les listes officielles. Les experts sont des professionnels peuvent réaliser des expertises judiciaires, et également des expertises « amiables », c'est-à-dire sur demande de particuliers en dehors de tout procès et de toute intervention judiciaire (par ex., pour évaluer à l'amiable la valeur d'un bien immobilier, d'un fonds de commerce, en vue d'une vente de gré à gré...). Une expertise amiable peut être fournie ultérieurement dans un procès opposant les parties, mais elle doit alors être soumise au débat contradictoire, doit être corroborée par une autre preuve et n'interdit pas de demander une nouvelle expertise judiciaire.

Le décret n° 2013-730 du 13 août 2013 portant modification du Code de la justice administrative refond les dispositions relatives à l'établissement des tableaux ***d'experts devant les juridictions administratives*** : il rend obligatoire l'établissement d'un tableau d'experts près chaque cour administrative d'appel, après avis d'une commission réunissant chefs de juridiction et experts et définit également les conditions de qualification, d'expérience, de formation et de moralité attendue des candidats et les critères d'appréciation sur lesquels la commission devra se prononcer ainsi que les modalités de retrait de radiation de la liste.

1) L'inscription sur la liste

S'agissant des experts devant les juridictions judiciaires, le dispositif prévoit qu'il est établi deux listes d'experts judiciaires : une liste nationale, dressée par le bureau de la Cour de cassation, et une liste, dressée par chaque cour d'appel, des experts judiciaires. Pour y être inscrit, il faut exercer ou avoir exercé pendant un temps suffisant une profession ou une activité en rapport avec sa spécialité (médecin, traducteur...), dans des conditions ayant pu conférer une qualification suffisante. Il faut aussi être âgé de moins de 70 ans, et n'exercer aucune activité incompatible avec l'indépendance nécessaire à l'exercice de missions judiciaires d'expertise. Il ne faut pas avoir été condamné pénalement, disciplinairement ou administrativement pour des faits contraires à

6. Leturmy (L.), « De l'enquête de police à la phase exécutoire du procès : quelques remarques générales sur l'expertisé pénale », *AJ pénal* 2006, p. 58.

l'honneur, à la probité et aux bonnes mœurs, et ne pas avoir été frappé de faillite personnelle (art. 2, D. 31 déc. 1974). Aucune personne ne peut être inscrite sur plusieurs listes de cours d'appel. La demande est instruite par le procureur de la République qui vérifie si ces conditions sont remplies et transmet le dossier pour avis de l'assemblée générale du TGI, des tribunaux de commerce et conseils de prud'hommes. Le dossier avec les avis est transmis au procureur général près la cour d'appel, qui en saisit le premier président pour examen par l'assemblée générale de la cour d'appel. Cette assemblée dresse la liste des experts, après audition du magistrat chargé du rapport et du Ministère public.

L'inscription initiale en qualité d'expert est faite à titre probatoire pour une durée de trois ans (art. 2-II, loi 29 juin 1971). À l'issue de cette période, sur présentation d'une nouvelle candidature, l'expert peut être inscrit pour une durée de cinq années, après avis motivé d'une commission associant les représentants des juridictions et des experts. Sont évaluées, l'expérience de l'intéressé et la connaissance qu'il a acquise des principes directeurs du procès et des règles de procédure applicables aux mesures d'instruction confiées à un technicien. Tous les cinq ans, l'expert doit solliciter le renouvellement de son inscription dans les mêmes conditions.

Pour être inscrit sur la liste nationale par le bureau de la Cour de cassation, il faut avoir été inscrit sur la liste des experts judiciaires près une cour d'appel depuis au moins cinq années consécutives (art. 2-III, loi 29 juin 1971).

Lors de leur inscription initiale sur une liste dressée par une cour d'appel, les experts prêtent serment devant la cour d'appel du ressort de leur domicile, d'accomplir leur mission, de faire leur rapport et de donner leur avis en leur honneur et conscience (les experts non inscrits sur une liste doivent prêter ce serment chaque fois qu'ils sont missionnés par un juge, art. 6, loi 29 juin 1971).

S'agissant des experts inscrits auprès des cours administratives d'appel, le décret du 13 août 2013 créé les articles R. 221-9 et suivants dans le Code de la justice administrative pour organiser l'inscription. Chaque année, il est établi par le président de la cour administrative d'appel, un tableau des experts auprès de la cour et des tribunaux administratifs du ressort, en fonction des besoins des juridictions statuant dans chacun de ces domaines. Une commission comportant des juges administratifs et au moins deux experts désignent les experts pour une durée de trois ans renouvelables. Pour pouvoir être inscrites sur ce tableau les personnes physiques doivent remplir un certain nombre de conditions et notamment justifier d'une qualification et avoir exercé une activité professionnelle pendant une durée de 10 années consécutives au moins, dans le domaine de compétence au titre duquel l'inscription est demandée (y compris dans un État de l'Union européenne), doivent justifier d'une bonne moralité et ne pas avoir fait l'objet d'une condamnation pénale ou d'une sanction disciplinaire pour des faits incompatibles avec l'exercice d'une mission d'expertise, justifier du suivi d'une formation à l'expertise et avoir un établissement professionnel ou une résidence dans le ressort de la cour administrative d'appel. L'inscription est effectuée pour une durée probatoire de trois ans. Elle peut être assortie de l'obligation de suivre une formation complémentaire pendant cette période (portant sur la procédure contentieuse administrative et les spécificités de l'expertise devant les juridictions administratives). Une réinscription est possible et est effectuée pour une durée de cinq ans renouvelables. La décision par laquelle le président de la cour administrative d'appel refuse l'inscription ou la réinscription d'un candidat doit être motivée et elle est susceptible d'être contestée dans le délai d'un mois à compter de sa notification.

2) Les obligations professionnelles

L'expert judiciaire désigné doit accomplir sa mission en respectant des obligations déontologiques qui tendent à assurer une collaboration loyale avec le juge et le respect de la contradiction avec les parties.

Ainsi, d'après le Code de procédure civile (art. 232 et s., CPC), l'expert doit remplir personnellement la mission qui lui a été confiée, avec conscience, objectivité et impartialité, dans les délais qui lui ont été impartis. Il est tenu de respecter le principe du contradictoire et doit donc convoquer les parties avant toute opération d'expertise, et répondre à leurs questions et remarques (leurs « dires »). Le technicien doit être impartial : il peut être récusé pour les mêmes causes que les juges (s'il a un intérêt personnel à l'affaire, s'il est parent ou allié de l'une des parties, ou s'il a déjà connu des faits qu'il doit expertiser...). Un projet de décret vise à généraliser la « déclaration d'indépendance » donnée par l'expert au moment où il accepte sa mission (elle est prévue pour les expertises amiables dans la procédure participative, art. 1548 du code de procédure civile : il appartient au technicien, avant d'accepter sa mission, de révéler toute circonstance susceptible d'affecter son indépendance afin que les parties en tirent les conséquences qu'elles estiment utiles »).

Le juge qui a ordonné l'expertise en contrôle l'exécution et règle tous les incidents qui surviennent (un juge spécialement chargé de contrôler l'exécution des mesures d'instruction confiées à un technicien peut être désigné par le président de la juridiction). L'expert doit déposer au greffe de la juridiction ***un rapport écrit***, dans les délais impartis par le juge, sans porter d'appréciations d'ordre juridique (le plus souvent, l'expert envoie un pré-rapport ou document de synthèse aux parties et à leurs avocats, afin que des observations puissent être formulées avant la rédaction du rapport définitif). Le juge n'est pas tenu de suivre les conclusions de l'expert. Dès le dépôt du rapport, le juge fixe la rémunération de l'expert, en fonction, notamment, des diligences accomplies, du respect des délais impartis et de la qualité du travail fourni.

La méconnaissance de ces obligations est diversement sanctionnée. Elle peut donner lieu à une récusation de l'expert (art. 232, CPC), ou à son remplacement (art. 235, CPC). Elle peut entraîner une diminution de la rémunération (art. 282, CPC). Elle peut aussi entraîner la radiation de la liste des experts judiciaires : le contrôle des experts est assuré par le premier président et le procureur général de la cour d'appel, qui reçoivent les plaintes et font procéder aux enquêtes utiles. Le cas échéant, ils saisissent l'assemblée générale de la cour d'appel en vue de la radiation de l'expert. La décision de radiation peut être frappée d'un recours devant la cour d'appel (art. 35, D. 31 déc. 1974). La méconnaissance de l'impartialité ou du contradictoire peut aussi entraîner l'annulation du rapport d'expertise, si cela a causé un grief à la partie en l'empêchant de présenter ses observations.

Le retrait d'un expert du tableau des experts devant les juridictions administratives et prononcées par le président de la cour administrative d'appel après avis de la commission compétente en cas de manquement aux obligations qui lui incombent en cette qualité. La commission doit au préalable informer l'intéressé des griefs retenus à son encontre et le mettre en mesure de présenter ses observations. La décision de radiation du président de la cour administrative d'appel est motivée et peut être contestée dans le délai d'un mois à compter de sa notification par requête formée auprès de la cour administrative d'appel (art. R. 221-18 et R. 221-19, C. just. adm.).

3) Les techniciens habilités à effectuer des missions d'identification par empreintes génétiques

Un décret n° 97-109 du 6 février 1997 a institué auprès du garde des Sceaux une commission chargée d'agréer les personnes habilitées à effectuer des missions d'identification par empreintes génétiques dans le cadre de procédures judiciaires. La commission donne un avis sur la fiabilité et la sécurité des analyses d'identification. Elle est présidée par un magistrat de la Cour de cassation et comprend des personnes compétentes dans le domaine de la biologie moléculaire et des directeurs généraux (de la police, de la santé, de la gendarmerie nationale, des affaires civiles et du Sceau...). Elle délivre aux candidats un agrément pour procéder à des empreintes génétiques, qui justifient de diplômes, de travaux et d'une expérience d'un niveau suffisant dans les activités d'application de la biologie moléculaire.

C - Les assistants de justice

Le recrutement des assistants de justice a été prévu par loi n° 95-125 du 8 février 1995 (et le décret n° 96-513 du 7 juin 1996) : peuvent être nommés en qualité d'assistants auprès des juridictions, les personnes titulaires d'un diplôme sanctionnant une formation juridique d'une durée au moins égale à quatre années d'études supérieures après le baccalauréat et que leur compétence qualifie particulièrement pour exercer ces fonctions. Ne peuvent être recrutés les membres des professions libérales juridiques et judiciaires, et les personnes qui sont employées à leur service dans le ressort de la cour d'appel où ils ont leur domicile professionnel.

Les candidatures sont adressées aux chefs des cours d'appel qui les instruisent. Les candidats retenus sont recrutés par un engagement écrit et placés auprès d'un chef de juridiction qui procède à leur affectation. Les assistants sont nommés pour une durée de deux ans, renouvelable deux fois, après une période d'essai de trois mois.

Préalablement à sa prise d'activité, l'assistant de justice prête serment en ces termes « Je jure de conserver le secret des informations sur les affaires judiciaires ainsi que sur les actes du parquet et des juridictions d'instruction et de jugement, dont j'aurai eu connaissance à l'occasion de mes travaux au sein des juridictions ». En cas de faute grave, il est mis fin à l'engagement sans préavis ni indemnité de licenciement (art. 5, D. 7 juin 1996).

Le rôle des assistants de justice est défini de la façon suivante : ils apportent leur concours aux travaux préparatoires réalisés par les magistrats pour l'exercice de leurs attributions (travaux de recherche de documentation et de jurisprudence, de rédaction de notes de synthèse des dossiers et de rédaction de projets de décisions). Néanmoins, ils ne peuvent pas effectuer plus de 80 vacations horaires par mois, dans la limite de 720 par an.

D - Les conciliateurs de justice

Le terme de « conciliateurs de justice » (D. n° 96-1091 du 13 décembre 1996) a remplacé celui de « conciliateurs » (issu du D. n° 78-381 du 20 mars 1978, intégré partiellement dans les articles 1530 et suivants du code de procédure civile). Les missions de ces conciliateurs de justice sont de faciliter, en dehors de toute procédure judiciaire, le règlement amiable des différends portant sur des droits dont les intéressés ont la libre disposition et de procéder aux tentatives préalables de conciliation prescrites par la loi, sauf en matière de divorce et de séparation de corps. Leur activité est bénévole.

1) La nomination

La nomination des conciliateurs de justice obéit à des règles strictes. Le conciliateur de justice doit jouir de ses droits civils et politiques et n'être investi d'aucun mandat électif dans le ressort de la cour d'appel dans lequel il exerce ses fonctions. Il ne doit pas être officier public et ministériel ou exercer, à quelque titre que ce soit, des activités judiciaires ou participer au fonctionnement du service de la justice. Il faut justifier d'une expérience en matière juridique d'au moins trois ans, et prouver que sa compétence et son activité qualifient particulièrement pour l'exercice de ces fonctions (certains se spécialisent, en fait, en matière commerciale, d'autres plutôt en matière civile, même s'il n'existe pas de spécialités officielles).

Le conciliateur de justice est nommé pour une première période d'un an par ordonnance du premier président de la cour d'appel, après avis du procureur général, sur proposition du juge d'instance. Il peut, dans les mêmes formes, être reconduit dans ses fonctions pour une durée renouvelable de deux ans. Lors de sa première nomination, il prête devant la cour d'appel le serment suivant : « Je jure de loyalement remplir mes fonctions avec exactitude et probité et d'observer en tout les devoirs qu'elles m'imposent ». Une fois par an, le conciliateur de justice présente un rapport d'activité au premier président et au procureur général de la cour d'appel ainsi qu'au juge d'instance dont il dépend.

Les conciliateurs étant des ***particuliers bénévoles*** (ils peuvent être indemnisés de leurs frais de déplacement et remboursés des dépenses telles que frais de secrétariat, d'affranchissement de courrier, exposées à l'occasion de l'exercice de leurs fonctions dans des limites légales) leur formation juridique doit être assurée. ***La formation*** des conciliateurs de justice est réalisée en collaboration avec l'École nationale de la magistrature (formation théorique, abordant la conciliation et ses missions sous un aspect juridique, animée par des juges d'instance et fondée sur l'étude de cas pratiques, et formation aux techniques d'entretien et de communication).

2) L'exercice de la conciliation

L'exercice de la conciliation se réalise dans des conditions différentes selon que le conciliateur agit en dehors de tout procès ou dans le cadre d'une instance en cours.

a) La conciliation conventionnelle

En dehors de tout procès, le conciliateur peut être saisi sans forme par des particuliers, pour des litiges portant sur des droits dont ils ont la libre disposition. La procédure est peu formaliste (art. 1536 et s., CPC). Le conciliateur convoque les parties, qui peuvent se faire assister de la personne de leur choix, il peut entendre toute personne dont l'audition lui paraît utile. Le conciliateur est tenu à l'obligation de confidentialité (sauf exceptions, telles que l'ordre public ou la protection d'un enfant) ; les informations qu'il recueille et les constatations auxquelles il procède ne peuvent pas être divulguées. En cas d'échec de la conciliation, les parties doivent saisir le juge compétent. En cas d'accord, même partiel, il peut être dressé un écrit, le « constat d'accord », signé par les intéressés et le conciliateur. La rédaction d'un tel constat est obligatoire lorsque la conciliation a pour effet la renonciation à un droit. Un exemplaire est remis aux intéressés, un autre est conservé par le conciliateur, et déposé au greffe du tribunal d'instance dont il dépend. Mais cet acte a la valeur d'un acte sous seing privé : pour qu'il puisse acquérir la force exécutoire, c'est-à-dire qu'il permette au gagnant de recourir à des saisies si le perdant ne veut pas exécuter spontanément, il faut que le ***juge compétent lui confère cette force exécutoire*** (art. 1541, CPC). Aucune voie de recours n'est ouverte contre ce constat d'accord qui n'est pas un acte juridictionnel, mais un contrat : en cas de contestation de l'accord, la partie doit former une action en nullité fondée sur le droit des contrats (pour erreur, ou dol par exemple).

b) La conciliation « déléguée »

Dans le cadre d'une procédure, le conciliateur de justice peut être délégué par le juge d'instance ou de proximité pour procéder à la tentative préalable de conciliation, réglementée par les articles 831 à 835 du Code de procédure civile. Le juge peut toujours enjoindre aux parties de rencontrer une personne qu'il désigne à cet effet pour que la conciliation leur soit expliquée et qu'elles soient incitées à y recourir. Dès que les parties sont d'accord, le juge désigne le conciliateur et fixe le délai pour accomplir sa mission. Le conciliateur convoque les parties, peut se rendre sur les lieux litigieux, entendre toute personne dont l'audition lui paraît utile. Le conciliateur tient le juge informé des difficultés éventuelles, ou de la nécessité de mettre fin à la conciliation. À l'expiration de sa mission, le conciliateur informe par écrit le juge de la réussite ou de l'échec de la conciliation. En cas d'échec, l'instance se poursuit devant le juge. En cas d'accord, le conciliateur établit un constat d'accord signé par les parties, et le transmet au juge d'instance ou de proximité en vue d'une homologation, qui lui conférera la force exécutoire. Afin de ménager le secret professionnel et de laisser aux parties toute latitude pour arriver à un accord, les constatations du conciliateur et les déclarations qu'il recueille ne peuvent être ni produites ni invoquées dans la suite de la procédure ou dans une autre instance sans l'accord des parties.

Le même processus est prévu devant le tribunal de commerce : le juge peut déléguer la conciliation à un conciliateur de justice, et homologuer l'accord éventuel.

c) La diversité des conciliations

La loi a institué de nombreux conciliateurs soumis à des statuts particuliers dont les missions sont limitées à des domaines spécifiques. À titre d'exemples, on peut citer : le Comité national olympique et sportif français, qui doit être saisi comme organe de conciliation pour tenter de résoudre les conflits internes au mouvement sportif avant toute saisine du juge compétent (loi n° 92-652 du 13 juillet 1992) ; les Commissions de surendettement des particuliers (art. L. 331-1, C. consom.), qui traitent la situation de surendettement des personnes physiques dans l'impossibilité manifeste et de bonne foi de faire face à l'ensemble de leurs dettes non professionnelles exigibles ou à échoir ; le conciliateur désigné par le tribunal de commerce pour organiser des mesures préventives en cas de difficultés subies par une entreprise (art. L. 611-1 à 6, L. 612-1 à 4, C. com.).

E - Les médiateurs

1) La médiation civile

a) La médiation judiciaire

La loi n° 95-125 du 8 février 1995, modifiée par l'ordonnance du 16 novembre 2011 (qui transpose la directive du Parlement européen et du Conseil n° 2008/52/CE du 21 mai 2008 sur certains aspects de la médiation en matière civile et commerciale), et le décret n° 96-652 du 22 juillet 1996 ont réglementé la ***médiation judiciaire en matière civile*** (art. 131-1 et s., CPC). La médiation est définie comme tout processus structuré quelle qu'en soit la dénomination, par lequel deux ou plusieurs parties tentent de parvenir à un accord en vue de la résolution amiable de leurs différends, avec l'aide d'un tiers, le médiateur choisi par elles ou désigné avec leur accord par le juge saisi du litige.

Pour exercer une mission de médiation, l'intéressé doit présenter certaines garanties de moralité et de compétence. Ainsi, il ne doit pas avoir fait l'objet d'une condamnation, d'une incapacité ou d'une déchéance mentionnée dans le bulletin n° 2 du casier judiciaire ; il ne doit pas avoir été l'auteur de faits contraires à l'honneur, à la probité et aux bonnes mœurs ayant donné lieu à une sanction disciplinaire ou administrative de destitution, radiation, révocation, de retrait d'agrément ou d'autorisation ; il doit posséder, par l'exercice présent ou passé de son activité, la qualification requise eu égard à la nature du litige, et doit justifier d'une formation ou d'une expérience adaptée à la pratique de la médiation (la pratique a conduit à des formations à la médiation, et à l'instauration de listes de médiateurs). De plus, comme tout intervenant dans la solution d'un litige, il doit offrir des garanties d'indépendance nécessaires à l'exercice de la médiation.

La désignation d'un médiateur se situe au cours d'une instance judiciaire (art. 131-1 à 15, CPC) : tout juge peut, après avoir obtenu l'accord des parties, nommer un médiateur, en tout état de la procédure et y compris en référé, pour tenter de parvenir à un accord entre les parties. Le juge reste saisi de l'instance et exerce un contrôle sur le déroulement de la médiation. Il peut prendre à tout moment les mesures qui lui paraissent nécessaires, il fixe un délai pour l'accomplissement de la mission (la durée initiale ne peut excéder 3 mois, avec une possibilité de renouvellement une seule fois 3 mois à la demande du médiateur), détermine le montant de la provision à valoir sur la rémunération du médiateur et désigne la partie qui devra consigner cette somme et le délai de consignation. Le juge peut mettre fin à la médiation avant le terme prévu, sur demande d'une partie ou à l'initiative du médiateur. Le médiateur doit accepter sa mission.

Le médiateur dispose de certaines prérogatives pour exercer sa mission. Il doit convoquer les parties et, s'il ne dispose pas de pouvoirs d'instruction, il peut, avec l'accord des parties et pour les besoins de la médiation, entendre les tiers qui y consentent. Il est tenu d'une obligation de secret : les constatations du médiateur et les déclarations qu'il recueille ne peuvent être ni produites ni invoquées dans la suite de la procédure sans l'accord des parties, ni en tout état de cause dans le cadre d'une autre instance. Il tient le juge informé des difficultés qu'il rencontre dans l'accomplissement de sa mission.

À l'expiration de sa mission, le médiateur tient le juge informé de son issue (en revanche, il est tenu de la confidentialité en ce qui concerne les déclarations qu'il a recueillies et les constatations qu'il a faites pendant la médiation). Au jour fixé, l'affaire revient devant le juge : si la médiation n'a pas abouti à un accord, l'instance se poursuit devant le juge initialement saisi ; si la médiation a abouti à un accord, les parties peuvent demander au juge de l'homologuer pour lui conférer la force exécutoire. Le juge fixe la rémunération du médiateur, qui peut se faire remettre la somme consignée au greffe et obtient, le cas échéant, le versement de sommes complémentaires. Les frais sont répartis entre les parties sur décision du juge.

La loi a introduit un système de médiation en matière d'exercice de l'autorité parentale (loi n° 2002-305 du 4 mars 2002). Après avoir tenté de concilier les parties, le juge aux affaires familiales peut proposer aux parents une mesure de médiation familiale, ou leur enjoindre de rencontrer un médiateur familial pour être informés des modalités et intérêts de la médiation. En matière de contentieux post-divorce, portant sur l'exercice de l'autorité parentale, la pension alimentaire, tels que définis par une décision du juge aux affaires familiales, les parents devront, à peine d'irrecevabilité, tenter une médiation familiale avant de saisir le JAF de leur litige (loi du 13 déc. 2011, seules certaines juridictions pilotes ont mis en place cette expérimentation, à Arras et Bordeaux). Dans certaines juridictions, en matière de litiges familiaux il est procédé à une double convocation des parties : dans un premier temps devant un médiateur familial, puis à l'audience devant le juge. Pour être médiateur familial il est nécessaire d'être titulaire d'un diplôme d'État (réglemente par le décret n° 2003-1166 du 2 décembre 2003, et l'arrêté du 19 mars 2012).

b) La médiation conventionnelle

Depuis la transposition de la Directive de l'Union européenne, la médiation conventionnelle permet aux parties de s'adresser sans aucune intervention d 'un juge à un médiateur privé. Les articles 1532 et suivants du code de procédure civile précisent les règles essentielles : garanties que doit offrir le médiateur, obligation de confidentialité (sauf exceptions), rémunération par les parties).

Si un accord est conclu, les parties peuvent le soumettre à l'homologation du juge compétent pour statuer au fond, afin d 'obtenir la force exécutoire.

Le recours à la médiation conventionnelle suspend le délai de prescription extinctive du droit (art. 2238, C. civ.). En cas d'échec du processus, le délai de prescription repart pour une durée qui ne peut pas être inférieure à six mois.

Il existe aussi de nombreuses médiations institutionnelles (par ex. la médiation scolaire). Les professionnels doivent mettre en place, depuis le 1er janvier 2016, une médiation en ligne gratuite pour les consommateurs (Ord. du 20 août 2015 et décret du 30 oct. 2015, art. L. 151-1 et s. et R. 152-1 et s., C. consom.).

2) *La médiation pénale : les délégués et médiateurs du procureur de la République*

La loi prévoit la possibilité d'une médiation pénale aussi bien pour les majeurs (art. 41-1, C. pr. pén.) que pour les mineurs (art. 12-1, Ord. 2 fév. 1945). Si le procureur de la République est l'organe initiateur de cette solution alternative, la médiation est le fait des délégués et médiateurs du procureur de la République (art. R. 15-33-30 et s., C. pr. pén.). Les délégués peuvent intervenir pour les classements sans suite conditionnels et les compositions pénales ; les médiateurs dans le cadre d'une médiation pénale. Les personnes intéressées sont habilitées par l'assemblée générale des magistrats du siège et du parquet du TGI ou de la cour d'appel, à condition de satisfaire à des exigences de moralité, de ne pas avoir fait l'objet de condamnation mentionnée au bulletin n° 2 du casier judiciaire ; à des exigences de compétence, d'indépendance et d'impartialité, et de ne pas exercer d'activités judiciaires à titre professionnel. Le médiateur et le délégué du procureur sont tenus au secret professionnel, l'habilitation peut leur être retirée en cas de manquement professionnel, et ils sont indemnisés selon un barème précis.

Bibliographie générale

CADIET (L.), *Découvrir la justice*, Dalloz orientation, 2e éd., 2000.

CADIET (L.), JEAN (J.-P.), PAULIAT (H.), *Mieux administrer pour mieux juger, essai sur l'essor et les enjeux contemporains de l'administration de la justice*, IRJS éd., 2014.

CHAPUS (R.), *Droit du contentieux administratif*, Montchrestien, 13e éd., 2008.

COULON (J.-M.), *Réflexion et propositions sur la procédure civile*, La Documentation française, 1997.

RENOUX (Th.), *La Justice*, Notices de la Documentation française, 2013.

DOUAT (E.), (sous la dir.), *Les budgets de la justice en Europe*, La Documentation française, juillet 2001.

DRAGO (G.), *Contentieux constitutionnel français*, PUF, 3e éd., 2011.

FABRI (M.), JEAN (J. P.), LANGBROEK (Ph.) et PAULIAT (H.), *L'administration de la justice en Europe et l'évolution de sa qualité*, Montchrestien, 2005.

FOYER (J.), *Histoire de la Justice*, PUF, coll. « Que sais-je ? », 1996, n° 137.

GUINCHARD (S.), *L'ambition raisonnée d'une justice apaisée*, La Documentation française, 2008.

GUINCHARD (S.) et BUISSON (J.), *Procédure pénale*, Litec, 10e éd. 2014.

GUINCHARD (S.), VARINARD (A.), DEBARD (Th.), *Institutions juridictionnelles*, Dalloz, 13e éd., 2015

LASSERRE-JEANNIN (F.), *Institutions juridictionnelles et procès, LMD*, Sup'Foucher, 2012.

MAGENDIE (J.-Cl.), *Célérité et qualité de la justice*, La Documentation française, 2004 ; *Célérité et qualité de la justice devant la cour d'appel*, La Documentation française, 2008.

MICHEL (H.), MANGENOT (M.) et PARIS (N.), « Une Europe de la justice », *GIP Justice*, juin 2005, coll. « Arrêt sur recherche », n° 5.

ROBERT (Ph.) et COTTINO (A.) (sous la dir.) *Les mutations de la Justice : comparaisons européennes*, L'Harmattan, 2001.

ROUAULT (M.-C.), *L'essentiel du contentieux administratif*, Gualino éditeur, 2012.

SAURON (J.-C.), *Comprendre le Traité de Lisbonne*, Gualino éd., 2007.

Sites internet

Conseil constitutionnel : www.conseil-constitutionnel.fr
Conseil d'État : www.conseil-etat.fr
Cour de cassation : www.courdecassation.fr
Cour des comptes : www.ccomptes.fr
Cour européenne des droits de l'homme : www.echr.coe.int
Cour de justice de l'Union européenne : www.curia.eu.int.fr
Cour pénale internationale : www.icc-cpi.int

Index

Imprimé en France - JOUVE, 1, rue du Docteur Sauvé, 53100 MAYENNE
N° 2335419U - Dépôt légal : mars 2016